JANINE
SUTTO

Jean-François Lépine

JANINE SUTTO

Vivre avec le destin

Libre Expression

Une compagnie de Quebecor Media

Catalogage avant publication de Bibliothèque et Archives nationales du Québec et Bibliothèque et Archives Canada

Lépine, Jean-François

    Janine Sutto : vivre avec le destin

    ISBN 978-2-7648-0319-6

    1. Sutto, Janine. 2. Acteurs - Québec (Province) - Biographies. I. Titre. II. Titre : Vivre avec le destin.

PN2308.S97L46 2010   792.02'8092   C2010-942078-0

Édition : André Bastien
Direction littéraire : Nadine Lauzon
Révision linguistique : Carole Mills
Correction d'épreuves : Marie Pigeon Labrecque
Couverture : Marike Paradis
Mise en pages : Bruno Lamoureux
Cahiers photo : Amélie Côté
Photo de quatrième de couverture : Julien Faugère
Photo de couverture : Julien Faugère/TVA Publications
Maquillage et coiffure : Nathalee Dodon
Stagiaire à l'édition : Marilyne Savoie

Remerciements
Les Éditions Libre Expression reconnaissent l'aide financière du gouvernement du Canada par l'entremise du Fonds du livre du Canada pour leurs activités d'édition. Nous remercions le Conseil des Arts du Canada et la Société de développement des entreprises culturelles du Québec (SODEC) du soutien accordé à notre programme de publication. Gouvernement du Québec – Programme de crédit d'impôt pour l'édition de livres – gestion SODEC.

Les Éditions Libre Expression
Groupe Librex inc.
Une compagnie de Quebecor Media
La Tourelle
1055, boul. René-Lévesque Est
Bureau 800
Montréal (Québec) H2L 4S5
Tél. : 514 849-5259
Téléc. : 514 849-1388
www.edlibreexpression.com

Dépôt légal – Bibliothèque et Archives nationales du Québec et Bibliothèque et Archives Canada, 2010

ISBN : 978-2-7648-0319-6

Distribution au Canada
Messageries ADP
2315, rue de la Province
Longueuil (Québec) J4G 1G4
Tél. : 450 640-1234
Sans frais : 1 800 771-3022
www.messageries-adp.com

Diffusion hors Canada
Interforum
Immeuble Paryseine
3, allée de la Seine
F-94854 Ivry-sur-Seine Cedex
Tél. : 33 (0)1 49 59 10 10
www.interforum.fr

À Mireille, pour sa patience et son inspiration.

Prologue : Janine au théâtre

La salle du théâtre de l'Espace Go, à Montréal, est comble : deux cent soixante personnes. Le nec plus ultra de la culture à Montréal. Les Petrowski, les Lefèvre, les critiques, les comédiens. Au premier rang, en y regardant de près, on découvre une tête blanche familière. Un corps rachitique, rétréci par la vieillesse. Une vieille dame qui devrait, à son âge, être au chaud dans son salon. Pourtant, non : elle vivra mieux que tout ce beau monde les quatre heures intenses que nous propose ce soir-là le dramaturge à la mode, adulé en France autant qu'au Québec, Wajdi Mouawad. *Forêt* est une œuvre dramatique, complexe, émouvante ; Janine nous dira à l'entracte qu'elle n'a pas tout compris. Mais elle goûte, analyse, critique, comme elle le fait depuis soixante ans au risque de terroriser ses collègues. Elle était l'avant-veille au théâtre de la Licorne, elle sera la semaine prochaine à la première du *Don Juan* de Molière au théâtre du Nouveau Monde. C'est sa drogue à elle. Elle ne s'en passera que dans sa tombe. Un plaisir avoué ; une curiosité généreuse et saine. Un plaisir comme elle s'en est donné beaucoup dans sa vie, elle qui pourtant dit d'elle-même et surtout de ses amours difficiles, secrètes et passionnelles : « J'ai toujours cherché la difficulté partout. Je ne m'en prends qu'à moi. » Le secret ! Quel mot pourrait mieux décrire la jalousie avec laquelle Janine Sutto a conservé pour elle-même, sa vie durant, les vraies émotions qui l'ont tourmentée. Artiste au talent immense, cette femme, que son vieil associé Gilles Latulippe surnomme

Notre-Dame du Théâtre, a incarné les plus grands rôles féminins du théâtre classique. Elle a également contribué à la naissance de la télévision en langue française en Amérique ; ses rôles comiques ont attiré les plus grandes audiences. Mais jamais, en près de soixante-dix ans de carrière publique, elle ne s'est livrée vraiment. Petite fille née en France, d'un père aventurier d'origine italienne et d'une mère alsacienne, déracinée à l'âge de huit ans de son bonheur parisien pour se retrouver malgré elle dans la noirceur du Québec des années 1930. Janine Sutto représente à elle seule toute la renaissance culturelle qui aboutira à la richesse créative du Québec d'aujourd'hui : au MRT français des années 1940, à L'Équipe avec le prodigieux Pierre Dagenais, au théâtre du Rideau Vert de Mercedes Palomino et Yvette Brind'Amour, et au TNM de Jean Gascon et Jean-Louis Roux, à la télévision d'État avec tous ces clowns fous qui lui donnent naissance, à la télévision populaire où le public l'adoptera instantanément.

Dans les plus grands rôles du théâtre classique comme dans les créations les plus marginales, la petite Française déracinée au Québec est devenue une des plus grandes comédiennes de la francophonie. Pour la première fois, elle a accepté de lever le rideau sur sa vie riche et tourmentée. Une épreuve douloureuse pour celle qui s'est toujours réfugiée dans le secret pour trouver le courage de continuer et l'énergie de sa passion. Ce qui suit est néanmoins ce qu'elle veut nous laisser ; à nous, son public, mais sûrement et surtout à sa fille Mireille et à tous ses amis qui croyaient la connaître.

Acte I. Le déracinement

Scène 1. L'enfance à Paris

Quand Janine Sutto parle de son enfance, elle évoque surtout un grand malheur pour une petite fille : la séparation d'avec ses grands-parents et ses amies. Un traumatisme d'autant plus difficile à vivre que sa mère, qu'elle soupçonne d'être aussi bouleversée qu'elle, ne parle pas beaucoup.

Janine naît le 20 avril 1921, dans le 17e arrondissement de Paris. La famille, relativement à l'aise, habite au cinquième étage du 34 rue Laugier, près de l'avenue de Wagram, dans un quartier magnifique. Un bel appartement, avec un salon de style Empire, au goût de son père Léopold, un grand amateur de Napoléon, qui lui transmettra cette passion.

André, son frère, de neuf ans plus vieux qu'elle, est un peu son protecteur et son confident. Dans la mesure, bien sûr, où la petite Janine accepte de se confier. Un frère bon et gentil. Janine a une amie qui est un peu comme sa sœur : Christiane Jacquot, qui habite au deuxième étage, en bas de chez elle.

Léopold Sutto, le père de Janine, est originaire du nord de l'Italie ; élevé par ses oncles – des prêtres salésiens de Don Bosco –, après la mort prématurée de son père, il a fait ses études collégiales à Chambéry, en France, où ceux-ci l'ont placé. Très tôt après ses études, il est engagé dans l'entreprise de Charles Pathé, le magnat du cinéma français, où il deviendra éventuellement distributeur de films. Chez Pathé, Léopold Sutto voyage beaucoup. Il a aussi une passion pour la Bourse qui lui portera malheur.

En 1908, Charles Pathé l'envoie aux îles Salomon. Des photos exotiques de l'époque, dont Janine Sutto ne s'est jamais séparée, le montrent en expédition dans la région d'où il est chargé de rapporter des images. La petite Janine gardera longtemps le souvenir d'anecdotes racontées par son père Léopold sur les cannibales qui peuplaient les îles.

La mère de Janine, Renée Rimbert, est d'origine alsacienne. Une personnalité plus sobre et moins impulsive que son mari Léopold. Issue d'une famille de classe moyenne – son père est gérant du Balneum, un bain privé fréquenté par les hommes d'affaires –, Renée parle plusieurs langues : dont l'allemand, du fait de ses origines, et l'anglais, parce que son père l'envoie étudier très jeune en Angleterre avec une amie, Germaine. La petite Janine se liera d'amitié pour la vie avec Édith, la fille de Germaine.

En revenant d'Angleterre, Renée Rimbert est engagée comme secrétaire par Charles Pathé, probablement parce qu'elle parle plusieurs langues. C'est là qu'elle rencontre Léopold. Avec lui, elle apprendra très rapidement aussi l'italien. L'enfance de Janine sera marquée par l'aisance avec laquelle sa mère pouvait passer d'une langue à l'autre. Quand les deux parents se disputaient, Léopold, lui, utilisait l'italien.

Après leur mariage, Renée et Léopold Sutto partent en voyage de noces en bateau à destination de Melbourne, en Australie. Léopold joint en fait l'utile à l'agréable : il a reçu une nouvelle mission, celle de fonder en Australie une succursale de la maison Pathé. Il va y consacrer un an de sa vie. Longtemps, Janine s'émerveillera des récits de ses parents évoquant les bals qui se déroulaient sur le bateau durant le voyage. Léopold Sutto se costumant en Napoléon, comme en témoigne une photo, datée de 1910, où il porte une copie fidèle d'un vêtement de l'Empereur exposé aux Invalides.

On trouve aussi dans les objets conservés par Janine une sorte de diplôme remis par le ministère français de l'Instruction publique et des Beaux-Arts, le 1er mai 1911, à Léopold Sutto, directeur de succursales d'établissements industriels français en Australie, à Melbourne, par lequel il est nommé officier d'Académie !

Des journaux de l'époque rapportent en outre la visite de « Signor Leopold Sutto » en Océanie.

On y apprend qu'il n'a pu prendre que cinq photos aux îles Salomon, tellement les tensions avec les autochtones étaient vives, et que l'écrivain Jack London faisait partie de l'expédition. Un autre journal rapporte que Léopold Sutto a réussi durant cette période à développer un procédé de coloration « mécanique » de la pellicule cinématographique, dont il conserve le secret[1].

Janine Sutto naît donc dans un milieu familial peu ordinaire, entourée de confort physique et de stimulations. Son frère aîné, André, lui sert de guide dans tout cela. À Paris, la petite Janine vit en étroite relation avec ses grands-parents maternels, les Rimbert, qu'elle voit souvent. En particulier sa grand-mère, peu loquace elle aussi, mais à laquelle Janine s'attache malgré tout. Sans doute parce qu'elle dégage une impression de sécurité que la petite fille apprécie. Janine ira deux ou trois fois en visite dans la famille Rimbert en Alsace, avant de quitter Paris pour le Canada.

Elle n'a pas connu, par contre, ses grands-parents italiens, qui sont morts quand Léopold était enfant. Mais elle a rencontré deux sœurs de son père, Pierrina et Teresa.

Pierrina était religieuse ; une sœur salésienne, elle aussi. Il y avait tellement de religieux dans cette partie de la famille que Janine et André se disaient qu'il devait y avoir un saint parmi eux.

Les parents les emmènent une fois en Italie, alors que Janine a quatre ans, pour rencontrer la famille. C'est au cours du voyage en train vers Turin que la petite fille dit avoir remarqué pour la première fois la beauté et l'élégance d'un homme : un passager qui voyageait dans le même compartiment qu'eux, et qui l'avait frappée en particulier parce qu'il portait de très beaux souliers en daim.

À l'arrivée à la gare, près de Turin, la famille italienne se passe la petite Janine de bras en bras. Elle restera marquée par le brouhaha de l'accueil, si différent de l'atmosphère

---

1. *The Straits Times*, Singapour, 22 juin 1909.

feutrée de la famille alsacienne : tout le monde criant et parlant en même temps. À tel point que la petite avait plutôt l'impression que les gens se disputaient. Arrivée chez la tante Teresa, elle découvre son fils : Domenico, dont la beauté la frappe encore une fois.

Janine Sutto n'est jamais retournée en Italie.

Au début de la Grande Dépression, en 1929, Léopold Sutto, qui a beaucoup emprunté pour miser sur les marchés boursiers, connaît une débandade financière. Il décide de partir seul à New York pour tenter sa chance ailleurs. Renée Rimbert reste à Paris avec ses deux enfants, où elle doit vendre l'appartement familial et une partie de ses bijoux pour éponger les dettes de son mari. Une période difficile où la petite Janine doit accompagner sa mère à des rendez-vous avec des créanciers auxquels elle doit remettre de l'argent souvent les larmes aux yeux. Janine Sutto pense que sa mère l'emmenait à ces rendez-vous comme une sorte de bouclier émotif, pour lui permettre d'amadouer les créanciers.

La famille déménage chez les grands-parents maternels, les Rimbert, dans un quartier beaucoup plus modeste, au 16, rue de Bellefond, dans le 9e arrondissement, pas très loin des Galeries Lafayette et d'une petite place appelée le Square Montholon.

Janine reverra tous ces endroits sur les plans de Paris qu'elle apportera avec elle en partant à Montréal. Pendant des années, elle s'ennuiera tellement de Paris qu'elle passera son temps à se raconter des histoires en revoyant les lieux lui rappelant tant de belles choses.

Parce que, à huit ans à peine, la petite Janine sait que ses jours à Paris sont comptés. Léopold, son père, est parti en Amérique, déterminé à y faire venir sa famille dès qu'il aura trouvé les moyens de la faire vivre. Dans les mois qui précèdent son départ de Paris, Janine Sutto passe des journées entières avec ses amies Christiane et Édith, à discuter de l'échéance inévitable.

Dans ce tourbillon où la fillette regarde le monde des adultes avec appréhension, elle cherche aussi à profiter au maximum des derniers moments de sa vie parisienne.

Christiane Jacquot a un cousin, Jean Clair, un journaliste très beau, qui sait tout ce qui se passe à Paris et qui leur raconte, en les faisant rêver, comment Joséphine Baker, qui a débarqué dans la capitale en 1926, danse presque nue dans les cabarets avec une jupe en feuilles de bananier; ou la fascination des Français, en 1927, après l'atterrissage du *Spirit of Saint Louis*, pour l'aviateur américain Charles Lindbergh, le premier pilote à traverser l'Atlantique sans escale.

La petite Janine voit déjà aussi des spectacles et des films qui marquent son imagination. Quand on l'emmène, par exemple, au théâtre du Châtelet pour *Le Tour du monde en 80 jours*, une pièce inspirée de Jules Verne. Au cinéma, elle voit le *Napoléon* d'Abel Gance.

Car, aussi petite soit-elle, Janine Sutto rêve déjà de devenir elle-même actrice.

Mais c'est un rêve secret qu'elle ne partage avec personne; même pas avec ses meilleures amies, Christiane ou Édith. Dès cette époque, elle a une habitude qu'elle gardera toute sa vie : elle parle toute seule, et elle joue des scènes imaginaires mettant en vedette des personnages qu'elle découvre dans *Paris Théâtre*, une revue que ses parents achètent.

En parlant à ses poupées, elle adore déjà jouer des rôles.

Elle observe aussi, comme elle le fera toute sa vie, les personnages qui peuplent son entourage et qui la fascinent, comme le fameux cousin de son amie Christiane mais aussi la mère de celle-ci, Mme Jacquot, dont le mari est un grand négociant en vins. Mme Jacquot est l'opposé de sa propre mère, Renée, et de Germaine, la mère d'Édith. Une femme exubérante dont la vie mouvementée fait jaser : tous les hivers, elle quitte Paris pour aller vivre avec sa fille Christiane à Nice, d'où elle revient avec de nouveaux bijoux. Les mauvaises langues disent qu'elle y retrouve un amant riche qui la gâte, mais personne ne demande d'explication.

Malgré tout le plaisir de la vie à Paris, la petite fille de huit ans, à la veille de Noël 1929, n'a pas le cœur à fêter, parce qu'elle sait que la fin de tout ce bonheur approche : pour la première fois de sa vie, elle n'ose même plus demander au père Noël de faire des miracles; l'échéance est là.

Inéluctable. Avec son amie Christiane, ensemble, elles décident qu'elles ne croient plus au père Noël, en fait. Quand
elles s'en confient aux adultes, Mme Jacquot, s'adressant à la
mère de Janine, lui aurait dit à la blague : «Ma chère amie,
ce sont leurs ennuis qui commencent !»

Scène 2. Le départ pour le Canada

Un an après le départ de Léopold Sutto pour New York, Renée Rimbert et les enfants quittent Paris, en janvier 1930. André, à dix-huit ans, travaille déjà chez Pathé, au magasin, dans la vente de disques, pour aider sa mère. Il ne veut pas partir, lui non plus, parce qu'il est amoureux de Simone Rossion, une collègue du magasin qu'il doit abandonner. Toute la famille quitte la rue de Bellefond le cœur gros, avec les grands-parents Rimbert, pour aller prendre le train jusqu'au Havre.

Renée et ses deux enfants s'embarquent sur un magnifique paquebot de la White Star Line, le *RMS Olympic*, un navire jumeau du *Titanic*[2], qui aura une carrière plus longue, puisqu'il sera retiré du service et démoli en 1935. La petite Janine connaît l'histoire tragique du *Titanic* quand elle arrive sur le paquebot, et elle se méfie déjà des icebergs.

La famille ne peut pas s'offrir la première classe, mais leur cabine est confortable et la salle à manger, grandiose. La fillette découvre graduellement les grandes allées intérieures et les boutiques. Le paquebot est comme un rêve et Janine en profite. Elle va même oublier la tristesse qui l'accable le temps de la traversée. Sur une photo, elle se tient debout sur une balançoire sur le pont de l'*Olympic* où elle passe ses journées au grand vent. Dans son passeport datant

---

2. La compagnie White Star Line avait construit trois paquebots semblables durant la même période, l'*Olympic*, le *Titanic* et le *Britannic*.

de 1930, elle porte ce qui était à la mode à l'époque : un petit béret de marin américain.

À l'arrivée du paquebot à New York, Léopold Sutto n'est pas sur place pour les accueillir. Il les a confiés à des amis italiens qui habitent Brooklyn. On est en plein mois de janvier 1930. Janine n'a pas de souvenir des procédures d'immigration, ni d'ailleurs du voyage en train qui les emmène peu de temps après jusqu'à Montréal.

Mais le premier contact avec la métropole est un choc : Renée Rimbert et ses enfants descendent du train vers sept heures du soir à la gare Windsor. Il fait un froid glacial et l'atmosphère n'est pas à la fête. Janine sent sa mère inquiète, même si Renée Rimbert autant qu'André Sutto, d'ailleurs, font tout ce qu'ils peuvent pour ne pas laisser transparaître leur angoisse. Janine et sa mère ne sont pas habillées pour affronter le froid qui les attend dehors : Renée porte un manteau en satin entre-doublé avec du petit-gris (de la fourrure d'écureuil), pas chaud du tout. Quant à Janine, elle est vêtue d'un manteau en ratine qui ne lui couvre pas les cuisses. André, lui, porte un béret basque. La famille a vraiment l'air de « débarquer », comme dira plus tard Janine, et se sent observée par tout le monde.

Malgré tout, les retrouvailles sont joyeuses. Léopold Sutto décide dès leur arrivée d'emmener tout le monde au restaurant ; sans doute parce qu'il appréhende leur réaction quand ils découvriront l'appartement qu'il a trouvé pour les loger. Le restaurant est situé en face de l'édifice du journal *La Patrie*, un quotidien populaire, rue Sainte-Catherine. Un endroit bondé de journalistes, enfumé et exigu, où la famille Sutto prend son premier repas à Montréal.

Aussitôt après, Léopold emmène la famille à l'appartement : un demi-sous-sol d'une maison bourgeoise située au 322, rue Square-Saint-Louis, devant le fameux Carré. Pour les Parisiens habitués au confort des appartements bourgeois du 17e arrondissement, c'est un autre choc : la porte d'entrée du logement est située sous l'escalier menant au rez-de-chaussée. En entrant, ils aperçoivent d'énormes tuyaux qui traversent le corridor central et la cuisine.

L'espace comprend une très grande chambre à l'avant, une salle à manger, une cuisine, puis au fond, une autre chambre, qui sera celle d'André. Janine, elle, se voit attribuer une petite chambre, sans fenêtre, près de l'entrée, où son père, comme pour compenser l'exiguïté des lieux, et peut-être la déception de sa fille, a déjà placé un petit contenant de bonbons. Encore une fois, Renée Rimbert ne dit pas un mot en entrant dans sa nouvelle maison, mais la petite Janine sent très bien que pour elle aussi, c'est une déception.

Une fois le choc de la découverte passé, la famille Sutto s'installe dans sa première résidence au Canada. À Montréal, ce soir-là, il fait froid et la ville est couverte de neige. Janine verra et entendra pour la première fois dans cet appartement des disputes entre sa mère, l'Alsacienne rationnelle, et son père, l'Italien au tempérament impétueux. Un couple qui se retrouve après un an de séparation et qui s'apprête à vivre une adaptation difficile à une nouvelle vie.

Scène 3. Le choc de Montréal

Pour arrondir les fins de mois de la famille, Renée Rimbert décide très tôt de mettre en location la grande pièce située à l'avant de l'appartement. C'est ainsi qu'un certain M. Camille, un homme grand, mince et discret, qui travaille aux usines Angus, partagera leur quotidien comme locataire pendant les années au Carré Saint-Louis. Il prendra les repas tous les soirs avec eux.

Montréal vit à l'heure de la Grande Dépression, la crise économique, mais les enfants Sutto n'en sentent pas tellement les effets. Sauf lorsque Léopold, leur père, se lance dans ses sorties contre le clergé catholique auquel il reproche de se promener « en Cadillac » alors que les chômeurs n'ont que la soupe populaire pour assurer leur survie. Il faut dire que Léopold connaît déjà très bien le clergé québécois : avant même l'arrivée de sa famille à Montréal, il a flairé la bonne affaire en démarrant un commerce très opportuniste dans le Québec catholique de l'époque : il vend des objets religieux. Il va même louer un petit local, rue Brébeuf, près du parc La Fontaine, une petite boutique pour entreposer ses précieux produits.

Léopold Sutto, comme beaucoup d'Italiens de son temps, est croyant un peu par superstition. Il voue un culte à sainte Thérèse de Lisieux dans l'espoir qu'elle lui porte chance. Au point qu'il demandera plus tard à sa fille, devenue comédienne, d'incarner pour lui sur scène le personnage de sainte Thérèse. Avant de quitter la France, il a même emmené la petite Janine en visite au sanctuaire de sainte Thérèse à Lisieux, en Normandie. Grâce à des liens qu'il a tissés avec des curés de la région, il est devenu importateur au Québec de médailles de saint Christophe, le patron des voyageurs. Une médaille que tout automobiliste pratiquant se doit de placer ostensiblement dans sa voiture.

Avant son départ pour le Canada, Renée Rimbert s'est rendue elle-même à Saint-Christophe-le-Jajolet, le village de Normandie où, chaque année, des milliers d'automobilistes font un pèlerinage pour fêter leur saint patron et où sont fabriquées les fameuses médailles. Elle en aurait emporté des milliers dans ses valises. Janine Sutto se voit enfant, en voyage avec sa mère en Normandie, rencontrant des curés.

À Montréal, Renée travaille elle aussi dans la boutique, mais elle est surtout sur la route, à sillonner les campagnes pour promouvoir la marchandise importée par son mari. Très tôt, à force de travail et de déplacements nombreux, Renée Rimbert développe un réseau de relations dans les paroisses de campagne autour de Montréal. La tâche est ardue, mais elle lui procure sans doute une liberté qu'elle apprécie ; pour la petite Janine, qui voit sa mère partir de la maison avec sa valise pour aller prendre le train ou l'autobus, le moindre retard de celle-ci est une torture. Le soir, restée seule avec son frère André, qui fait office de gardien, elle attend aussi tard qu'elle peut dans son lit, le cœur serré, que sa mère franchisse le seuil de la porte.

André travaille lui aussi dès son arrivée à Montréal dans le commerce de son père. Mais les rapports entre le père et son fils sont difficiles. Au point que Renée doit parfois défendre André. Léopold Sutto est souvent brusque et exigeant à son endroit, alors qu'il tolère tout de sa fille.

Avant l'arrivée des Sutto, le 322, rue Square-Saint-Louis avait été habité par une autre famille française, les Riddez. Une famille atypique qui fera le bonheur de Janine à Montréal pendant son enfance. Renée Rimbert et sa fille font la connaissance des Riddez en se rendant à l'épicerie Atlantic and Pacific, près du Carré Saint-Louis. Devant le comptoir des légumes, Renée demande au préposé s'il y a des haricots verts. Pas de réponse. Puis se présente une jeune femme avec de grandes tresses et un manteau en poil de chèvre, qui lui dit : « Madame, il faut demander des fèves ! » C'est Mia, l'aînée des Riddez, qui deviendra une auteure prolifique à la radio et à la télévision, et qui poursuit : « Nous sommes la famille Riddez. On est neuf enfants, mon père a été un grand ténor d'opéra. Il donne des cours. »

Le quartier est très hétéroclite, un peu comme aujourd'hui. On y trouve autant des résidences bourgeoises d'ingénieurs, d'avocats ou de médecins – comme le Dr Gatien, qui sera le médecin de Léopold Sutto – que des appartements de familles pauvres ou modestes. Renée Rimbert découvre aussi très tôt la rue Saint-Laurent, plus européenne, où elle aime faire ses courses.

Mais les moyens des Sutto, malgré la croissance du commerce, sont limités. Pour meubler l'appartement, Renée se rend fréquemment avec les Riddez au magasin Baillargeon, rue Ontario, où se tiennent des encans. C'est ainsi qu'elle achète pour la somme de sept dollars cinquante un magnifique buffet de salle à manger. Pour un total de quinze dollars, elle aurait pu se payer l'ensemble complet avec la table et les chaises, mais elle n'en a pas les moyens.

Matériellement, la famille survit en travaillant dur au commerce d'objets pieux. Janine, elle, peut ainsi aller à l'école et entreprendre une vie normale de petite fille ; mais là aussi, l'adaptation est difficile, d'autant plus que Renée, sa mère, a une façon bien à elle de marquer la fierté de ses origines. Janine souffrira de la différence que lui imposera sa mère, et elle le constate dès son entrée à l'école Cherrier, un établissement de quartier, géré par des sœurs des Saints-Noms de Jésus et de Marie, la première qu'elle fréquente en arrivant d'Europe.

À l'école Cherrier, les sœurs imposent le port de l'uniforme. Mais par souci d'indépendance et peut-être par manque de moyens, Renée Rimbert habille sa fille comme elle peut. À un âge où les enfants supportent mal la différence, la petite Janine rêve des tenues bien mises de ses consœurs, comme Pauline Hébert, la sœur aînée de Marjolaine, qui deviendra une de ses grandes amies et une grande comédienne.

Les petites robes à la française de Janine lui compliquent la vie. Sans parler de la langue : impossible pour elle de comprendre l'accent des sœurs, qui elles non plus ne la comprennent pas. Contrairement aux autres filles, Janine n'a pas fait sa première communion, ce qui ajoute au « scandale » ! Si la sœur supérieure ou un inspecteur arrivaient dans la classe, il fallait faire disparaître la petite Sutto ! Ostracisée par les sœurs des Saints-Noms de Jésus et de Marie, Janine Sutto devra très tôt changer d'école.

Heureusement, il y a les Riddez pour redonner à la fillette un peu de joie de vivre. Le bonheur qui règne dans cette famille nombreuse, un peu désordonnée, la séduit.

Une famille un peu plus à l'aise que la sienne, avec des chiens, des chats et des enfants partout. De la musique, aussi, omniprésente, surtout quand Jean Riddez donne ses cours de chant et que sa femme l'accompagne au piano.

Les Riddez habitent rue Saint-Denis, près de l'avenue des Pins, dans une grande maison de trois étages où les filles s'amusent à créer des personnages de théâtre en fouillant dans les malles de costumes que Jean Riddez conserve chez lui. Mia raconte avec beaucoup de conviction aux plus jeunes des histoires effrayantes qui les font fuir dans les escaliers, au grand dam du professeur de chant qui sort chaque fois de son studio en criant : « Qu'est-ce que c'est ? »

Les enfants lisent aussi. Les plus grandes de la famille, dont Sita, pour qui la morale est très importante, sont abonnées à la revue *Les Veillées des chaumières*, un hebdomadaire catholique français, qui présente des rubriques de savoir-vivre, de tricot, de broderie et de bricolage, des jeux, des feuilletons et des histoires pour inculquer des valeurs aux jeunes : « Agir avec les garçons ; les parents, les profs. » La revue publie deux éditions, une pour les adolescentes, que les Riddez reçoivent à la maison, et une autre pour les plus jeunes. Janine n'a donc pas accès aux *Veillées des chaumières* sans la supervision des plus vieilles.

Au 3738, rue Saint-Hubert, près de chez les Sutto, non loin de l'école Cherrier, il y a aussi les Villeneuve, dont le père Arthur enseigne à l'École Polytechnique. Une vraie famille canadienne-française, avec sept enfants : Thérèse, l'aînée, Madeleine, Janine, Jean-Joseph, le «bolé» en maths, Pierre, Suzanne et Marie. Là aussi, Janine est très heureuse ! Léopold Sutto joue souvent aux cartes avec Jeanne Villeneuve, la femme d'Arthur, qui fascine la petite Janine par son autorité. Dans la maison des Villeneuve, c'est la mère qui se fait servir par son mari. Chez les Riddez, c'est autre chose !

Parmi les plus beaux souvenirs de Janine Sutto, il y a ces séjours à la campagne qu'elle fait avec les deux familles : chez les Villeneuve qui ont une maison à Saint-Adolphe-d'Howard, où elle apprend à nager grâce aux conseils très méthodiques d'Arthur, mais en particulier chez les Riddez, d'abord dans une maison à Sainte-Marguerite-du-Lac-Masson, puis ensuite, au Septième-Lac, où à l'adolescence elle passera ses plus beaux étés. Au début de la saison estivale, Jean Riddez loue un camion pour emmener tout le monde au chalet avec les provisions achetées chez Van Houtte, rue Ontario, près de Saint-Denis. Renée Rimbert, en les voyant partir, est morte de peur.

Chez les Riddez, la vie à la campagne est rudimentaire : on se lave dans la rivière, on explore les forêts environnantes et on escalade le cap au Diable, un promontoire qui surplombe le lac. Une expédition qui terrorise Janine. On cueille des champignons sauvages en famille. On les fait rissoler dans le beurre, l'ail et le persil, pour accompagner une immense fesse de veau rôtie le dimanche. Chaque soir, avant de se coucher, c'est le bol de cacao et les tartines au chocolat.

À partir de 1936, Jean Riddez loue pour une modique somme cette maison de campagne au Septième-Lac à une famille fortunée de Joliette, les Dugas, qui possède une partie du lac. Jean Riddez, qui enseigne aussi le chant au séminaire de Joliette, a parmi ses élèves Lucien Dugas, un des fils de la famille qui a une très belle voix. Souvent, les enfants partent de chez les Riddez à la rame jusque chez Maurice Dugas, un des frères de Lucien, qui habite sur une île au milieu du lac. Le soir, quand ils sont trop épuisés après avoir passé la journée à se baigner et à plonger du radeau en face de la maison, les Dugas les ramènent en tirant la chaloupe avec une embarcation motorisée.

Vers dix-neuf heures, après une journée de plein air éreintante, les plus jeunes des filles montent à l'étage, où tous les enfants couchent, pour assister à une étrange séance de prière dirigée de façon peu orthodoxe par Sita, une des aînées, qui deviendra plus tard une grande comédienne. Sita, en fait, prétend s'adresser à Dieu directement en le tutoyant et en lui parlant de chacune des filles, ce qui impressionne beaucoup les plus jeunes, qui se tiennent à genoux devant elle.

À l'adolescence, Janine commence donc à tisser autour de la famille Riddez le monde familier, baigné de culture et de liberté, qu'elle retrouvera plus tard dans sa vie. C'est ainsi qu'elle fait la connaissance de Guy Mauffette, le futur animateur de Radio-Canada, un ami de son frère André, qui fréquente une des sœurs Riddez et qui les emmène au Septième-Lac, l'été, dans sa voiture. Pour la jeune Française, élevée en ville par une mère réservée et sans doute plus rigide, la liberté et la simplicité de la vie au Septième-Lac sont une sorte de libération. Elle dira même plus tard : « Moi, les Riddez, ça m'a sauvé la vie ! »

Mais le bonheur auprès des Riddez est parfois interrompu quand la famille au grand complet repart en France. En fait, chaque fois que Mme Riddez, qui est fille d'un banquier suisse, touche un héritage. Car la chose se produit à quelques reprises. La famille quitte alors Montréal avec les chiens, les chats, les partitions et les caisses. Et quand les Riddez n'ont plus d'argent, ils reviennent au Québec. Mais chaque fois qu'ils partent, c'est pour Janine le déchirement total. Elle se rend au port de Montréal pour assister au départ du bateau. Puis le voyant s'éloigner, elle pleure à chaudes larmes.

Scène 4. La nostalgie de la France

Après deux ans rue Square-Saint-Louis, la famille Sutto déménage au 4399, avenue Christophe-Colomb où elle va passer les années 1933 et 1934. Le commerce progresse, les Sutto ont de meilleurs revenus et Renée ne supporte plus la vie dans un demi-sous-sol. Le nouvel appartement, au deuxième étage de l'édifice, est très lumineux. Janine, qui va avoir douze ans, a enfin une fenêtre dans sa chambre qui lui permet de lire pendant des heures le soir à la lueur du réverbère. L'appartement compte trois fenêtres à l'avant et d'autres derrière, où se trouve la ruelle, un nouvel univers que Janine découvre, où les enfants du quartier se retrouvent pour s'amuser.

L'avenue du Mont-Royal, l'artère commerçante la plus proche, est une rue moins à la mode qu'aujourd'hui. Plus délabrée. On y retrouve le fameux BBQ Mont-Royal, un restaurant de poulet grillé très populaire. Janine change aussi d'école, au gré des humeurs de sa mère à l'endroit des sœurs enseignantes. C'est ainsi qu'après l'école Cherrier, elle va à l'école Saint-Ignace, une institution privée plus dispendieuse, gérée par les sœurs de Sainte-Croix, rue Saint-Hubert, entre Ontario et De Maisonneuve, où la jeune Française sera plus heureuse.

Les années passent et Janine Sutto, la petite fille devenue adolescente, va graduellement prendre sa vie en mains et alimenter son rêve toujours présent de devenir actrice. Mais une chose lui manque pour cela : le cinéma.

Depuis l'incendie tragique, le 9 janvier 1927, du cinéma Laurier Palace, où soixante-dix-sept enfants sont morts dans les flammes, et à la suite des pressions de l'Église catholique, en particulier, une loi interdit aux enfants non accompagnés de moins de seize ans l'accès aux salles de cinéma. Une interdiction qui ne sera levée qu'en 1961 au Québec.

Janine, qui a goûté brièvement au monde merveilleux du cinéma avant de quitter Paris, doit attendre qu'un adulte l'accompagne pour entrer dans les salles au Québec. C'est ainsi qu'elle peut voir *King Kong* avec ses parents à la sortie du film au Canada au théâtre Saint-Denis en 1933. En vieillissant, elle découvrira toutes sortes de façons de se glisser dans les salles clandestinement.

Pour alimenter ses rêves de jeune fille, elle dévore les livres et les magazines.

Janine fréquente une petite librairie à l'angle d'Amherst et de Montigny (qui deviendra De Maisonneuve), tenue par deux « vieilles filles » très maquillées. Elle y achète, entre autres, *L'Illustration*, un hebdomadaire illustré et son supplément littéraire, *La Petite Illustration*, qui publie des tranches de romans ou des pièces de théâtre d'auteurs à la mode en France. Elle adore lire des pièces. Son père et les sœurs Riddez vont chercher leurs journaux français chez Pony, à l'angle des rues Labelle et Sainte-Catherine, en biais avec le magasin Dupuis et Frères. En fait, au fil de ses lectures de journaux français, même si elle n'est pas malheureuse avec ses amies, les Riddez ou les Villeneuve, Janine Sutto rêve de retourner à Paris.

Souvent, elle reçoit de Christiane Jacquot, son amie parisienne, toutes sortes de choses qui lui rappellent de bons souvenirs : des tickets de métro, des articles de revues. Pendant des années, jusqu'à ce qu'elle commence à travailler au théâtre, Janine aura la nostalgie de son enfance en France. Chez elle, dans sa chambre, elle examine ses vieux plans de Paris et elle voyage en pensée d'un quartier à l'autre.

Dès son arrivée à Montréal, ses parents l'inscrivent à des cours d'histoire, de géographie et d'initiation au système métrique, qui se donnent à l'Union française, avenue Viger Est, le vendredi soir. Une façon de conserver la mémoire du pays. Janine a encore chez elle aujourd'hui les médaillons qu'on remettait aux enfants en récompense. Elle donnera elle-même des cours à l'Union française vers l'âge de seize ans. C'est là qu'elle fait la connaissance d'une autre petite Française qui deviendra une grande amie : Nini Durand, dont le père, Justin, a un magnifique accent du sud de la France. Originaire de Rodez, il vend des vêtements sacerdotaux dans tout le Québec. Un autre Européen qui a senti la bonne affaire dans la religion. Les Durand ont un appartement rue Saint-Denis, près de l'ancienne Université de Montréal, avec la boutique donnant sur la rue. Léopold qui, aux dires de sa fille, ne rate jamais une occasion de s'amuser, fréquente déjà la famille, chez qui il vient jouer au bridge avec Mme Durand. Chaque fois qu'il se présente sur place, il apporte des fleurs à sa partenaire, ce qui déplaît souverainement à son mari, Justin.

Les deux petites filles se rencontrent en fait la première fois chez les Durand, où la famille Sutto se rend en visite. Nini a des petites chaises d'enfant sur lesquelles elle propose à Janine de s'asseoir. Pendant toute la soirée, les deux fillettes ne se parlent pas. Puis, au moment où les parents Sutto donnent le signal du départ, Nini se tourne vers Janine et lui dit : « La prochaine fois, on jouera. » C'est ainsi qu'elles sont devenues les meilleures amies du monde.

Elles se retrouvent donc très tôt, les vendredis, à l'Union française, pour les cours de géographie et d'histoire. Nini Durand, qui fréquente les lieux depuis plus longtemps, sert en quelque sorte de marraine à Janine, la présentant à tous les petits Français qui y suivent des cours. Janine devient rapidement le boute-en-train et surtout celle qui charme tout le monde. Comme si, dans ce milieu qu'elle découvre, elle se découvrait elle-même. Plus tard, elles suivront des sessions de couture ensemble, intitulées « L'aiguille française », avec des femmes d'âge plus mûr, où elles seront encore une fois davantage celles qui fournissent le divertissement, que de vraies aspirantes couturières.

À la même époque, les deux amies suivent aussi des cours de chant avec Jean Riddez, même si Janine ne rêve pas du tout de devenir chanteuse. Toute sa vie elle aura peur de chanter devant un auditoire. M. Riddez donne ses cours en habit à queue-de-morue qu'il ne quitte jamais, même quand il va cueillir des champignons sauvages à la campagne.

Dans ce bain de vieille France, Janine tisse des liens qu'elle gardera tout au long de sa vie ; elle fait par exemple la connaissance de gens qu'elle retrouvera comme partenaires de scène. C'est ainsi qu'elle rencontre Roger Baulu, future vedette des médias, et sa sœur, qui travaillera plus tard à l'agence de voyage Malavoy, fondée par André Malavoy, un Français rescapé des camps nazis. Elle y croise Fernand Séguin, qui deviendra lui aussi une vedette de la télévision. Elle fait encore la connaissance de Laurence Harel. Son père, Pierre Durand, est un acteur français, une sorte de Lino Ventura établi au Québec, avec qui Janine jouera ses premiers rôles. Déjà, en somme, la petite fille de l'Union française trouve dans tout ce qui l'entoure l'inspiration qui l'aidera à réaliser son rêve d'avenir.

En 1935, Janine a quatorze ans, et la famille déménage à nouveau, cette fois dans un grand appartement très ensoleillé, au troisième étage d'un édifice situé au 4215, rue de La Roche, tout près du parc La Fontaine. Les Sutto emménagent dans une maison plus spacieuse parce que le commerce prospère, mais aussi parce que la famille grandit. En effet, le grand frère, André, s'apprête à aller chercher en France Simone Rossion, la jeune fille qu'il a connue chez Pathé avant de quitter Paris, cinq ans plus tôt, et avec laquelle il va se marier. Léopold, Renée, Janine, André et Simone, sa nouvelle femme, habiteront ensemble pendant quatre ans, de 1935 à 1938, rue de La Roche. Durant cette période, Simone et André auront leur premier enfant, Claude.

Au cours des années 1930, Janine Sutto retourne deux fois en France.

Léopold Sutto, son père, organise, en marge de son commerce d'objets religieux, des pèlerinages, très populaires à l'époque, au sanctuaire de sainte Thérèse de Lisieux, à Lourdes ou à Paray-Le-Monial. Il en confie la direction à sa femme Renée. Une façon de permettre à la mère et sa fille de retourner voir la famille, comme si Léopold voulait se déculpabiliser de les avoir coupées de leurs racines. La petite Janine en profite pour retrouver ses grands-parents maternels, revoir ses cousines et ses deux amies, Édith et Christiane, avec lesquelles elle n'a pas perdu le contact.

Les voyages durent plusieurs semaines. Chaque fois, un départ de Montréal en bateau et une longue remontée du fleuve au retour. Janine y fait la connaissance de personnages qui ont marqué ces voyages : une certaine demoiselle Casavant de Saint-Hyacinthe, une « vieille fille » un peu ronde, issue de la grande famille de notables fortunés, propriétaires de la célèbre fabrique d'orgues. Un homme de Québec aussi, qui chante souvent avec Renée. Pour la petite fille, la vie sur le bateau est une occasion merveilleuse de se retrouver pour une rare fois seule avec sa mère. Elle découvre aussi une femme gaie, que les curés qui accompagnent les groupes et les pèlerins aiment beaucoup. Comme si la traversée redonnait à Renée Rimbert une liberté qui lui faisait oublier ses soucis.

Mais très tôt, la petite Janine voit la joie des retrouvailles se mêler à une déception. Dès son arrivée en France, Renée la confie à ses grands-parents Rimbert, à Paris, car elle doit partir avec son groupe de pèlerins. Les Rimbert l'emmènent en Normandie dans une maison qu'ils louent, près de Lorey, un petit village reculé dans les terres, où habite la tante Fernande, qui a épousé André, le frère de Renée.

Tous les jours, Janine va se poster le long de la voie ferrée. Au moment précis, en fait, où elle sait qu'un train doit passer à bord duquel pourraient se trouver les pèlerins du Québec et sa mère Renée en route vers Lourdes. Tous les jours, elle attend à cet endroit dans l'espoir de croiser, ne fût-ce qu'une seconde, le regard sa mère ; même si la vitesse des trains rend tout cela très arbitraire.

Janine s'ennuie sans sa mère. Et surtout, elle continue, depuis sa rupture avec la France à l'âge de huit ans, d'être inquiète chaque fois qu'elle voit Renée partir sans elle. Janine rêve des derniers jours du voyage qu'elle va passer seule avec sa mère à Paris, avant de repartir au Canada.

André ne participe pas à ces voyages. Léopold a besoin de son fils près de lui à Montréal pour s'occuper du commerce qui progresse rapidement. Des médailles de saint Christophe, les Sutto sont passés à bien d'autres choses: ils vendent des images saintes et des statuettes. Et plus tard, toutes sortes d'objets qu'André rapportera de ses voyages à l'étranger. Les Sutto ont fait preuve d'intuition en flairant la bonne affaire, et ils en récoltent les bénéfices.

Scène 5. La guerre ouvre la porte

En 1938, la famille déménage à nouveau ; cette fois au 1221 de la rue Rachel Est, au premier étage, au-dessus d'un magasin de cercueils. Un appartement plus grand encore que le précédent, mais qui deviendra très vite trop petit. Durant l'été 1939, Lucien Rossion, le père de Simone – la belle-sœur de Janine –, arrive en visite au Canada avec sa femme, Jeanne. Ils veulent connaître leur petit-fils, Claude, qui vient de naître. Mais la guerre est déclarée le 3 septembre 1939, et les Rossion, qui ne peuvent plus rentrer en France, doivent changer leurs plans. Lucien, qui est un ouvrier tourneur d'expérience dans son pays, restera durant toute la guerre au Canada, où il trouvera facilement du travail dans les industries d'armement. Les Rossion loueront un appartement, rue Saint-Hubert, où ils iront habiter avec André, Simone et le petit Claude.

Mais entre-temps, dans la résidence de la rue Rachel, les rapports entre Léopold Sutto et Lucien Rossion sont tendus. Le père de Janine ne supporte pas la présence lourde de Lucien Rossion, son fort accent parisien caricatural, et surtout le fait qu'il raconte constamment ses souvenirs de la Première Guerre mondiale, qui a marqué sa vie. Des histoires répétitives qui fascinent toutefois Guy Mauffette. Le grand ami d'André vient souvent en visite chez les Sutto, où il écoute chaque fois religieusement les histoires de M. Rossion. Dès qu'il le peut, Léopold Sutto, lui, prend son chapeau et s'en va retrouver les canards du parc La Fontaine, en face de la maison, avec lesquels il développe une grande relation.

Au point que les canards lui emboîtent le pas quand il fait sa promenade dans le parc.

Dès le début de la guerre, le commerce de Léopold Sutto s'en ressent.

Le trafic maritime civil vers l'Europe ralentit. Les compagnies n'osent plus traverser l'Atlantique, qui est rapidement infesté de sous-marins allemands. Léopold manque de matériel à vendre. C'est ainsi qu'il mûrit le projet de se rendre lui-même en Europe pour faire le plein d'objets pieux avec l'idée d'en vendre en revenant à ses concurrents, qui connaissent les mêmes problèmes d'approvisionnement. Il propose à sa fille Janine de l'accompagner dans ce périple.

Peu de temps après, en sortant du consulat de France, au carré Phillips, où il vient chercher leurs passeports, Léopold Sutto s'écroule en courant pour attraper le tramway. Il est victime d'une crise cardiaque dont il sortira lourdement affecté. Le voyage en France est annulé ; mais probablement pour le mieux, puisque la drôle de guerre silencieuse des premiers mois vient de se transformer en véritable offensive sur l'ouest de l'Europe.

Dans les semaines qui suivent l'accident cardiaque de Léopold Sutto, la famille déménage encore, mais cette fois par obligation, dans un grand logement au rez-de-chaussée d'une belle maison grise au 1551, rue Rachel Est, toujours en face du parc La Fontaine. Léopold, avec ses problèmes de santé, ne peut plus monter les étages.

À la fin des années 1930, Janine Sutto a dix-neuf ans. Elle vient de terminer, avec son amie Denise Dugas, une des filles de Maurice Dugas, de Joliette, ses études en lettres et sciences à l'académie Saint-Urbain, sur la rue du même nom à Montréal. Une école privée dirigée par les sœurs de la Congrégation, des enseignantes de haut calibre, qui la réconcilient avec les communautés religieuses. Une photo de l'époque la montre avec deux des sœurs qui l'ont marquée : mère sainte-Marthe et mère sainte-Madeleine. Elle reverra souvent les deux femmes par la suite.

Janine est heureuse dans ce quartier du parc La Fontaine, où elle fréquente la bibliothèque municipale, rue Sherbrooke, de l'autre côté du parc ; c'est là qu'elle assouvit en partie sa soif de lecture. Elle dévore tout ce qu'elle trouve, sauf lorsque les préposées de la bibliothèque, très à cheval sur les règlements, lui interdisent l'accès à des ouvrages qui ne sont pas autorisés à son âge. Elle s'intéresse en particulier à tout ce qu'elle découvre sur Napoléon, une passion que son père lui a transmise. Comme les mémoires de la duchesse d'Abrantès, la femme du général Junot, dans lesquelles elle raconte tout ce qui se passait à la cour de Napoléon.

Pour la famille Sutto, la guerre, paradoxalement, va représenter une période de prospérité relative et de mieux-être. Depuis les problèmes de santé de son père, André Sutto assume de plus en plus la gestion du commerce familial, dénommé désormais l'Office central catholique, qui déménage dans un édifice de trois étages au 50, rue Notre-Dame Est, dans le Vieux-Montréal, à côté de Desmarais-Robitaille, un autre magasin d'objets pieux qui se spécialise dans les vêtements sacerdotaux et les vases sacrés. Les Sutto ont attiré dans l'entreprise des associés importants qui, par leurs investissements, contribuent à la croissance du commerce. Des gens qui deviennent rapidement de grands amis d'André Sutto et qui resteront associés à l'Office central catholique.

Après avoir obtenu son diplôme de lettres et sciences, Janine Sutto suit des cours chez Guy Boulizon, un Français qui enseigne au collège Stanislas, qui vient d'ouvrir ses portes à Montréal. Elle rêve de passer le bac français, mais surtout, après son bac, d'aller étudier au Conservatoire d'art dramatique à Paris. Mais Janine n'ose pas le dire ouvertement: elle fait d'ailleurs diversion en tentant sa chance dans le journalisme. Pendant quelques mois, la jeune Janine Sutto signe des articles dans *La Revue moderne*, un magazine très réputé dont le rayonnement s'étend jusqu'en province, où elle adopte un ton franchement féministe pour l'époque, particulièrement pour la clientèle rurale plus conservatrice de la revue. Après quelques mois, cependant, le directeur de la chronique mondaine, Roland Beaudry, qui l'a engagée, la remercie sous prétexte que ses écrits «avaient trop de piquant[3]».

---

3. Normand Robidoux, *Janine Sutto*, coll. «En vedette», Montréal, Publications Quebecor, vol. 1, n° 2, octobre 1972.

En fait, Janine Sutto ne passera jamais son bac français. Durant cette période, avec son amie Nini Durand, elle suit aussi des cours chez Liliane Dorsenn, une actrice française établie à Montréal, très respectée à la fin des années 1930, et avec laquelle Janine jette les bases qui vont l'amener à réaliser son rêve secret. À dix-neuf ans, la jeune femme n'ose pas encore le dire ouvertement, sans doute parce qu'elle est loin d'avoir confiance en elle, mais elle veut à tout prix faire du théâtre.

La guerre lui donnera l'occasion qu'elle attend. Une sorte de tornade se prépare dans la vie de Janine Sutto, un tourbillon qui l'amènera là où elle le souhaite. Mais le parcours ne sera pas facile.

Acte II. La découverte de la passion du jeu

Léopold Sutto, le père de Janine, lors de son expédition aux îles Salomon (océan Pacifique), vers 1908.

Léopold Sutto dans un costume de Napoléon, à l'occasion d'un bal costumé lors de son voyage en Australie, vers 1910.

Léopold Sutto, photographié à Montréal vers 1942.

Ses grands-parents maternels, photographiés à Lorey vers 1930.

Renée Rimbert, la mère de Janine Sutto, photographiée à Paris en 1920.

Avec son frère, André, à Saint-Briac, vers 1924.

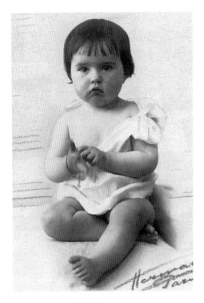

Janine Sutto, bébé, en 1922.

Sur l'*Olympic*, en 1930, en route vers New York.

Photo de passeport de Janine Sutto prise en 1930 pour sa traversée de l'Atlantique.

Mères sainte-Marthe-du-Sauveur et sainte-Madeleine des sœurs de la Congrégation, à l'académie Saint-Urbain.

Mariage avec Pierre Dagenais, le 3 juin 1944, à l'église Saint-Louis de France de Montréal.

Avec Léopold Sutto, lors de la réception de mariage à l'hôtel Mont-Royal.

Le 5 janvier 1945. Janine Sutto écrit : « Photo prise à la boîte de nuit des Martin, nos Marseillais, une nuit où on s'est bien amusés et où j'ai bu pas mal de cognac. »

Henri et Serge Deyglun, dans un téléthéâtre de Jean Faucher.

En 1949, dans *La Cathédrale* de Jean Desprez.

Mireille, Henri, Catherine et Janine dans leur maison de Vaudreuil.

Son époux, Henri Deyglun.

Henri Deyglun et Félix Leclerc en 1953.

Catherine dans les bras de Janine à Sainte-Adèle, vers 1960.

Mireille dans son Jolly Jumper, sur la galerie à Vaudreuil.

Donalda, qui s'est beaucoup occupée des enfants, avec Mireille et Catherine, dans l'appartement de la rue du Fort.

Scène 1. Les premiers pas au théâtre

Au début des années 1940, le monde du théâtre au Québec est largement dominé par des étrangers, dont beaucoup de Français réfugiés ici à cause de la guerre ; mais le public de Montréal a aussi accès à certaines productions américaines de passage.

En fait, il n'y a pas beaucoup de troupes constituées à Montréal à cette époque : la troupe Barry-Duquesne, fondée par deux grands acteurs, Alfred Barry et Albert Duquesne, présente des pièces au théâtre Stella depuis une dizaine d'années, avec un auteur français qui deviendra important dans la vie de Janine Sutto, Henry Deyglun. Gratien Gélinas produit aussi une fois par an ses *Fridolinades*, mises en scène par Alfred Barry, au Monument national. Le spectacle est présenté pendant plusieurs semaines chaque année et attire les foules. Il s'agit d'une sorte de revue satirique, centrée autour d'un petit personnage, Fridolin, joué par Gélinas lui-même, qui fait la critique de la société qui l'entoure. Gélinas met à contribution, pour ses *Fridolinades*, des comédiens-vedettes, comme Juliette Béliveau, une très bonne actrice que Janine aime beaucoup. Il écrit aussi une série fantaisiste hebdomadaire à Radio-Canada, intitulée *Le Train de plaisir*, dans laquelle joue, entre autres, une jeune comédienne qui deviendra une amie de Janine, Gisèle Schmidt.

Janine Sutto connaît cet univers avant même d'y entrer comme comédienne. Pendant des années, son frère André lui a servi de guide en l'emmenant à l'opérette, où elle a pu

41

voir Lucienne Boyer. Au His Majesty's, un très beau théâtre de près de mille huit cents places, construit en 1898, rue Guy, près de Sainte-Catherine, qui présente souvent des pièces qui ont été jouées à Broadway. Ils y ont vu Gaby Morlay, une vedette de théâtre et de cinéma, dans *La Reine Victoria, Il était une fois*, d'Henry Bernstein, un auteur à la mode qu'elle va jouer plus tard à l'Arcade. André l'emmène aussi au Monument national pour assister aux *Fridolinades*.

Avec les filles Riddez, elle va très souvent au National, où on présente des films. Elles en voient parfois trois par jour et entre les projections, Janine découvre Rose Ouellette, La Poune, une humoriste qui l'impressionne beaucoup par son énergie, et qu'elle croisera plusieurs fois dans sa vie.

Depuis 1937, un prêtre de la congrégation de Sainte-Croix, le père Émile Legault, a aussi fondé, avec l'aide financière de sa communauté religieuse, les Compagnons de Saint-Laurent, une troupe amateur dont les comédiens marqueront le Québec des futures décennies.

Quand elle décide, elle-même, de se lancer sans filet, au début des années 1940, dans le métier d'actrice dont elle rêve, Janine Sutto fait son entrée dans le monde du théâtre professionnel grâce à un autre étranger de passage à Montréal. Après avoir suivi des cours de chant avec Jean Riddez et des cours de théâtre chez Liliane Dorsenn, elle fait la connaissance de Mario Duliani, un ancien journaliste français d'origine italienne, qui lui est présenté par Mme Dorsenn[4].

Un jour, avec Nini Durand – qu'elle traîne partout, et qui accepte de la suivre parce qu'elle profite de son dynamisme –, Janine se rend à la bibliothèque Saint-Sulpice, rue Saint-Denis, où Mario Duliani a installé ses bureaux. Dans la salle de spectacle au sous-sol, il monte des pièces de théâtre. À l'époque, un réalisateur de CKAC, Bernard Goulet, donne aussi dans cette salle, avec l'accord de Duliani, des ateliers de théâtre auxquels assistent deux jeunes actrices avec lesquelles Janine se liera d'amitié, Denyse Saint-Pierre et Yvette Brind'Amour.

---

4. *Atome*, vol. 1, n° 4, avril 1946.

Duliani est en train de préparer une mise en scène de *L'Aiglon*, d'Edmond Rostand, avec une troupe semi-professionnelle qu'il a fondée, le MRT français ; le Montreal Repertory Theater, qui est déjà populaire dans la communauté anglophone, et auquel Duliani a décidé d'ajouter une section française avec l'aide de Martha Allen, une mécène passionnée de théâtre. Jean-Louis Roux écrit dans ses mémoires que Mario Duliani était aussi financé en partie grâce à des fonds donnés par le régime de Benito Mussolini, le dictateur italien, à la Casa d'Italia de Montréal.

Duliani accepte donc d'engager Janine Sutto dans *L'Aiglon* en 1940, où elle fait la connaissance de Jean-Louis Roux, alors étudiant au collège Sainte-Marie et comédien à temps perdu ; un personnage qui sera important pour elle toute sa vie, et qu'elle considérera toujours comme un excellent camarade de théâtre dont la présence sur scène est rassurante. Roux interprète dans la pièce le chevalier de Prokesch-Osten, ami du duc de Reichstadt. Nini Durand, qui est grande et séduisante, joue Marie-Louise, la femme de Bonaparte et la mère de l'Aiglon. La distribution comprend aussi Bruno Paradis et Paul Leduc, qui deviendront plus tard réalisateurs à la télévision de Radio-Canada. Paul Guèvremont dans le personnage de Flambeau, Yvette Brind'Amour, dans celui de Petite Source ; Andrée Basiliaire, dont Duliani vient de se séparer, incarne l'Aiglon.

Janine, elle, se voit confier trois petits rôles. Deux dames de la cour – des rôles muets –, puis une paysanne qui a une réplique qui va lui causer beaucoup de soucis. Une réplique qui doit être dramatique : « Le vent fait mourir les poules ! » mais qui, livrée par la jeune fille à la voie aiguë, fait plutôt éclater le public de rire chaque fois qu'elle la prononce. Dans une entrevue au magazine de l'École nationale de Théâtre, des décennies plus tard[5], Janine Sutto confiera qu'elle était dans tous ses états chaque fois et qu'elle essayait diverses interprétations pour éviter de provoquer des rires. Mais Duliani lui disait : « Ma petite, ne te plains pas, sois contente,

5. *ÉNT magazine*, automne 2005.

c'est très difficile de faire rire une salle. » Mario Duliani, en fait, n'est pas un grand directeur d'acteurs ; mais surtout un grand manipulateur, un charmeur. N'empêche, Janine se souviendra de cette leçon de Duliani toute sa vie.

L'*Aiglon* est présenté par le MRT français, dans la salle de la bibliothèque Saint-Sulpice, seulement quatre ou cinq soirs, comme c'est le cas à l'époque au théâtre. Janine Sutto commence donc dans le métier dont elle rêve par une présence modeste. Trois petits rôles qui lui conviennent bien toutefois, parce que la jeune femme est encore timide ; elle prétend même qu'elle a de la difficulté à se vendre.

Peu de temps après la présentation de *L'Aiglon*, Mario Duliani est arrêté, comme beaucoup d'Italiens au Canada soupçonnés de collaboration avec Mussolini. Il est envoyé dans un camp de détention à Petawawa, en Ontario, où il va passer toute la guerre. Duliani est remplacé à la tête du MRT français par le comédien Paul Guèvremont, et c'est grâce à lui que Janine obtient son premier vrai rôle au théâtre, celui de Constance, l'amoureuse de d'Artagnan, dans *Les Trois Mousquetaires*, que le MRT présente sur la terrasse du Chalet de la montagne, au sommet du mont Royal. C'est aussi en fréquentant le MRT qu'elle découvre, quelque temps plus tard, dans *Les Jours heureux*, où il joue avec Huguette Oligny, un jeune acteur prodigieux qui va devenir très important dans sa vie.

Scène 2. Le monde de la radio

À la même époque, Janine Sutto fait aussi ses débuts à la radio grâce à Guy Mauffette, l'ami de son frère André, qui est réalisateur à Radio-Canada et qui lui confie des rôles dans la *Rumba des radio-romans*, une idée originale de Mauffette, où quatre auteurs – Jovette Bernier, Claude-Henri Grignon, Henry Deyglun et Paul Gury – se relaient pour traiter le même thème, avec quatre acteurs différents. Janine y joue entre autres dans *Je veux me marier*, une histoire écrite par Paul Gury. Les comédiens répètent l'émission pendant plusieurs heures avant de la jouer en direct. Guy Mauffette est un directeur d'acteurs très particulier ; un verbomoteur maladif dont les propos sont étourdissants. Chaque fois, après avoir donné longuement ses instructions aux comédiens, il leur dit finalement, avant de commencer l'enregistrement : « Oubliez tout ce que je vous ai dit ! »

Paul Gury, metteur en scène et auteur prolifique, écrit aussi plusieurs séries dans lesquelles Janine Sutto va jouer : une série radiophonique portant sur George Sand, un autre texte, *La Fiancée du commando*, dans lequel la jeune comédienne joue un rôle qu'elle aime beaucoup, où elle incarne une petite Parisienne en couple avec le comédien Rolland Bédard. Un gros succès. On entend aussi Janine Sutto dans *Radio-Théâtre*, à Radio-Canada, une série d'émissions où sont diffusées des adaptations radiophoniques de pièces du répertoire.

C'est une période en or pour les auteurs qui écrivent d'innombrables séries dramatiques à la radio et pour les comédiens qui assurent ainsi leur gagne-pain. Henry Deyglun signe à la même époque une série radiophonique quotidienne très populaire, *Vie de famille*, dans laquelle Janine va jouer des petits rôles, et dont Radio-Canada diffusera trois mille épisodes. Chaque été, Deyglun produit une pièce de théâtre à partir de *Vie de famille*, qu'il emmène en tournée dans toutes les régions du Québec où les foules se précipitent pour admirer en chair en en os les vedettes qui les ont tellement fait rêver à la radio.

Les stations de radio privées participent elles aussi à cet engouement pour les séries dramatiques. À CKAC, la station possédée par *La Presse*, Janine joue entre autres des textes écrits par Henri Letondal, et que l'auteur, toujours en retard dans sa production, apporte à la toute dernière minute avant l'entrée en ondes. C'est à cette occasion qu'elle se lie d'amitié avec Germaine et Antoinette Giroux, deux comédiennes-vedettes déjà très populaires, pour lesquelles elle éprouve de l'admiration, et qui vont la prendre sous leur aile à la radio, mais surtout au théâtre Arcade où elles vont se retrouver.

CKAC diffuse aussi une émission intitulée *Madeleine et Pierre*, une série dramatique produite par la célèbre Mme Jean-Louis Audet, une professeure d'art dramatique et de diction, et écrite par son fils, André Audet. Mme Audet, une femme de dentiste, passionnée de théâtre, va former plusieurs générations de comédiens, d'annonceurs et de journalistes de la télévision et de la radio, dans sa maison de la rue Saint-Hubert, à Montréal, qui est dès cette époque un refuge pour les acteurs en puissance. La série radiophonique met d'ailleurs en scène des jeunes comme Marjolaine Hébert ou Gisèle Schmidt, qui vont s'y faire les dents.

Les comédiens sont payés en moyenne cinq dollars pour chacune de leurs prestations. Une petite fortune comparée aux cachets versés dans les théâtres. Janine Sutto, au début des années 1940, travaille donc de plus en plus, même si elle n'a pas besoin de cet argent pour vivre. La jeune actrice habite encore chez ses parents qui pourvoient à ses besoins. Elle travaille beaucoup par plaisir et surtout pour apprendre.

En fait, elle jouera tellement de rôles à la radio qu'elle sera élue Miss Radio, en 1945. En cinq ans, grâce à ses amis, à la chance et à son talent qu'elle peaufine minutieusement, elle va réussir à s'imposer comme une vedette incontournable.

Scène 3. L'apprentissage à la dure

Pendant la guerre, plusieurs acteurs français de théâtre viennent à Montréal. Ils se produisent notamment au théâtre Arcade, dirigé par Alexandre DeSève. L'Arcade est située à l'emplacement de ce qui deviendra Télé-Métropole. C'est avant tout un cinéma possédé par France Film. Mais faute de films français, dont l'importation a été interrompue par la guerre, on y présente du théâtre.

Au début des années 1940, l'Arcade produit une pièce par semaine et en présente treize représentations. La générale est le vendredi après-midi et les comédiens répètent la pièce de la semaine suivante vers minuit, après les représentations de la soirée, au club Papineau, sur Sainte-Catherine.

Janine Sutto y joue d'abord des petits rôles. À l'Arcade, elle retrouve les sœurs Giroux et Andrée Basiliaire, qui se partagent à trois les rôles de jeunes premières, ce qui leur permet de souffler un peu. Dans l'ombre des sœurs Giroux qui la protègent et la conseillent, Janine apprend les rudiments du métier. Un métier qui «entre» au rythme exténuant des productions qui s'enchaînent de semaine en semaine. C'est ainsi qu'elle découvre l'importance de la souffleuse, qui est d'une certaine façon la personne la plus essentielle de la production et souvent un personnage incroyable.

À l'Arcade, c'est Mme Falardeau. Au Gesù, c'est Nana de Varennes, qui est aussi une très bonne comédienne. L'histoire veut qu'un jour, après une représentation, Mme de Varennes ait été oubliée au sous-sol par l'équipe du théâtre. Quand ils l'ont finalement délivrée de son cagibi, furieuse, elle aurait dit : « C'est la dernière fois que je souffle dans le trou du Gesù ! »

Les souffleuses sont des personnages surtout parce qu'elles sont témoins de la vulnérabilité des acteurs. Mme Falardeau, à l'Arcade, se tordait de rire parce que Germaine Giroux, qui jouait tellement souvent les premiers rôles, disait, en fait, n'importe quoi ! Elle s'éloignait de son texte, mais avec beaucoup d'autorité. Tout l'art des souffleuses consistait à développer suffisamment de diplomatie pour ne pas contrarier les vedettes quand elles s'échappaient du texte et leur prêter main-forte quand elles en avaient vraiment besoin. À la fin, quoi qu'elles fassent, les souffleuses se faisaient toujours engueuler.

Les comédiens sont payés en moyenne vingt-cinq dollars par semaine, soit moins de deux dollars par représentation. Dans ses mémoires, Pierre Dagenais, un jeune acteur à l'Arcade, raconte qu'il touchait quinze dollars, jusqu'au jour où il a menacé de ne pas se présenter à la représentation suivante ; on lui a offert tout de suite trente-cinq dollars. En outre, les comédiens et surtout les comédiennes doivent fournir eux-mêmes leurs costumes. On peut se demander si Alexandre DeSève n'exploitait pas ses acteurs.

Pourtant, l'Arcade est un théâtre très populaire et certainement rentable. On y joue des pièces des grands auteurs du théâtre de boulevard : Henry Bernstein, Henry Bataille, Louis Verneuil. Alexandre DeSève engage aussi beaucoup d'artistes de passage – des Français, surtout – qui fuient la guerre en Europe. Victor Francen, notamment, qui met en scène *Cyrano*, au théâtre Saint-Denis, une pièce dans laquelle Janine joue en compagnie de Sita Riddez, elle-même devenue une comédienne accomplie et qui incarne merveilleusement le personnage de Roxanne. Janine possède encore aujourd'hui une photo de Francen, avec une dédicace : « À la petite Sutto… », lui souhaitant bonne chance dans ses projets. Jean-Pierre Aumont, Véra Korène, une très belle actrice du théâtre français, venue avec l'auteur Louis Verneuil, font également partie de ces acteurs de passage. Tout comme Charles Deschamps, un comique, qui lui apprend une règle essentielle au théâtre : savoir écouter ses partenaires de scène.

Janine joue son premier grand rôle au théâtre, Musette, dans *La Vie de Bohème*, au Saint-Denis, en 1942, avec Janine Crispin, Jean-Pierre Aumont et Jaque Catelain, un acteur français dont elle rêvait déjà, enfant, à Paris, alors qu'il était une vedette du cinéma muet. Catelain joue son amoureux. Il arrive d'Amérique du Sud, où il s'était réfugié après avoir fui les Allemands avant leur entrée en France, en compagnie de François Rozet et Sita Riddez. Un soir, Janine donne même la réplique à une autre de ses idoles, Charles Boyer, lors d'un gala organisé dans le cadre de l'effort de guerre au cours duquel les spectateurs étaient invités à acheter des obligations de la victoire.

Janine Sutto conserve aussi une photo dédicacée de Jeanne Maubourg, « [...] à la jolie et charmante Jeannine [*sic*] », datée du 29 décembre 1940. Comédienne à l'Arcade et à la radio – où Guy Mauffette lui confiera plusieurs rôles – elle sera, sans le savoir, une professeure de théâtre pour la jeune comédienne. Janine a conservé des dizaines de photos des productions de l'Arcade, dont elle a souvent oublié les titres et le propos, tellement ils en ont joué, et qui sont toutes d'extraordinaires témoignages de l'époque. La jeune actrice, toujours belle, avec ses longs cheveux noirs, est très grande comparée aux autres comédiens. Elle qui pourtant se décrit toujours comme étant petite, même à cette époque. Les costumes sont extraordinaires. Des tenues de gala, étonnantes de prétention pour des pièces hebdomadaires de théâtre populaire ; on dit que le public venait d'ailleurs chaque semaine à l'Arcade pour découvrir les nouvelles toilettes d'Antoinette Giroux, qui portait toujours des robes du soir très élégantes. Et admirer ces acteurs français de passage à Montréal.

En plus des Français qui seront sa vraie école de théâtre – celle qu'elle n'a pas pu avoir puisqu'il n'y a pas encore de conservatoire au Québec –, Janine Sutto partage la scène à l'Arcade avec des comédiens locaux dont les noms marqueront l'imaginaire de générations d'amateurs de théâtre : Roger Garceau, Denis Drouin, Jean Duceppe, Mario Verdon, et bien sûr, les sœurs Giroux.

Mais la présence des acteurs français est tellement importante sur les scènes montréalaises qu'elle finit par provoquer une réaction de défense de la part des comédiens locaux qui craignent de se faire envahir. C'est dans ce contexte que l'Union des artistes, fondée en 1937, convoque une assemblée qui va s'avérer houleuse, à laquelle assiste Janine Sutto, destinée à contrer le projet du grand metteur en scène Louis Jouvet de s'installer à demeure à Montréal. Janine, comme d'autres, est déchirée entre son admiration pour Jouvet et tous ces comédiens français qui représentent pour elle l'ouverture sur le monde, et l'inquiétude exprimée par beaucoup de ses collègues. La majorité des membres de l'Union présents à l'assemblée veulent refuser à Jouvet l'accès aux salles de spectacle de Montréal. Janine et son ami Pierre Dagenais, qui l'accompagne à la réunion, sont furieux et ils participent en criant leur indignation.

À l'époque, il y a aussi une grande animosité entre les comédiens et les artistes du burlesque, qui se sentent méprisés par les acteurs de théâtre aux prétentions plus sophistiquées. Et cela se manifeste aussi dans les assemblées de l'Union des artistes. Janine Sutto est encore une fois déchirée. Elle comprend les griefs des artistes du burlesque, comme Rose Ouellette, qu'elle connaît bien et pour laquelle elle a du respect. Elle a été témoin à Radio-Canada d'un incident fâcheux impliquant Denise, la fille de La Poune, une chanteuse de talent qui s'est vu exclure d'une émission où elle avait été engagée, quand la direction a su qu'elle était la fille de Rose Ouellette.

Malgré les pressions d'une partie de l'Union des artistes, beaucoup d'acteurs français restent donc à Montréal durant la guerre, pour le grand bonheur de Janine Sutto. Même si certains vont la décevoir, comme Jaque Catelain, qu'elle a tellement admiré, enfant, et dont elle juge les performances sur scène dans la métropole médiocres. Elle ne le trouve pas à la hauteur d'un François Rozet, par exemple, un homme qui restera au Québec et auquel Janine sera très liée.

En même temps qu'elle se nourrit à l'école de tous ces Français de passage, la jeune actrice découvre aussi les dessous de la vie des comédiens : les vies amoureuses parallèles, l'homosexualité, dans le cas de Jaque Catelain. Un phénomène très répandu dans le monde du théâtre, mais qui est très peu affiché dans le Québec de la Grande noirceur. Janine Sutto, elle, n'est pas outrée par ce qu'elle voit. En fait, elle n'a pas le temps de s'y attarder. Elle travaille dur, elle apprend, encaisse et surtout se passionne pour son nouveau métier. À vingt ans, en avril 1941, elle se sent encore comme une « petite fille timide ». Pourtant, ses amies de l'époque en gardent une image complètement différente. Pour Nini Durand, sa complice sur scène comme dans la vie, Janine est une jeune femme en général exubérante et généreuse avec ses amis.

Au début des années 1940, l'Arcade, avec tous ces défauts et son rythme infernal, apporte à la jeune Française qui rêvait d'être actrice un terrain d'initiation exceptionnel. À l'Arcade, elle apprend non seulement à jouer, mais aussi à habiller ses personnages, puisque les acteurs fournissent eux-mêmes costumes et maquillage. Un apprentissage qui lui servira plus tard, quand elle créera de toutes pièces la tête de Mlle Lespérance, le personnage de la série *Symphorien* que le Québec n'oubliera jamais.

À vingt ans, Janine Sutto a donc réalisé son rêve. Mais bientôt, son amitié avec Pierre Dagenais et l'aventure unique de la fondation d'une troupe de théâtre vont la transporter encore plus loin et plus rapidement dans cette passion du jeu qui ne l'abandonnera plus.

Scène 4. « J'ai épousé le théâtre »

Au théâtre Arcade, Janine Sutto retrouve donc Pierre Dagenais, ce jeune homme qu'elle a rencontré un an plus tôt au MRT. Un soir, elle se rend avec Nini Durand à la bibliothèque Saint-Sulpice pour assister à la présentation des *Jours heureux,* une pièce de boulevard dont elle a entendu parler parce qu'elle a eu un très grand succès à Paris. Dagenais y joue avec Huguette Oligny et une chanteuse d'opérette, Lucille Laporte.

Immédiatement après la pièce, Janine et Nini, éblouies par la performance du jeune acteur, se rendent dans les coulisses pour le féliciter. Ce soir-là, au sous-sol de la bibliothèque Saint-Sulpice, quelque chose naît presque instantanément entre ces deux mordus du théâtre qui sera moins de l'amour qu'une passion partagée pour un monde dont ils ont rêvé tous les deux.

Pierre Dagenais, qui a deux ans de moins que Janine Sutto, a pour seule formation théâtrale une expérience minimale chez les Compagnons de Saint-Laurent – comme beaucoup de jeunes des collèges classiques de Montréal – et des cours chez Mme Jean-Louis Audet. Mais pour les gens qui le côtoient, c'est un acteur d'une intuition et d'une profondeur impressionnante pour son âge.

Quand ils se revoient à l'Arcade, Pierre Dagenais n'a que mépris pour ce qui se fait dans ce théâtre, mais Janine admire les capacités de Pierre de créer tous ces personnages qu'il joue en série. Très tôt, les deux jeunes gens commencent à se fréquenter assidûment en dehors du travail. Janine éprouve tout de suite de l'amour pour Pierre, mais ces amours restent plutôt platoniques, même si un jour, Léopold, son père, les surprend s'embrassant sur la rue en face du 1251, rue Rachel Est, où habite la famille Sutto.

Ensemble, ils jouent au tennis au parc La Fontaine et se voient aussi le soir, après les représentations de l'Arcade, dans un restaurant qui reste ouvert toute la nuit, rue Saint-Denis, où ils retrouvent François Bertrand, François Zalloni et René Lecavalier, de jeunes annonceurs de Radio-Canada, avec lesquels ils font des plans. Leurs ambitions sont énormes : ils rêvent de fonder leur propre troupe de théâtre qui leur permettrait d'exercer leur métier à leur guise.

En 1942, Pierre Dagenais, deux fils de Mme Audet, Jean-Marc et André, René Lecavalier, Francois Bertrand et Guy Mauffette qui ont été formés à l'école du père Legault et des Compagnons, Janine Sutto et Nini Durand s'unissent pour lancer leur projet. Une photo de l'époque immortalise ce moment : on y voit François Bertrand et Pierre Dagenais, les yeux tournés vers René Lecavalier une plume à la main, écrivant sur un document appuyé sur un mur. Une photo symbolique de ce moment magique qui donne naissance à L'Équipe, une troupe de théâtre qui va bouleverser le monde de la scène à Montréal, et dans laquelle ils vont investir leurs espoirs et engloutir leurs maigres économies.

Dès la fondation, Pierre Dagenais, qui n'a que dix-neuf ans – il est né le 28 mai 1923 –, prend la direction de la troupe, une fonction qu'il conservera jusqu'à la fin. Malgré son âge, Dagenais est un animateur hors pair et un meneur. Il réunit autour de lui un groupe de jeunes acteurs et actrices prometteurs : Janine Sutto bien sûr, Nini Durand, Yvette Brind'Amour, Robert Gadouas, Jean-Pierre Masson, Muriel Guilbault. S'ajouteront plus tard Jean Lajeunesse, Roger Garceau, Denise Pelletier et Gisèle Schmidt. Des jeunes qui se sont connus principalement à l'Arcade, mais aussi un peu partout dans le petit milieu du théâtre et de la radio. Dagenais convainc également Jacques Pelletier et Marie-Laure Cabana, des jeunes artistes brillants, de venir l'aider aux décors et aux costumes. Très tôt, grâce en grande partie au charisme de Dagenais, ils vont former une équipe très unie.

Les fondateurs de L'Équipe, qui ont vécu à la dure à l'Arcade, veulent se donner les moyens de faire du théâtre de qualité en réduisant le rythme des productions, et en approfondissant le travail sur chacune d'entre elles. C'est ainsi qu'ils suppriment dès le début, par exemple, le recours au souffleur, puisque les pièces sont répétées pendant plusieurs semaines ; une révolution, à l'époque, que seul Gratien Gélinas peut se permettre. Ils veulent aussi – c'est l'ambition en particulier de Pierre Dagenais, qui ne cache pas son mépris pour le répertoire de l'Arcade – mettre en scène des textes contemporains de qualité. Et puis, pour ajouter à l'audace, L'Équipe risque le tout pour le tout en louant la salle du Monument national pour y présenter ses premières créations.

Le 12 décembre 1942, les journaux montréalais publient un texte de Pierre Dagenais dans lequel il explique sa démarche : « La troupe que je fonde, grâce à la bonne volonté, au désintéressement et au feu sacré qui anime les comédiens avec lesquels je veux travailler, veut se placer sur un plan nouveau dans le monde du théâtre au Canada français[6]. »

Les jeunes ont donc beaucoup d'ambition, certains diront de prétention. Pierre Dagenais s'en défend en expliquant son projet, deux ans après la création de la troupe, dans le programme qui présente *L'homme qui se donnait la comédie* : « L'expérience que j'entreprends avec mes camarades de L'Équipe, n'est pas une expérience technique dans un sens déterminé d'avance. Le seul fait que nous présentions nos spectacles au Monument national montre à lui seul que, loin de viser à former une chapelle, nous chercherons à satisfaire un public aussi nombreux que possible. Nous pourrons commettre des erreurs, mais nous essaierons de présenter une forme de théâtre [...] qui correspondra au goût du public du théâtre de Montréal dans son ensemble. »

L'Équipe produit sa toute première pièce le 14 janvier 1943, *Altitude 3 200*, de Julien Luchaire, au Monument national, avec une distribution qui comprend, en plus de

---

6. Pierre Dagenais, *Et je suis resté au Québec*, Montréal, Les Éditions La Presse, 1974.

Pierre Dagenais lui-même, Roland Chenail, Jean-Pierre Masson, Yvette Brind'Amour, Muriel Guilbault, Huguette Oligny, Nini Durand et Gisèle Schmidt. *Altitude 3 200*, c'est l'histoire de jeunes faisant de l'escalade et se trouvant prisonniers en haut d'une montagne. Une pièce de boulevard qui avait d'abord été le sujet d'un film populaire en France avec, entre autres, Jean-Louis Barrault. Un choix étonnant, puisque c'est une pièce un peu légère, pour lancer une troupe qui se veut différente. Mais L'Équipe ne tient pas à mettre la barre trop haut en commençant; on cherche d'abord à attirer l'attention.

Et l'opération réussit: *Altitude 3 200* est un succès à tous points de vue, et les commentaires des critiques le confirment. Comme celui de Judith Jasmin, dans *Le Canada*: «Le premier spectacle de L'Équipe est une démonstration, la première absolument bien faite depuis de nombreuses années, que le théâtre peut être exploité par les artistes eux-mêmes […] à condition toutefois, que ceux-là aient tous la même probité et la même conscience que la troupe de Pierre Dagenais.» Jean Béraud dans *La Presse* y va d'une autre critique dithyrambique, sous le titre: «Début de L'Équipe qui ouvre ici de vastes horizons[7].»

Les membres de L'Équipe sont eux-mêmes surpris par ce premier succès. Dagenais n'en revient pas. Nini Durand, qui fait partie de cette première distribution, n'oubliera jamais l'ambiance qui règne dans la troupe: «On avait été tellement vrais, simples. On était des acteurs, mais on ne se sentait pas acteurs, on était des copains. On jouait ensemble.»

Janine Sutto étant trop prise à l'Arcade ne fait pas partie de la distribution d'*Altitude 3 200*. Un programme du théâtre Arcade de l'époque, qui présente sa photo en couverture, annonce qu'elle jouera le 9 avril 1943 dans *Mon Bébé*, une comédie en trois actes de Maurice Hennequin, «hilarante au possible», se souvient-elle. On y apprend que le théâtre fera relâche durant la Semaine sainte et que le grand comédien français Jaque Catelain a dû être hospitalisé pour une sévère grippe à l'Hôtel-Dieu.

---

7. *Idem.*

Le programme fait aussi la promotion du spectacle du 23 avril : *Arsène Lupin,* une pièce en quatre actes de Francis de Croisset, d'après le roman de Maurice Leblanc. Avec, entre autres comédiens, François Rozet, Henri Letondal, Janine Sutto « et la troupe au grand complet ». Janine va aussi jouer en 1943 au théâtre Saint-Denis, où France Film produit certaines de ses pièces, dans *Les Vignes du Seigneur.* Le rythme infernal des créations du théâtre d'Alexandre DeSève.

En juin 1943, Janine Sutto, Pierre Dagenais et toute une variété de vedettes du spectacle de Montréal participent à une « représentation de gala au bénéfice de Jaque Catelain », une soirée organisée par le théâtre Arcade, pour aider l'acteur français qui a trouvé refuge au Canada et qui traverse une période difficile. Le programme du gala mentionne notamment la participation des artistes du Samovar, un cabaret populaire de Montréal : « La Dolores et Jose Fernandez, les fameux danseurs espagnols du Rainbow Room du Rockefeller Center de New York et Rita Montaya, la vedette brésilienne du film *Cobana* », des personnages colorés qui animent les belles nuits de la métropole.

Mais L'Équipe a autre chose en tête. Les jeunes préparent un spectacle qui donnera la mesure réelle de leurs rêves.

Scène 5. *Tessa, la nymphe au cœur fidèle*

Le 30 septembre 1943, L'Équipe présente au Monument national *Tessa, la nymphe au cœur fidèle*, un roman de Margaret Kennedy, adapté pour le théâtre par Jean Giraudoux. Pour Janine Sutto, c'est un grand moment et aussi un symbole : la première pièce qui allait incarner l'apport original de L'Équipe dans la production théâtrale de l'époque. Plus d'une vingtaine de comédiens, un record pour une si jeune troupe, dont Nini Durand, Liliane Dorsenn, Antoinette Giroux, Paul Gury, Jean-Pierre Masson, Gisèle Schmidt, Huguette Oligny, Denyse Saint-Pierre ; une mise en scène de Pierre Dagenais, une musique originale de Laurent Jodoin, un musicien marquant de Montréal, et des décors conçus par Jacques Pelletier et construits par Jean Choquet, un artiste en qui Pierre Dagenais met toute sa confiance et qui a déjà produit les décors d'*Altitude 3 200*. Pour sa deuxième production, L'Équipe veut marquer encore plus le public en y mettant les moyens et en poussant l'audace très loin.

Dans son édition du 1er octobre 1943, le lendemain de la première de *Tessa*, le journal *La Patrie* résume l'intrigue de la pièce : « C'est l'histoire de deux femmes qui aiment le même homme, d'un homme qui n'en a jamais aimé réellement qu'une (Tessa), mais qui épousera justement celle qu'il n'aime pas. » L'intrigue de *Tessa* se passe dans un chalet où vit une famille de musiciens plutôt loufoques, qui rappelle à Janine Sutto ses étés magnifiques avec la famille Riddez. Il est question d'un père et d'enfants de mères différentes.

Quand le père meurt, un tuteur prend les enfants à sa charge et leur mère met les filles au couvent. Tessa, jouée par Janine Sutto, est très amoureuse de ce tuteur. Elle veut partir avec lui. Les deux amants se retrouvent dans une auberge et elle meurt dans ses bras.

Janine Sutto a elle-même proposé le texte de *Tessa* à Pierre Dagenais, parce qu'elle rêve de jouer ce rôle. La pièce a déjà été montée par Louis Jouvet en France, où elle a connu un grand succès. Mais il y a un problème : dans son rôle de Tessa, la jeune actrice doit chanter, ce qu'elle craint comme la peste depuis qu'elle a suivi des cours de chant avec Jean Riddez. L'Équipe a demandé à Laurent Jodoin de composer la musique, parce que la partition originale utilisée par Jouvet lors de la production de la pièce en France n'est pas disponible, à cause de la guerre.

Le soir de la première, les appréhensions de Janine Sutto à propos du chant se confirment : voulant accentuer le caractère loufoque de la scène d'ouverture où toute la famille est réunie, Pierre Dagenais a décidé que le personnage de Roberto, un des membres de cette famille incarné par Jean-Marc Audet, se promènerait sur scène avec un vrai perroquet sur l'épaule. La troupe emprunte donc un perroquet qui appartient aux parents de Nini Durand depuis une bonne vingtaine d'années. Or, dès le début de la pièce, alors que pratiquement tous les personnages sont sur scène, dans une sorte de fouillis familial où tout le monde se taquine, le perroquet décide de prendre la parole au moment même où Janine Sutto, qui joue le rôle-titre, et qui est déjà terrorisée à l'idée de devoir chanter, entonne les paroles d'une sorte de chant d'amour : « Si je meurs, les oiseaux ne se tairont qu'un soir… » Dans ses mémoires, Pierre Dagenais décrit la scène : « Alors Coco (le perroquet) roucoule sur un timbre plutôt guttural : "Si je meurs, les oiseaux." Cette interruption, pour le moins inattendue, ne cause pas un malaise que parmi les acteurs. »

Et Coco n'en reste pas là ! Quand Janine Sutto poursuit en chantant :

« Si je meurs, pour une autre un jour tu m'oublieras… », le perroquet continue à répéter après elle. Il faudra, discrètement, le sortir de scène, l'enfermer dans les loges où il se mettra à crier comme un fou, ensuite dans la cave où on l'entendra par le trou du souffleur, puis, enfin, mobiliser Nini Durand qui ne joue que dans la première scène, et qui est seule capable de le calmer et de le ramener chez elle en taxi. Et Dagenais d'ajouter dans ses mémoires : « Tout ce branle-bas n'a peut-être duré que trois minutes ; on meurt souvent en moins de temps. Je n'hésite donc pas à écrire que la chose a bien failli m'arriver. Mais non ! Les comédiens ont tous conservé leur sang-froid et le public a eu la générosité de se contenter de sourire[8]. »

Étrangement, Janine Sutto elle-même a tout oublié de cette scène qui a pourtant dû la terroriser. Et de l'avis de tous les témoins de l'époque, sa performance dans le rôle de Tessa a été excellente. Comme en témoigne le lendemain, à une nuance près, la critique de *La Patrie* : « Elle a fait hier, son meilleur rôle jusqu'à date, et on peut prédire à cette toute jeune artiste une heureuse carrière. Sa personnification de Tessa ne laissait rien à désirer. Peut-être seulement était-elle un peu trop enfantine[9]. »

La Presse aussi fait une très bonne critique de la performance de la comédienne, mais très négative de l'ensemble de la production. À tel point que, dans les jours suivants, Janine décide de se rendre au journal dans l'intention de sermonner le critique.

Mais arrivée sur place, elle découvre que tous les journalistes, réunis dans la même salle de rédaction, vont être témoins de son esclandre. Qu'à cela ne tienne, la jeune actrice surmonte sa timidité et fait ses remontrances au critique devant tous ses collègues.

Une des premières manifestations de ce franc-parler de la comédienne qui lui jouera de mauvais tours dans sa vie.

Près de trente-cinq ans plus tard, dans le magazine *TV Hebdo*, le journaliste Joseph Rudel-Tessier se souviendra encore de cette performance de la jeune Janine Sutto, « où

---

8. Pierre Dagenais, *Et je suis resté au Québec, op. cit.*
9. *La Patrie*, édition du 1er octobre 1943.

elle avait révélé son immense talent de comédienne, et où elle chantait si admirablement, d'une toute petite voix, la belle chanson que Pierre Dagenais avait demandée à Laurent Jodoin pour la pièce[10] ».

Janine Sutto se fait donc tout de suite remarquer dans son rôle de jeune première. C'est aussi un point tournant, pour L'Équipe, qu'on identifie dorénavant comme une troupe de répertoire. Malgré certaines réticences des critiques, *Tessa* est un succès, mais surtout une production qui témoigne de l'audace de la troupe. Autant d'acteurs avec si peu de moyens ! Si un musicien réputé de Montréal comme Laurent Jodoin se joint à la production, ce n'est pas pour des raisons financières. Les cachets versés par L'Équipe sont symboliques. Des personnalités aussi imposantes que le comédien français Pierre Durand ou la grande actrice Antoinette Giroux jouent même gratuitement, pour le seul plaisir de participer à cette nouvelle vitalité qui surprend le milieu culturel montréalais.

La jeune troupe attire beaucoup de gens, même parmi les plus grands noms, parfois sans pouvoir leur garantir de cachet, parce que sa créativité et son audace se démarquent dans le Québec assombri par la guerre. Ils acceptent tous, en plus, la nouvelle règle imposée par L'Équipe : les longues heures de répétition non rémunérées.

Contrairement au théâtre du Nouveau Monde, qui naîtra en 1951 en partie grâce à l'aide de riches mécènes, la petite troupe de L'Équipe est financée exclusivement par le revenu des entrées au Monument national et les commandites des spectacles. Ainsi, dans le programme de *Tessa*, on retrouve une page publicitaire complète payée par les cigarettes Sweet Caporal, « Ici, là-bas [à la guerre, puisqu'on est en 1943] premières dans les cœurs des Canadiens partout. » Les autres commanditaires sont les verres Correctal, la fleuriste des artistes, Mme Du Moulin, les machines à écrire de N. Martineau et Fils, le restaurant Roncarelli, et Mlle Bégin Inc., corsetière.

Gratien Gélinas, qui est déjà un directeur de théâtre prospère, est aussi très généreux avec les membres de L'Équipe.

---

10. *TV Hebdo*, mai 1978.

Il leur prête sa salle de répétition, à côté de ses bureaux, rue Saint-Denis, et surtout les services de son associé en affaires, Rodolphe Godin, pour aider Pierre Dagenais, qui est trop souvent emporté par ses idées grandioses, à injecter un peu de rationalité dans la gestion des affaires de la troupe.

Janine Sutto bénéficie, de son propre aveu, d'un avantage énorme au sein de L'Équipe, puisqu'elle peut, du fait de ses liens avec Pierre Dagenais, se donner les rôles qu'elle désire. Elle comprendra plus tard Yvette Brind'Amour, quand celle-ci fera la même chose pour elle-même au théâtre du Rideau Vert.

La troupe rêvait de faire du théâtre professionnel de qualité. C'est maintenant chose faite. Gratien Gélinas n'est dorénavant plus seul en piste au Canada français.

Mais L'Équipe, financièrement, n'a pas les reins aussi solides que le producteur des *Fridolinades*, qui est un créateur et un homme d'affaires habile. Ainsi, après *Tessa*, Dagenais se retrouve-t-il avec une dette de mille trois cents dollars. Une somme importante pour l'époque. *Tessa* comporte quatre décors. *Altitude 3 200* n'en comptait qu'un seul. Même si Laurent Jodoin, pour la trame musicale, et Jean Choquet, aux décors, travaillent pratiquement pour rien, la production, avec ses vingt-deux comédiens, a coûté cher, et les représentations ont été trop peu nombreuses. L'Équipe, qui ne mesure pas encore son impact, ne s'engage que pour quelques soirées au Monument national. La réputation de la troupe va grandir encore davantage, mais les finances ne vont pas s'améliorer.

Scène 6. L'Équipe s'impose

Malgré ses difficultés financières, L'Équipe présente au Monument national, du 13 au 18 janvier 1944, *L'homme qui se donnait la comédie*, une adaptation française de Pierre Boucher, selon le programme, d'une pièce d'Emlyn Williams intitulée *Night must fall*. On retrouve dans la distribution le même noyau de comédiens : Pierre Dagenais, Roland Chenail, Liliane Dorsenn, Roger Garceau, Jean-Pierre Masson, Gisèle Schmidt et Denyse Saint-Pierre. Petit à petit, l'univers de Janine Sutto se construit : tous ces personnages qui sont ses amis et ses camarades d'aventures et avec lesquels, pour la plupart, elle gardera un lien indéfectible. Elle-même, dans la pièce, se donne un rôle modeste, celui d'une femme de ménage, Mrs Terence.

Le directeur de L'Équipe, âgé d'à peine vingt et un ans, ne manque pas d'ambition, et son enthousiasme envoûte Janine Sutto et les jeunes comédiens de la troupe. Dans le programme de la pièce, comme chaque fois, Pierre Dagenais écrit une sorte d'éditorial, de journal de bord, où il explique sa démarche : « Nous ne nous prononçons ni pour ni contre la musique de scène, ni pour ni contre le décor symbolique, ni pour ni contre tel ou tel style. L'éclectisme est, à mon sens, une vertu indispensable du metteur en scène animé du feu pur du drame. »

Les notes de Dagenais dans les programmes emploient souvent un ton polémique, presque prétentieux, comme pour répondre aux critiques : « On m'a reproché d'avoir trop

obscurément défini ce que j'entendais et ce que mes camarades entendent par théâtre poétique. […] Nous sommes
seulement un groupe de jeunes comédiens de bonne volonté
qui avons le respect et l'amour de notre très noble profession. Nous voulons travailler. Nous croyons savoir ce qui nous
est possible et ce qui nous dépasse. Cela entre aussi dans les
considérations qui nous incitent à avancer prudemment dans
le répertoire. Mais nous sommes sûrs d'être dans la bonne
voie. Je souhaite, pour l'avenir du théâtre et pour le succès
de notre entreprise, que vous soyez de notre avis. »

Le directeur de L'Équipe, qui n'a fréquenté aucune école
de théâtre, a beaucoup appris auprès d'André Audet, l'aîné
de la célèbre Mme Audet. Celui-ci lui a fait lire, entre autres,
les œuvres du grand metteur en scène russe Konstantin Sta-
nislavski, le théoricien de la vérité humaine au théâtre, qui a
semé les fondements du théâtre moderne. Pierre Dagenais,
en dépit de son jeune âge, a donc déjà réfléchi, lu et pensé
à la façon dont il veut faire le métier qu'il apprend sur le tas.

Mais malgré une critique encore favorable, *L'homme qui
se donnait la comédie* n'attire pas le public et les salles ne se
remplissent pas. Est-ce à cause de la guerre et des restrictions qu'elle provoque ? Pierre Dagenais, dans ses mémoires,
dévoile l'inquiétude qui s'empare de la troupe. Les taxes
sur les spectacles, qui servent à financer l'effort de guerre,
sont très lourdes ; les troupes de théâtre doivent payer des
amendes si elles jouent le dimanche. Résultat : L'Équipe perd
encore trois mille dollars avec la production de *L'homme qui
se donnait la comédie*.

Entre-temps Janine Sutto, elle, continue à jouer à l'Arcade.
On la voit, entre autres, dans *Fabienne*, de Claude Socorri, le
29 octobre 1943. Une photo datée de 1944 la montre avec
Antoinette Giroux, Jeanne Demons et Denyse Saint-Pierre
dans *La Tentation*, au théâtre Arcade, une pièce que le théâtre
reprend chaque année durant la Semaine sainte.

Au début de 1944, Janine Sutto soumet à Pierre Dagenais
une proposition audacieuse qui va permettre à la troupe de
se renflouer : L'Équipe va jouer *Marius* et *Fanny*, d'après les
œuvres de Marcel Pagnol. Les deux pièces ont été montées

à Paris avec succès, mais les Français ont surtout vu les films dans lesquels César est incarné par le grand comédien Raimu. Le texte est magnifique ; Janine est persuadée que le public montréalais, lui aussi, embarquera dans cette proposition. À bout de ressources, Pierre Dagenais fait appel à Rodolphe Godin, l'administrateur de Gratien Gélinas, pour qu'il fasse des miracles avec les finances de la troupe.

Quand L'Équipe présente *Marius*, de Marcel Pagnol, le 11 mai 1944, c'est un triomphe. Un souvenir important pour Janine Sutto aussi, qui joue Fanny, avec Ovila Légaré, qui se révèle un acteur extraordinaire dans le rôle de César. Pierre Dagenais décrit dans ses mémoires comment les comédiens ont eu de la difficulté à se mettre l'accent marseillais en bouche, sauf Janine Sutto, la Française, et Ovila Légaré, qui a un don pour cet accent typique.

L'Équipe, qui n'a réservé que sept soirs au Monument national, présente finalement quatorze représentations à Montréal. Les revenus de la production permettent au directeur de la troupe de rembourser toutes ses dettes, et de déposer à la banque un surplus de mille cinq cents dollars. Mais Janine Sutto et Pierre Dagenais ont un autre projet important en préparation : ils ont décidé de se marier.

Une étrange décision, d'autant plus que depuis plusieurs mois, Janine Sutto éprouve un sentiment particulier pour un autre homme : le jeune annonceur de Radio-Canada, François Bertrand, cofondateur de L'Équipe, qui est parti en Europe pour la radio d'État comme correspondant de guerre avec son ami René Lecavalier. Janine leur écrit des lettres régulièrement. Ce sont pratiquement les seules que les deux jeunes hommes reçoivent durant leur séjour en Europe. Mais dans leurs échanges, d'un côté comme de l'autre de l'Atlantique, ni Janine ni François Bertrand n'expriment ouvertement leurs sentiments.

Déchirée entre Pierre Dagenais, qu'elle fréquente presque quotidiennement, et le correspondant de guerre dont elle n'arrive pas à mesurer les sentiments, Janine Sutto décide donc, comme elle le dira longtemps, d'épouser le théâtre. Et ce coup de tête donne lieu à un événement médiatique important : le mariage est célébré le 3 juin 1944, à l'église Saint-Louis de France, rue Saint-Hubert, au cœur du quartier d'adoption de la famille Sutto. La cérémonie est présidée par l'abbé Robert Llewellyn, un prêtre à la mode qui inspire la jeunesse et qui enseigne au collège Stanislas, à Outremont.

Janine a vingt-trois ans, Pierre vingt et un. Les deux artistes sont connus du grand public ; on les entend à la radio et on les voit au théâtre depuis plusieurs années déjà. Les journaux sont sur place. Le mariage est présenté comme une sorte de conte de fées. Il y a plus de monde à l'église que jamais L'Équipe ne réussira à en attirer dans ses propres salles. Un journal de l'époque décrit l'entrée de la mariée dans l'église, accompagnée de son père, portant une robe « chantilly neige avec incrustations de tulle, un voile de tulle illusion maintenu sous une torsade assortie ; son bouquet était composé de muguet. »

Léopold Sutto, dont les problèmes cardiaques s'accentuent, est sorti de l'hôpital pour l'occasion. Ce sera sa dernière sortie officielle. Sur une photo prise à leur entrée dans l'église, on le voit très amaigri. Le père de Janine tient à être de la fête même s'il a accueilli avec réticence la décision de sa fille de se marier. Il lui aurait dit : « Tu as dû réfléchir. Moi, quand j'ai épousé ta mère, si on m'avait dit de ne pas le faire, je l'aurais fait quand même. Alors je suppose que tu vas faire la même chose. »

Gilles Pelletier, qui vient de rentrer, à dix-neuf ans, d'un séjour en Angleterre avec les Forces navales françaises libres, voit le mariage du balcon de la résidence familiale, située près de l'église Saint-Louis de France, d'où il observe le bal des photographes autour des invités triés sur le volet, des personnalités de l'Union des artistes et de la radio. Gérard Poirier qui, bien qu'adolescent, rêve déjà de devenir comédien, dévorera la revue *Radiomonde*, consacrée aux vedettes du spectacle. L'hebdomadaire a délégué sur place Mme Jean Desprez, sa journaliste-vedette, auteure de radioromans, dont la série déjà fameuse, *Jeunesse dorée*, à laquelle les jeunes comédiens collaborent occasionnellement. Jean Desprez, qui s'appelle en fait Laurette Larocque-Auger, est originaire de Hull, où elle a étudié l'art dramatique. Elle-même mariée à un comédien connu, Jacques Auger, elle en met plein la vue : « L'émotion qui étreint chacun de nous prouve mieux que tout le reste, à quel point le bonheur de Pierre Dagenais et de Janine Sutto nous est précieux. […] L'église est fleurie, de la nef jusqu'à l'autel. […] Ils ont pour eux la chose la plus merveilleuse du monde : le théâtre. » Puis elle ajoute, faisant écho à ce qui se passe dans le monde à l'époque : « Au sortir de l'église, j'apprends que l'un des invités au mariage vient de recevoir la nouvelle que son fils a été tué là-bas ! […] Parce qu'il faut que la vie continue, que les races survivent, la tristesse des uns ne doit pas ternir le bonheur des autres[11]. »

La cérémonie est suivie d'une réception à l'hôtel Mont-Royal, rue Peel, à laquelle assistent, entre autres : « Gratien Gélinas et sa femme, François Rozet, Rita Riddez qui joue la dame d'honneur, Sita Riddez, la grande comédienne, le sénateur et madame Thomas Vien, Marcel Chabrier et Jeanne Maubourg, l'avocat criminaliste Raymond Daoust, Roger Duhamel, Guy Mauffette[12]. »

Nini Durand, qui s'est elle-même mariée entre-temps, est bien sûr invitée aux noces.

Elle est assise à la même table que Léopold Sutto, sa femme Renée et les mariés.

Elle travaille à l'occasion pour l'entreprise familiale des Sutto parce qu'elle parle italien et qu'une partie des échanges se font avec des fournisseurs en Italie. Léopold Sutto lui confie : « Toi, t'es folle, mais ma fille est encore plus folle que toi ! »

Après le mariage, Janine Sutto quitte la résidence familiale, située au 3892, avenue du Parc-La Fontaine, pour aller vivre dans l'ouest de Montréal avec Pierre Dagenais. Ils habitent un bel appartement, rue Sherbrooke Ouest, entre Guy et Saint-Mathieu.

C'est là qu'ils reçoivent la visite des frères Edmond et Marius Martin. Les deux hommes originaires du sud de

---

11. *Radiomonde*, 10 juin 1944.
12. *Idem.*

la France sont connus comme étant des membres du clan mafieux des Cotroni, une famille influente du crime organisé à Montréal. Ils sont aussi les hommes de main de l'Union nationale de Maurice Duplessis, qui reprend le pouvoir en 1944.

Les frères Martin ont demandé à les rencontrer. Ils sont fascinés par le milieu du théâtre français et ils ont particulièrement admiré la production de *Marius* réalisée par L'Équipe. Comment des Québécois, se disent-ils, peuvent-ils jouer aussi bien Marius? Les deux jeunes mariés, intrigués, décident de les recevoir. Ils ont une bouteille de champagne à la maison et ils se disent que s'ils s'avèrent sympathiques, ils l'ouvriront. Dès leur entrée dans l'appartement, vêtus de leurs manteaux en poil de chameau avec de grosses bagues en or aux doigts, les frères Martin séduisent leurs hôtes.

Ils sont venus proposer, en fait, à Janine Sutto et Pierre Dagenais d'organiser des spectacles dans un club que les Cotroni viennent d'ouvrir, le Val d'Or café, qui deviendra, en 1947, le fameux Faisan doré, un des grands cabarets qui animera les nuits de Montréal pendant des années. Janine tombe instantanément sous le charme de ces Français un peu spéciaux, même s'ils sont associés au crime organisé. Il faut dire que les membres de la mafia, à l'époque, sont pour les artistes des mécènes importants. D'autres vedettes du moment l'ont raconté par la suite.

Après les avoir rencontrés dans leur appartement, rue Sherbrooke, les frères Martin invitent les comédiens chez eux, rue Meilleur, à Montréal. Janine Sutto et Pierre Dagenais s'y rendent en compagnie de Jean Lajeunesse, qui vient de se joindre à L'Équipe. Dès son entrée dans la maison, rue Meilleur, Lajeunesse dit à voix haute: «Je connais cette maison; j'étais commis à la pharmacie du quartier. C'est un bordel.» Un ange passe. Pendant que Janine et Pierre veulent se cacher sous le tapis, Edmond Martin répond sans broncher: «Oui, mais ça ne l'est plus!»

Janine et Pierre retrouvent parfois les frères Martin au Val d'Or café, comme ce soir du 5 janvier 1945, où Edmond est accompagné d'une charmante jeune femme de Chicoutimi,

Simone, qui fait partie de ses protégées. Marius est avec sa femme, Maude, aux beaux yeux violets. Au dos d'une photo qui immortalise cette soirée, Janine Sutto écrit: «Photo prise à la boîte de nuit des Martin, nos Marseillais, une nuit où on s'est bien amusé et où j'ai bu pas mal de cognac.»

Janette Bertrand, qui a dix-huit ans en 1944, évoque dans ses mémoires le choc de sa rencontre avec ces jeunes artistes à la vie débridée, que son futur époux Jean Lajeunesse fréquente déjà, et surtout sa rencontre avec Janine Sutto, de cinq ans son aînée, qu'elle perçoit comme un modèle de femme libérée. Lajeunesse, qui a connu Janine Sutto et Pierre Dagenais à l'Arcade, se prépare à participer à plusieurs productions de L'Équipe. Un soir, Janette et Jean se rendent à l'appartement de la rue Sherbrooke Ouest, où Janine, qui est seule ce soir-là, l'impressionne par son enthousiasme: «Elle me dit en entrant – elle avait un langage, elle sacrait beaucoup – elle me dit: "Toi, je t'aime!"»

Ils se rendent ensuite dans un club de jazz, rue Saint-Antoine. Janine est accompagnée du comédien Philippe Robert, un autre habitué de L'Équipe. Sur scène, en entrant, Janette aperçoit une femme presque nue qui se contorsionne avec un serpent dans une cage: «J'étais scandalisée; Janine trouvait ça complètement artistique. J'avais jamais vu ça, une femme comme ça. Une femme libérée, qui dit tout ce qu'elle pense, qui rit. C'était la bohème, comme en France; il y avait une volonté chez les acteurs de faire la bohème à la française. On rêvait de la France!»

Janette Bertrand et Janine Sutto vont se retrouver plusieurs fois dans leur vie et devenir de grandes amies. Mais déjà, en 1944, Janette est marqué par cette femme animée par le désir de briser les règles.

Durant l'été 1944, Janine Sutto participe à une tournée de théâtre à Québec dans une pièce d'Henry Deyglun avec, entre autres, François Rozet, Mimi d'Estée, la femme de Deyglun, Denyse Saint-Pierre, Jean Lajeunesse, Philippe Robert et son mari, Pierre Dagenais. La troupe fait la connaissance de Jacques Normand, qui travaille dans l'hôtel où ils sont descendus à Québec et à qui Henry Deyglun décide d'offrir un rôle dans sa série radiophonique *Vie de famille*. Tout ce monde se retrouvera plus tard au Faisan doré, quand le club de la famille Cotroni ouvrira ses portes, avec Fernand Gignac, Monique Leyrac, Aglaë et son mari, le pianiste français Pierre Roche, Jean Sablon et sa sœur Germaine.

Après les représentations de la pièce d'Henry Deyglun, Janine Sutto et Pierre Dagenais participent à une expérience unique : le tournage du premier véritable long-métrage de fiction québécois, *Le Père Chopin*, qui se déroule en partie à Rawdon, au nord de Montréal. Le film, produit par l'équipe de Renaissance Films, la maison de production d'Alexandre DeSève, est dirigé par un réalisateur d'origine russe établi à Montréal, Fyodor Ozep, qui fait venir au Québec, pour suppléer au manque de main-d'œuvre qualifiée dans ce domaine, des techniciens de cinéma américains. C'est ainsi que la jeune comédienne, au grand plaisir de son père, Léopold, qui a vécu des jours heureux chez Pathé, entre pour la première fois en contact avec le monde du grand écran. Le film, qui sortira en salle en 1945, n'aura pas beaucoup de succès, mais il marquera, par l'ampleur des moyens investis dans la production, un moment important dans l'histoire du cinéma québécois.

Après *Le Père Chopin*, Janine Sutto s'offre une escapade à New York avec son amie Nini Durand : elles vont voir Laurence Olivier et sa troupe, le Old Vic Theater de Londres, en visite à New York pendant la guerre. Les deux jeunes femmes voient *Oncle Vania, Œdipe* et *César et Cléopâtre*, puis se contentent de grignoter des casse-croûte entre les représentations. Le séjour, en fait, se passe presque exclusivement dans les théâtres et au cinéma. Janine, qui ne parle pas l'anglais et qui le comprend à peine, s'en remet complètement à Nini Durand – qui a une habileté particulière pour les langues – en ce qui a trait à la logistique et à l'organisation.

Durant cet été 1944, quelque chose vient troubler la vie de Janine Sutto : François Bertrand, le jeune annonceur, pour lequel elle éprouve un amour qui ne s'est pas encore exprimé, est revenu dans sa vie. De retour de mission en Europe comme correspondant de guerre, à peine quinze jours après le mariage de Janine et Pierre, en juin 1944, il rejoint les rangs de L'Équipe. Il apprend la nouvelle du mariage à son arrivée à Montréal. C'est un choc : il ne parvient pas à s'expliquer pourquoi cette jeune femme, avec laquelle il correspond depuis plusieurs mois, s'est mariée à son meilleur ami. Mais le choc de l'arrivée transforme d'un jour à l'autre leur relation : Janine décide de confronter, même de harceler Bertrand, persuadée qu'il est, lui aussi, amoureux d'elle. Et dans les semaines qui suivent son retour au Canada, ils s'avouent leur amour et deviennent amants.

Mais quel est l'avenir de cette double relation sûrement déchirante que la comédienne entretient avec deux hommes qu'elle aime pour des raisons totalement différentes ? Si elle veut officialiser sa relation avec François Bertrand, Janine doit rompre le mariage qu'elle vient à peine de célébrer avec Pierre Dagenais. Mais un divorce est impensable à l'époque pour des jeunes sans le sou, à cause des coûts faramineux qu'il exige. En outre, annuler un mariage religieux est pratiquement impossible. François Bertrand annonce, au début de l'automne 1944, qu'il repart à l'étranger, où il va assister aux derniers mois de la guerre. Les deux amoureux se quittent sans savoir ce qui leur adviendra. Le jour du départ, dans la voiture conduite par René Lecavalier, Janine Sutto, tout au long du trajet, est incapable de retenir ses larmes. Lecavalier, ignorant sans doute les semaines de passion qu'elle vient de partager avec Bertrand, s'étonne : « Mais qu'est-ce que tu as à pleurer comme ça ? »

En décembre 1944, malgré les mises en garde de Rodolphe Godin, l'administrateur, qui trouve que le moment n'est pas propice, Pierre Dagenais décide de tenter sa chance à nouveau en montant *Fanny*, la suite de *Marius*, écrite par Marcel Pagnol, avec la même distribution. Mais le sort s'acharne encore contre lui. Cette fois, L'Équipe a des options au Monument national pour presque un mois, mais les billets ne se vendent pas et la salle est vide. La pièce coûte cher, avec ses quatre décors différents. Les comédiens – Pierre Dagenais choisit toujours des pièces à quinze ou vingt personnages – sont payés trente dollars par représentation. Ovila Légaré, poussé par sa femme, qui est une négociatrice redoutable, a même obtenu cinquante dollars par représentation pour son interprétation du rôle de César dans les deux pièces. Résultat : la troupe perd trois mille cinq cents dollars dans l'opération. L'Équipe retombe en difficulté financière, mais sa réputation ne tarit pas ; une fois de plus, la troupe marque l'imaginaire des amateurs de théâtre de Montréal.

Au milieu de cette période de gloire pour Janine Sutto, un événement triste se produit au sein de la petite famille française : Léopold Sutto, celui par qui l'aventure canadienne est arrivée, l'homme que Janine dit avoir le plus aimé jusqu'alors dans sa vie, meurt en février 1945, chez lui, avenue du Parc-La Fontaine, d'une faiblesse cardiaque, malgré l'acharnement de son médecin, le Dr Gatien, un éminent cardiologue. Dans les semaines qui ont précédé le décès, Janine est allée le voir souvent à l'Hôtel-Dieu, où il effectuait des séjours fréquents. Revenu à la maison, on l'a installé dans la chambre vacante de sa fille, qui dispose d'un balcon donnant sur le parc. C'est là qu'il est mort, dans les bras de Janine. Comme un souffle qui s'éteint, dira-t-elle pour décrire la scène, puis en riant, elle ajoutera que cet amateur de Bonaparte est mort, ironiquement, entre les rues Napoléon et Roy.

À la mort de Léopold Sutto, son fils André, l'aîné de la famille, prend sa suite à la tête du commerce familial auquel il donne un second souffle. Désormais libéré de la tutelle autoritaire de son père, André Sutto va faire progresser le commerce et le diversifier. Établi rue Notre-Dame Est, l'Office central va bientôt vendre, sur place et par catalogue dans tout le Québec, en plus des objets religieux, toutes sortes de marchandises rapportées des voyages qu'effectue André dans le monde, en Europe, en Russie et plus tard en Chine.

Scène 7. La rupture avec Pierre Dagenais

Après la mort de Léopold Sutto, Janine et Pierre Dagenais quittent leur appartement de la rue Sherbrooke Ouest pour venir habiter avec Renée, la mère de Janine, dans la maison familiale des Sutto, avenue du Parc-La Fontaine. Pierre Dagenais s'est endetté pour financer les déficits de L'Équipe ; les jeunes mariés n'ont plus les moyens de se payer leur propre logement.

En 1945, Janine Sutto n'a que vingt-quatre ans, mais elle est déjà une vedette au sein de la communauté artistique de Montréal. Monique Miller, qui est alors une élève de Mme Audet chez qui elle habite, rencontre Janine pour la première fois lors de l'enregistrement d'un des nombreux radio-théâtres Ford, *Les Visiteurs du soir*. Un texte adapté du film de Marcel Carné par André Audet, qui est joué en direct. Janine Sutto et Robert Gadouas, un autre comédien de L'Équipe, incarnent le couple mythique tiré du film et Monique Miller, qui fait ses débuts à la radio à l'âge de treize ans, joue une sorte de page qui n'a que quatre répliques.

À l'époque, on compte pas moins d'une quinzaine de radioromans diffusés chaque jour à Radio-Canada, à CKAC et plus tard à CKVL. Des textes originaux, des textes adaptés de scénarios de cinéma ou de pièces classiques du répertoire théâtral, qui assurent aux comédiens un revenu régulier. Certaines vedettes bousculent même leurs horaires pour être présentes dans plusieurs radioromans en même temps. Albert Duquesne, une grande vedette des radioromans, lit tous les jours de 18 h 45 à 19 heures *Les Nouvelles de chez nous*, commanditées par Molson, à CKAC, angle Metcalfe et Sainte-Catherine, après quoi il court vers les studios de Radio-Canada, angle Drummond et Sainte-Catherine, où, entre 19 heures et 19 h 15, il tient le rôle d'Alexis Labranche dans *Un homme et son péché*. Il est convenu qu'Alexis n'entre jamais en scène avant 19 h 12, pour laisser à Duquesne le temps d'arriver.

Dans sa vie professionnelle, Janine Sutto est heureuse. La jeune comédienne séduit également le public du théâtre de boulevard à l'Arcade, aussi bien que les amateurs plus sophistiqués de théâtre de répertoire qui fréquentent les spectacles montés par L'Équipe. On lui offre déjà beaucoup de beaux rôles qui lui permettent de peaufiner davantage son métier.

En juin 1945, elle va même recevoir, lors d'une soirée de gala où se retrouve tout le gratin du monde du spectacle, le titre de Miss Radio 1945, attribué l'année précédente à Sita Riddez. Pour le gala, où elle se présente en robe noire, en mémoire de son père décédé, les frères Martin lui offrent une montre en or signée Lucas, un bijoutier de Montréal à la mode.

Mais dans sa vie privée, Janine Sutto est malheureuse. Moins d'un an après le mariage qui a fait rêver le grand public, elle ne vit déjà plus avec Pierre Dagenais, qui a quitté la résidence des Sutto, avenue du Parc-La Fontaine. Le mariage est un échec. Dès les premières semaines, Janine s'est rendu compte qu'elle n'était pas attirée sexuellement par cet homme, malgré toute l'admiration qu'elle a pour ses talents de metteur en scène.

En voulant l'épouser, elle s'est trompée. De cet échec, elle tire un constat cruel qu'elle se répétera à plusieurs reprises dans sa vie : « On dirait que je me précipite, avec une énergie remarquable, sur les difficultés. » Pierre Dagenais n'a pas été un grand amour, mais une erreur. Pourtant, lui est encore très amoureux d'elle. Janine pensait épouser le théâtre, comme elle le disait, mais la vie n'est pas le théâtre.

La jeune comédienne se sent très coupable dans cette histoire. Au point qu'après leur séparation, elle évite de le rencontrer, de le voir. Parce qu'elle sent qu'elle l'a blessé. La situation est d'autant plus troublante que les deux époux séparés ne peuvent envisager sérieusement de divorcer, même s'ils ne vivent plus ensemble.

À l'échec de ce mariage s'ajoute un autre malheur qui affecte beaucoup plus profondément Janine Sutto. Libre à nouveau, après la rupture avec Pierre, elle revoit François Bertrand qui est revenu définitivement d'Europe, en décembre 1944. Mais les choses ont changé. L'amoureux de l'été 1944 décide de mener sa vie dans une direction opposée. Il choisit d'épouser une autre femme. Janine est furieuse quand elle apprend la nouvelle. Ce sera un des plus grands chagrins de sa vie.

Le couple Sutto-Dagenais, maintenant séparé, continue par ailleurs à travailler ensemble. Pierre Dagenais demeure un inspirateur brillant. Lui qui n'est pourtant jamais allé à New York ou à Paris pour voir d'autres créations représente pour les jeunes comédiens qui l'entourent le théâtre de l'avenir, celui qu'ils veulent créer. Mais la pauvreté de ses talents de gestionnaire de troupe de théâtre va bientôt mettre en péril la survie de L'Équipe. Dagenais est un directeur négligeant en ce qui a trait à tous les aspects matériels de la production. Il est toujours en retard. Il est absent quand il s'agit pour les membres de la troupe de ranger les décors et les accessoires après les représentations ou quand il faut diriger les déménageurs. Il n'est pas là, non plus, quand tout le monde se mobilise pour coller des affiches un peu partout en ville.

Durant l'été 1945, L'Équipe monte *Le Songe d'une nuit d'été*, de Shakespeare ; une autre performance exceptionnelle, qui marquera les amateurs de théâtre. C'est la première production professionnelle de Shakespeare en traduction française en Amérique. La pièce révèle le jeune comédien Robert Gadouas, déjà un habitué de L'Équipe, dans le rôle de Puck. Janine Sutto joue Hermia, en couple avec Philippe Robert. Charlotte Boisjoli et Jean Lajeunesse forment l'autre duo amoureux de la pièce. François Bertrand fait partie de la distribution. Le décorateur, Jacques Pelletier, pousse l'audace jusqu'à planter des arbres artificiels dans la cour de l'Ermitage, où la pièce est jouée.

Le comédien Gilles Pelletier fait ses débuts en tant que figurant : il est le chef des chœurs. Une nuit, avant la première du spectacle, il se joint aux autres acteurs dans une de ces tâches typiques que la troupe doit effectuer pour compenser la faiblesse de ses moyens : tous ensemble, ils arpentent les rues de Montréal pour coller et distribuer des affiches annonçant *Le Songe*. C'est un tel succès que la production vaudra à Pierre Dagenais, l'année suivante, une invitation – une première, en fait, pour un Canadien français – de la Shakespeare Society of Montreal pour qui il montera *King Lear*.

Mais, une nouvelle fois, la production de L'Équipe, aussi grandiose et exceptionnelle qu'elle soit, ne couvre pas ses frais, au contraire. La première représentation est donnée gratuitement devant un public de soldats de retour de la guerre. Puis, pendant les trois ou quatre jours qui suivent, la nature s'acharne contre l'audace de Dagenais ; la pluie force la troupe à annuler des représentations et à rembourser des autobus remplis de spectateurs. Après le passage de la pluie, les jardins de l'Ermitage se remplissent enfin, mais trop tard pour combler le déficit financier qui s'agrandit. François Bertrand, qui s'occupe dorénavant des finances de L'Équipe et qui s'adjoint, comme administrateur, le chef du service des annonceurs de Radio-Canada, Ernest Hébert, n'arrive pas à redresser la situation.

À la fin de l'été 1945, malgré l'intervention de son avocat, Jean-Marie Nadeau – le père de la future vedette de Radio-Canada Pierre Nadeau –, Dagenais doit même faire de la prison à Bordeaux parce qu'il ne peut pas payer les neuf cents dollars de taxes qu'il doit à la Ville. Des camarades de l'Union des artistes devront se cotiser pour lui permettre de retrouver rapidement la liberté. À sa sortie de prison, il publie un brûlot sur son séjour en cellule intitulé : « Bordeaux, une soue à cochons. » Dans ses mémoires en 1974, il dira : « J'ai monté une vingtaine de spectacles et j'ai englouti une quarantaine de milliers de dollars dans mes spéculations poétiques sur le théâtre[13]. »

---

13. Pierre Dagenais, *Et je suis resté au Québec, op. cit.*

Mais malgré ces difficultés, L'Équipe trouve encore une fois les ressources pour continuer : en novembre 1945, la troupe présente *Liliom* au théâtre Gesù, une pièce de Ferenc Molnar « en sept tableaux et un prologue », créée à Paris par Georges Pitoëff. Janine Sutto y joue le personnage de Julie, une de ses belles expériences à L'Équipe et une autre étape pour la comédienne qui y accomplit une performance mémorable. Pierre Dagenais, lui-même, Robert Gadouas, Nini Durand, et Marjolaine Hébert forment le noyau de la troupe au sein de la distribution. On y retrouve aussi Jean-Paul Nolet, Raymond Laplante, Miville Couture et Gérard Berthiaume, des grandes voix qui vont marquer la radio et plus tard la télévision de Radio-Canada.

Julie est un rôle magnifique pour Janine. C'est un rôle qui permet toutes les folies et elle pousse une nouvelle fois ses limites. *Liliom* est une pièce qui fait aussi partie du répertoire du grand metteur en scène français Louis Jouvet, que les camarades de L'Équipe admirent tant.

Normand Robidoux, qui réalisera en 1972 une première biographie sommaire de l'actrice pour les Publications Quebecor, assiste à une des représentations : « Pierre Dagenais tenait le rôle de Liliom et Janine Sutto celui de la petite bonne qu'il épouse. Les spectateurs furent émus jusqu'aux larmes lorsqu'on ramena le corps inerte de Liliom, abattu par un policier. Le visage de Janine était ravagé par la douleur. Sa voix tremblait comme tout son être, d'ailleurs. Ce fut un des grands moments du théâtre québécois. La toute jeune comédienne donna aux gens dans la salle une émotion si vive qu'ils en parlent encore aujourd'hui[14]. » Janine Sutto n'oubliera jamais ce monologue émouvant de Julie devant le corps de Liliom. Elle le refera plus tard pour la télévision. Elle garde encore aujourd'hui de magnifiques photos d'elle et de Pierre, répétant une scène à deux.

Les deux acteurs sont superbes, mais une sorte de tristesse les enveloppe.

---

14. Normand Robidoux, *Janine Sutto, op. cit.*

Pierre Dagenais joue Liliom, tout en faisant office de metteur en scène, ce que Janine lui reproche. Toute sa vie, elle dira qu'il est difficile de jouer un rôle important au théâtre tout en faisant la mise en scène de la pièce. Mais elle n'a plus le même ascendant sur son mari. En fait, elle commence déjà à s'éloigner de L'Équipe et surtout de Pierre Dagenais.

Le programme distribué aux spectateurs de *Liliom*, encore une fois, en dit beaucoup sur l'impact de L'Équipe dans l'univers culturel du Montréal de l'époque : on y présente les témoignages de spectateurs dont ce Français de passage qui quitte le Canada en disant : « J'emporte avec moi le souvenir du *Songe d'une nuit d'été* [la pièce précédente] [...] avec le regret que les artistes de Paris ne puissent apprécier vos efforts si réussis... » Pierre Dagenais, comme toujours, explique au public les fondements du travail de L'Équipe : « Nous voulons [...] que chacun de nos spectacles serve à familiariser nos comédiens avec les exigences du métier. »

On y annonce aussi le prochain spectacle : une « soirée Vieux-Colombier » avec à l'affiche *Le Testament du père Leleu*, de Roger Martin du Gard, et *Huis clos*, de Jean-Paul Sartre. Une soirée mise en scène par Robert Gadouas et Gérard Berthiaume.

Le Testament du père Leleu met en vedette Fred Barry, le grand acteur et metteur en scène de Gratien Gélinas, et la comédienne-vedette Germaine Giroux. Deux personnalités du théâtre de Montréal qui, encore une fois, malgré le jeune âge du directeur de L'Équipe, Pierre Dagenais, se précipitent pour jouer pour lui.

Huis clos est montée au Gesù quelques mois plus tard avec Muriel Guilbault, Yvette Brind'Amour, Roger Garceau et Jean Saint-Denis. François Bertrand a rapporté le texte de la pièce de Jean-Paul Sartre en rentrant d'Europe. La présentation de *Huis clos* est un événement considérable au Québec, parce que Jean-Paul Sartre est un auteur mis à l'index par l'Église catholique. Pierre Dagenais a dû user de beaucoup de tact pour convaincre les jésuites, propriétaires du Gesù, de lui permettre de présenter la pièce dans leur théâtre.

Jean-Paul Sartre, qui est en visite à New York, vient lui-même voir la pièce à Montréal, mais il arrive après la fin des représentations publiques. L'Équipe décide alors de lui en présenter des extraits, en séance privée, dans sa chambre de l'hôtel Windsor, en pleine nuit, parce que Roger Garceau, qui joue Garcin, est pris ce soir-là à l'Arcade. On dit que Sartre a tellement aimé ce qu'il a vu qu'il aurait invité Muriel Guilbault à venir jouer son rôle à Paris.

À la fin de 1945, Henry Deyglun, l'auteur à succès, produit une «grande revue d'actualité» intitulée *Ça atomic't'y*, qui fera le tour du Québec avec au cœur de la production la chanteuse-vedette Alys Robi. Composée d'une vingtaine de comédiens, d'un orchestre et d'une troupe de danseuses, la production se déroule en deux parties et trente-trois scènes. Présentée d'abord en décembre 1945 à Montréal, la revue se déplace, début 1946, en province. Janine Sutto y joue en compagnie de personnalités du monde du spectacle comme Mimi d'Estée, Roger Baulu, Jacques Normand, Jacques Desbaillets et Denis Drouin. Certains soirs, Alys Robi, qui commence à donner des signes de maladie mentale, refuse à la dernière minute de se présenter en scène. Chaque fois, on envoie Janine dans sa loge, parce qu'elle est la seule qui réussit à la convaincre d'aller chanter.

Mais en ce début de 1946, pour Janine Sutto, l'esprit n'y est plus. La comédienne s'éloigne graduellement de L'Équipe. Elle a l'impression, de son propre aveu, que le milieu lui reproche l'échec de son mariage avec Pierre Dagenais. Elle s'apprête à quitter pour un temps ce monde dans lequel elle a l'impression d'étouffer. Janine a décidé de réaliser un vieux rêve: revoir Paris et s'imbiber de culture théâtrale française. Mais en fait, il faut qu'elle parte. Malgré son succès professionnel, sa vie privée est un échec. Échec avec Pierre, puis avec François Bertrand. Dans ce contexte d'amours déçues Janine Sutto choisit l'Europe comme exutoire.

Scène 8. La fuite en Europe

La comédienne a aussi une envie folle d'aller voir ailleurs. Le moment lui semble propice, à vingt-cinq ans, de marquer un temps d'arrêt. Elle songe à suivre des cours avec les grands maîtres du théâtre français, voir du théâtre et peut-être même évaluer les possibilités de s'établir en France. Mais la décision de partir n'est pas empreinte de sérénité. Après l'échec de ses amours, elle se sent dépressive. Elle n'est pas dans un état normal. Elle a perdu sa combativité. Janine a le cœur brisé.

Dans une entrevue à la revue *Atome*, un mensuel publié par les éditions de la Feuille d'érable, la « gentille comédienne », comme on l'appelle, révèle en partie ses projets : « Aller étudier. On ne devient pas comédienne du jour au lendemain », affirme-t-elle. La revue précise que Janine, en plus du théâtre, joue à cette époque dans de nombreux radioromans, dont *Quelles nouvelles, Les Secrets du Dr Morhange, Rue Principale, Théâtre populaire* et *Radio-Collège*[15].

Le 12 septembre 1946, l'Arcade présente *Le Retour*, une comédie mettant encore en vedette Janine Sutto, mais le programme annonce que le spectacle offre « l'occasion d'applaudir Mlle Janine Sutto avant son départ pour Paris fixé au 23 septembre. C'est une bien charmante camarade qui nous quitte ; une interprète au jeu sensible et au tempérament dramatique extrêmement varié. Nous lui souhaitons le

---

15. *Atome, op. cit.*

85

succès le plus total à la scène parisienne qu'elle peut maintenant aborder sans crainte». La distribution de cette dernière pièce comprend deux autres jeunes comédiens qui joueront un grand rôle, eux aussi, dans la vie de Janine : Gilles Pelletier et Jean Duceppe.

Dans une autre entrevue pour un mensuel illustré, quelques semaines avant son départ, elle révèle : «Je n'ai aucun projet défini pour le moment. Tout ce que je puis dire, c'est que je désire voir du vrai théâtre, étudier avec Louis Jouvet, de préférence, et travailler, si possible.» Elle annonce aussi que Pierre Dagenais ne part pas avec elle, puisqu'il vient de signer un engagement comme directeur et réalisateur de L'Équipe pour une émission radiophonique à Radio-Canada. Mais elle souhaite que la troupe «un jour, puisse venir me rejoindre pour y interpréter une pièce vraiment canadienne[16]». Janine Sutto n'ose pas dire publiquement qu'elle n'est plus avec Pierre Dagenais et que le mariage qui a fait rêver le Québec est déjà une histoire du passé.

La vedette de l'Arcade et de L'Équipe, considérée par le mensuel comme «une de nos plus talentueuses jeunes premières», est saluée, le 23 septembre 1946, à son départ en train de Montréal, par une foule bigarrée de comédiens du burlesque, dont Rose Ouellette elle-même, autant que de la jeune génération du théâtre de répertoire. Une affiche, courtoisie de A. Durivage et ses fils, une boulangerie industrielle, souhaite «Bon voyage à notre grande compatriote».

Pour financer son voyage, Janine Sutto a demandé une bourse au consulat de France, mais qui lui a été refusée, sous prétexte que la jeune femme est une comédienne «arrivée» et que les bourses sont réservées aux étudiants. C'est donc avec ses propres économies et celles de sa mère qu'elle se paye le voyage en paquebot.

Le 23 septembre, elle prend d'abord le train pour New York, d'où elle doit s'embarquer pour Marseille. Mais elle n'est pas seule. Deux personnes l'accompagnent : Nini Durand, sa meilleure amie, et surtout Denis Drouin, un

---

16. *L'Œil*, n° 1, vol. 7, 15 août 1946.

comédien connu, que Janine fréquente depuis ses débuts à l'Arcade, et avec qui elle vit une aventure amoureuse clandestine depuis près d'un an. Drouin, qui est marié et père de famille, entretient en outre une relation passionnelle mais difficile avec la comédienne Denise Pelletier. Avec lui, Janine a, au contraire, une relation agréable et sans conséquences. Elle dira: «Ce qui nous a rapprochés, c'était nos amours malheureuses.» À vingt-cinq ans, Janine Sutto est une femme libérée, qui se laisse aller à ses impulsions, mais dont le départ pour la France est devenu nécessaire, comme une pause salutaire dans une vie compliquée et émotionnellement éprouvante. La jeune femme part donc en abandonnant derrière elle ce qu'elle appelle ses «amours contrariées», comme pour s'affranchir de tout cela.

Elle s'embarque pour l'Europe, fin septembre 1946, sur le paquebot français *Colombie*, de la Compagnie Générale Transatlantique; un navire qui a été réquisitionné comme transporteur de troupes durant la guerre, et qui fait le voyage en quinze jours de New York à Marseille. Un «bateau de troupes», dit-elle, qui va la dégoûter à tout jamais des voyages en mer. Durant la traversée, elle côtoie Philippe de Gaulle, le fils du général, qui revient d'un séjour aux États-Unis. Les conditions du voyage sont modestes, pour ne pas dire insalubres. Janine partage une cabine commune avec d'autres femmes. Une souffrance pour elle, qu'elle contourne en couchant le plus souvent possible sur le pont du navire.

À l'arrivée en France, au port de Marseille, après deux semaines en mer, où son oncle, André Rimbert, vient la chercher en voiture, elle découvre un pays ravagé par la guerre qui n'a plus rien à voir avec les souvenirs de son enfance. Des carcasses de navires coulés par les bombardements jonchent le port. À Paris, l'atmosphère est glauque, marquée par les règlements de compte de l'après-guerre, et une population qui vit au rythme des tickets de rationnement, des privations et des édifices privés de chauffage. Mais Janine, grâce à ses relations sur place, ne connaîtra pas les privations durant son séjour en France. Elle retrouve à Paris ses deux amies d'enfance, Christiane Jacquot et Édith Loriot, dont les familles sont très à l'aise. Le père d'Edith est un dentiste prospère, formé aux États-Unis, qui a pour patients de grandes vedettes comme Sacha Guitry. Quant à la famille de Christiane Jacquot, toujours impliquée dans le commerce des vins, elle vit très confortablement, à l'abri des restrictions.

Grâce à un ami de la famille Sutto, le Dr Albert Jutras, le père du futur cinéaste Claude Jutra, Janine peut louer à peu de frais à un ami du médecin un appartement, rue Juliette-Lambert, dans le 17e. C'est ainsi qu'elle retrouve, en 1946, le quartier de son enfance. Janine reçoit par la poste, régulièrement, un peu d'argent de sa mère mais aussi des produits qui ne sont pas disponibles en France et qu'elle peut échanger à bon prix, comme des bas de nylon ou du savon. Christiane Jacquot lui fournit le vin à même les entrepôts de la compagnie de son père, et surtout de la viande. Jean-Louis Roux, qui vit lui aussi l'aventure à Paris, se rappelle d'une soirée fastueuse dans l'appartement de Janine Sutto, rue Juliette-Lambert, en compagnie de Jean Gascon et Éloi de Grandmont. Ce soir-là, le vin coulait à flots et les jeunes artistes purent enfin s'empiffrer de viande fraîche. Des liens très forts se tissent entre ces personnages qui se retrouveront quelques années plus tard à Montréal.

Scène 9. L'amour avec Henry

Une fois remise de ses premières semaines difficiles en France, Janine Sutto met en œuvre son projet. Elle décide de fréquenter les ateliers de théâtre des grands metteurs en scène de Paris, où elle est surtout observatrice. À l'époque, on peut participer à ces ateliers en auditeur libre, sans être obligé de «passer des scènes».

Elle se rend chez Maurice Escande, puis chez Charles Dullin, alors directeur du théâtre de la Ville où, menée par une de ses cousines, elle fait la connaissance de Guy Hoffman et de sa femme, Monique. Chez Escande, Janine assiste au cours du comédien Jacques Charron, qui deviendra un des grands acteurs de la Comédie française des années 1970. Mais, de son propre aveu, elle se sent plutôt dépaysée dans ces ateliers. À Montréal, elle a certes joué avec beaucoup d'acteurs français de passage, mais arrivée à Paris, elle ne connaît personne, et elle est intimidée en constatant la qualité des performances des autres acteurs. Elle découvre aussi l'excellence du théâtre français en allant voir tout ce qui se joue à Paris.

Elle voit à deux reprises *Les Parents terribles*, de Jean Cocteau. Un gros succès à Paris cette année-là. Elle rencontre également de jeunes troupes de théâtre comme la troupe Grenier-Hussenot, une des premières fondées après la Libération et qui, comme L'Équipe, veut moderniser le théâtre et bouleverser les conventions. Les comédiens jouent eux aussi *Liliom*, de Ferenc Molnar, durant cette saison-là. Janine, qui ne peut s'empêcher de faire la comparaison avec la production récente de L'Équipe, apprécie une nouvelle fois, en voyant leur interprétation de la pièce, le talent exceptionnel et la rigueur de la formation des acteurs français. La comédienne n'a pas de projet précis à Paris. Elle ne pense pas y rester en permanence. Elle ne tient pas non plus à y travailler. De toute façon, elle n'est pas en forme et elle n'a pas la force de se battre.

À la même époque, Jean Gascon et Jean-Louis Roux, eux, passent des auditions et cherchent à faire leur métier à Paris. Ludmilla Pitoëff, une actrice française d'origine russe qui s'était réfugiée à Montréal durant la guerre, après la mort de son mari, le metteur en scène Georges Pitoëff, est rentrée en France à la Libération. Mme Pitoëff réussit à faire jouer Jean-Louis Roux, son protégé, à quelques occasions, dans les pièces qu'elle monte elle-même à Paris. Mais Janine, pour sa part, sait intuitivement que pour elle ce ne serait pas possible.

À la fin de 1946, un nouvel événement vient changer le cours de sa vie. Avant de quitter le Canada, elle a vu Henry Deyglun, l'auteur et metteur en scène avec lequel elle a travaillé plusieurs fois et qui lui a confié son intention de faire un séjour prolongé en France. Deyglun lui a donné ses coordonnées à Paris.

Henry Deyglun est né en France en 1903 et il a émigré en 1921 au Québec – l'année de la naissance de Janine –, où il est devenu un auteur prolifique de séries populaires pour la radio. En 1946, il est en congé à Paris – une sorte de pause qu'il s'octroie après la guerre – dans le but de développer de nouveaux projets ; des coproductions possibles avec des associés français. Henry a laissé à Montréal sa femme, la comédienne et animatrice Mimi d'Estée, et ses deux enfants, Serge et Micheline.

Un jour, en décembre, Janine Sutto décide d'entrer en contact avec lui, à l'hôtel de la République, où André, son frère, a épousé plusieurs années auparavant sa femme, Simone Rossion. Son séjour parisien va prendre presque aussitôt une tout autre tournure. Henry Deyglun l'entraîne dans les bons restaurants, les soirées dans les boîtes de nuit avec son ami Charles Trenet, ou avec les Breton, des éditeurs de musique. Après la vie à petit budget des premiers mois, c'est tout ce dont elle a besoin pour sortir de son malaise personnel. En quelques jours, les deux Québécois d'origine française, malgré leurs dix-huit années de différence d'âge, deviennent amoureux.

Henry est un homme au tempérament bouillant qui boit beaucoup et qui aime la vie. Un homme attachant qui séduit tout de suite la jeune femme. Janine connaît pourtant la situation familiale de son amoureux. Elle connaît aussi toutes les histoires qui ont circulé dans la communauté artistique de Montréal à propos de ses célèbres colères. On raconte qu'un jour il avait voulu rencontrer, à Montréal, le critique Serge Brousseau, qui avait écrit des commentaires qu'il n'avait pas aimés, et que la rencontre s'est terminée en bagarre. Henry a aussi eu des démêlés avec la justice quand un voisin, qui était resté plusieurs jours dans le coma à la suite d'une autre de ces batailles, l'a accusé de tentative de meurtre. Mais Janine se sent bien avec cet homme qui lui redonne goût à la vie.

Au fil des semaines, Henry Deyglun présente sa famille à Janine. Ses trois sœurs en particulier: Irène, qui a été première couturière chez Balmain et qui a fondé sa propre maison de couture. Éva, l'aînée, qui vit en Normandie, et Nini, la bohème de la famille, une danseuse de cabaret qui a passé la guerre en Espagne. La famille sort d'une période difficile; la guerre a marqué les trois sœurs à jamais. Éva, dont un fils a été torturé pendant l'occupation et dont le mari a été fait prisonnier, ne pardonne pas à sa sœur Irène d'avoir sollicité l'aide de la Kommandantur, le commandement allemand de Paris, pour obtenir des médicaments afin de sauver sa fille malade. Les deux sœurs ne se parlent plus.

Janine découvre à quel point les sœurs d'Henry sont en admiration devant leur frère, même si elles peuvent être heurtées par son exubérance. La jeune amoureuse se sent un peu comme une intruse dans cette famille plutôt conventionnelle, mais elle assume son rôle et l'avenir la rapprochera encore davantage de cette nouvelle branche qui s'ajoute à ses racines françaises.

Pour l'instant, le séjour à Paris tire à sa fin. Le 20 avril 1947, Janine Sutto a vingt-six ans, Henry en a quarante-quatre. Il a quitté Paris au début de l'année, pour retrouver sa femme et ses enfants. La jeune comédienne est amoureuse, elle profite de la vie, mais elle doit elle-même mettre un terme à son aventure parisienne. Au risque, peut-être, de ne plus revoir Henry de la même façon, elle sent le besoin de travailler. Elle sait que son avenir n'est pas en France et qu'elle doit rentrer au Canada, son pays d'adoption, qu'elle va retrouver avec joie.

Acte III. L'engagement

Scène 1. Le retour d'Europe

Janine Sutto rentre au Canada en août 1947, avec son frère et sa femme, Simone Rossion, ainsi que leurs enfants, Claude, Jean-Pierre et Michèle, qui est née en janvier. La famille d'André s'était rendue en vacances en France pour l'été. Ils voyagent sur le *De Grasse*, un paquebot de la Compagnie Générale Transatlantique, qui fait le trajet du Havre à New York, mais qui cette fois-là se rend directement à Montréal. Un voyage d'un peu plus d'une semaine que Janine ne goûte pas particulièrement.

La jeune comédienne est impatiente de rentrer au pays. Après un an d'absence, elle a envie de travailler à nouveau ; elle a hâte aussi de revoir Henry Deyglun. En arrivant à Montréal Janine retourne habiter avec sa mère, Renée, au parc La Fontaine. Une maison qu'elle aime, où elle a vécu un peu avec Pierre Dagenais avant son départ pour l'Europe et où les membres de L'Équipe vont se retrouver pour répéter *Les Parents terribles*, de Jean Cocteau, que Janine a rapportée de son séjour à Paris.

À cette époque, André Sutto, son frère, et sa femme Simone habitent rue Fabre avant de déménager au 742, rue Querbes ; Renée Rimbert se rapprochera d'eux plus tard, en louant un appartement avenue Fairmount. Renée travaille avec son fils dans l'entreprise familiale, l'Office central, rue Notre-Dame. Elle est, après tout, une des fondatrices de l'entreprise et une des actionnaires.

Aussitôt revenue à Montréal, Janine Sutto se confie aux journaux. Lors d'une entrevue avec l'hebdomadaire

Le Canada, elle fait le bilan de son expérience en Europe : « Nous faisons du théâtre amateur, à Montréal, dit-elle, nous n'avons rien de comparable avec ce qui se fait outre-mer[17]. » Elle avoue avoir été impressionnée en particulier par Jean-Louis Barrault, dans *Hamlet* et dans *Les Fausses Confidences*, mais elle a surtout apprécié le *Hamlet* qu'elle a vu au cinéma, avec Laurence Olivier.

Elle dit aussi qu'elle a rapporté plusieurs pièces de Paris, dont *Médée*, de Jean Anouilh, qu'elle souhaite voir monter par L'Équipe. Elle évoque le projet de Pierre Dagenais de présenter une création, *Le Temps de vivre*, au Québec d'abord, mais ensuite en tournée en France. Puis elle annonce que le 8 septembre, elle joue le rôle de Monique, la fille de Francine, incarnée par Huguette Oligny, dans un nouveau radio-roman intitulé *Francine Louvain*.

À l'hebdomadaire *Radiomonde*, Janine Sutto raconte qu'elle a retrouvé à Paris des amitiés du théâtre comme Janine Crispin, Jean-Pierre Aumont, Pierre Blanchar, Lucien Coëdel, et les Québécois Jean Gascon, Éloi de Grandmont, Gisèle Schmidt, « et combien d'autres avec qui on reparlait du Canada quand le bleu [*sic*] nous prenait[18] ».

La jeune actrice parle également de l'état d'esprit des Français, qui ont quitté la morosité de la période de la guerre, et où les émissions d'humour sont maintenant très populaires. Bourvil étant l'animateur le plus en vogue. Elle rapporte à quel point les Canadiens sont appréciés en France, en particulier dans les régions où ils ont combattu les Allemands. Puis elle évoque sa visite aux studios de cinéma de Joinville, où elle a pu voir beaucoup de nouveaux films comme *Le silence est d'or*, avec Maurice Chevalier, *La Belle et la Bête* ou encore *Les Enfants du paradis*, le grand film de Marcel Carné d'après un scénario de Jacques Prévert. Un film qui, en dépit de la censure qui l'a banni au Québec, sera le film fétiche de toute une génération de l'âge de Janine.

---

17. *Le Canada*, 2 septembre 1947.
18. *Radiomonde*, 20 septembre 1947.

De retour de Paris, Henry Deyglun, lui, est retourné vivre avec sa femme, Mimi d'Estée, et ses enfants, Micheline et Serge. Les deux amants se voient donc clandestinement, dans des hôtels ou des motels, quand ils le peuvent, les week-ends en particulier. Une situation familière pour Henry, un homme à femmes, qui a toujours eu des maîtresses, et qui convient aussi à Janine, qui veut garder sa liberté. Bien que la générosité, les ressources, les histoires et l'imagination débordante d'Henry la séduisent, elle ne fait aucune pression pour qu'il change sa vie. Leur relation devient par ailleurs de plus en plus publique, puisqu'ils se rencontrent régulière-ment dans les studios de radio de la société Radio-Canada, au 1231, rue Sainte-Catherine Ouest, où ils se donnent rendez-vous après le travail, sans vraiment faire preuve de discré-tion. Ils sortent aussi beaucoup le soir, au Faisan doré, entre autres, où la communauté artistique se retrouve. Janine y rencontre Serge Deyglun, le fils d'Henry, qui a à peine sept ans de moins qu'elle, et qui accompagne souvent son père.

C'est sans doute ce qui explique que, des décennies plus tard, dans son autobiographie, *Le Temps des avents*, Charles Aznavour lui-même se trompe de personne lorsqu'il raconte qu'il a été accueilli par les Deyglun-Sutto, en 1948, lors de la première de son spectacle au Faisan doré, à Montréal. Il dit avoir été reçu par le couple dans leur maison, avec leurs magnifiques enfants. En fait, il a bien rencontré Henry Deyglun avec Janine Sutto au Faisan doré, mais il a séjourné, à la même époque, chez Henry et Mimi d'Estée, qui habi-taient toujours ensemble.

Les amis de Janine Sutto sont surpris de la voir revenir d'Europe amoureuse d'un homme beaucoup plus vieux qu'elle, connu comme un bon vivant plutôt frivole. Gilles Pelletier, qui deviendra l'ami d'Henry Deyglun, le décrit comme un homme généreux, au point d'en être un peu mégalomane ; érudit et cultivé. Il se souvient de repas de dégustation de « *pig knukkles* » et de bière dans une bras-serie allemande, rue Sainte-Catherine, où ils se retrouvent souvent. Un gros mangeur avec lequel il partage un certain nombre d'intérêts, comme sa passion pour les athlètes. Un jour, Pelletier conduit Janine et Henry Deyglun, dans sa voiture Skoda décapotable, pour assister à un entraînement de Laurent Dauthuille, un boxeur français avec lequel Deyglun est lié d'amitié. Henry lui fera aussi rencontrer Pit Lépine, un joueur de hockey célèbre à l'époque.

Henry Deyglun produit à la radio d'État une émission avec Jeanne Maubourg, la comédienne et chanteuse d'origine belge établie au Québec, qui accueille les jeunes talents de la chanson. C'est là que Serge Deyglun et Raymond Lévesque font leurs débuts dans la chanson. Henry est très ami avec Jean-Marie Beaudet, un grand musicien, chef d'orchestre, qui est directeur des programmes de Radio-Canada et qui le traite comme son protégé. Mais Beaudet s'apprête à quitter son poste et Henry Deyglun, lui, commet un acte qui va ruiner ses rapports avec la société d'État.

Le 7 février 1947, Radio-Canada diffuse la dernière émission quotidienne d'une série populaire de trois mille épisodes ou sketches produite par Henry Deyglun depuis près de dix ans : *Vie de famille*. Pour marquer cette dernière, au lieu de présenter un épisode final, l'auteur décide de lire en ondes, avec son ami et comédien-vedette Paul Dupuis, des poèmes érotiques. L'affaire provoque un scandale. Une partie du personnel de Radio-Canada lance une pétition contre l'auteur, et même des acteurs qui travaillent avec lui la signent. Son ami, Jean-Marie Beaudet, le directeur des programmes, lui montre la pétition. Henry peut ainsi lire les noms de ses détracteurs dont il se souviendra longtemps. Mais Beaudet quitte Radio-Canada en 1947 pour poursuivre une brillante carrière de musicien, et Henry souffrira du départ de celui qui le protégeait. Avec la fin de *Vie de famille*, c'est aussi la mort d'une « vache à lait » incroyable qui avait fait sa fortune pendant dix ans.

Janine Sutto, quant à elle, s'empresse de renouer avec son métier de comédienne. Elle veut recommencer à gagner sa vie. Et dès son retour, on la demande. À la radio en particulier, où on lui confie à nouveau des rôles. Elle participe ainsi à des séries comme *Jeunesse dorée*, un radioroman écrit par Jean Desprez, diffusé sur CBF depuis 1940 et qui battra en longévité la fameuse série *Un homme et son péché.* En effet, *Jeunesse dorée* restera en ondes pendant vingt-six ans. *Rue Principale,* une autre série dans laquelle Janine travaille, durera, elle, vingt-deux ans. Janine renoue aussi avec L'Équipe et le théâtre.

Sous la gouverne de Pierre Dagenais, la troupe a progressé. En octobre 1947, elle monte *Les Parents terribles*, de Jean Cocteau. La pièce met en scène une famille de marginaux dont le fils présente à sa mère très protectrice sa nouvelle amoureuse ; mais on découvre que celle-ci est la maîtresse du père. Un drame psychologique complexe qui est résolu grâce à l'intervention d'une tante. Janine joue le rôle de Madeleine, la jeune femme. Denise Pelletier joue la tante Léo, et Marthe Thiéry, Yvonne, la mère. Pierre Dagenais (le père) et Robert Gadouas (Michel, le fils) sont aussi de la distribution. Dans le programme, Dagenais prend la peine de remercier, encore une fois au nom de L'Équipe, « Mme Marthe Thiéry qui leur a fait l'honneur de se joindre à eux pour jouer *Les Parents terribles* ».

Durant l'été précédent, L'Équipe a monté avec succès *Le Diable s'en mêle*, une pièce de Pierre Dagenais, présentée à Baie Saint-Paul pour le centième anniversaire de cette petite ville magnifique de Charlevoix, puis reprise à Montréal dans les jardins de l'Ermitage avec, entre autres, Jean Lajeunesse, Juliette Huot, Paul Berval, Denis Drouin, Denise Pelletier, Gisèle Schmidt, Nini Durand et Jean Coutu.

En 1947, au moment où Janine Sutto reprend le travail, le Québec, dirigé par le premier ministre Maurice Duplessis, traverse une période que les historiens qualifieront de Grande noirceur, marquée par une vague de conservatisme religieux et de censure, dont les milieux culturels souffrent beaucoup. Paul-Émile Borduas et un groupe d'artistes connus, dont le poète Claude Gauvreau et l'actrice Muriel Guilbault, s'apprêtent à publier leur manifeste du *Refus global,* une critique de l'obscurantisme et de la paralysie de la société québécoise, mais qui passe presque inaperçu pour la majorité de la population. Le chef du Parti libéral, Georges-Émile Lapalme, quant à lui, prépare dans l'opposition les fondements de ce qui deviendra la Révolution tranquille, dont un projet de création d'un ministère des Affaires culturelles.

Mais en 1947, on est encore loin de tout cela et L'Équipe de Pierre Dagenais, qui ne bénéficie d'aucune aide gouvernementale, malgré ses succès, connaît encore de graves problèmes financiers. Dans le programme présentant *Les Fiancés du Havre*, d'Armand Salacrou, au printemps 1947, Pierre Dagenais, qui est lié à certains des auteurs du *Refus global*, évoque avec une urgence et un sens du drame peu communs, la crise qui menace l'avenir de sa troupe et celle du théâtre au Québec : « Nous sommes à la croisée des chemins. C'est tout de suite qu'il faut décider s'il y aura ou non du théâtre à Montréal. »

Il fait état des difficultés financières du théâtre et il ajoute : « C'est une utopie d'imaginer qu'un intérêt, quel qu'il soit, puisse se maintenir indéfiniment, encore moins se développer, dans le peuple, s'il est sans cesse soumis à de nouvelles épreuves. [...] Pour le salut de notre culture, l'art dramatique est une marchandise qu'il faut vendre au peuple du Canada français. Et il faut bien reconnaître que les autorités politiques, qui ont sûrement quelque chose à faire dans le salut d'une culture nationale, ne se sont guère préoccupées jusqu'à maintenant chez nous de rendre attrayante la marchandise de l'art dramatique. »

Selon Dagenais, pour sauver le théâtre, il faut remplir trois exigences dont deux dépendent du gouvernement : d'abord, aménager des salles qui respectent les règles de l'art, ensuite permettre aux artistes de vivre en présentant autre chose que de la « pacotille » et cela exige, poursuit-il, « une réduction très sensible des impôts ». Il plaide enfin pour la création d'un « répertoire canadien, qui n'existera que le jour où l'art dramatique existera matériellement ». Pierre Dagenais lance donc un appel pressant pour une aide publique au théâtre ; il est en cela un visionnaire une fois de plus. Puis il décrit un à un les défauts des salles où L'Équipe se produit habituellement et il conclut : « Je tiens à préciser que L'Équipe n'a pas l'intention de disparaître subitement sans tenter un dernier effort pour assurer sa survie. »

Les efforts de L'Équipe pour survivre seront vains ; la troupe, qui doit plus de quarante mille dollars à ses créanciers – un montant énorme pour l'époque – ne se relèvera pas de ses problèmes financiers et devra cesser ses activités en 1948, mettant fin, temporairement au moins, aux rêves idéalistes d'une génération de jeunes artistes. Gratien Gélinas dira qu'avec la disparition de L'Équipe, une page de l'histoire de l'activité théâtrale canadienne-française a été tournée.

Janine Sutto accepte elle aussi cette fatalité. Officiellement, elle est encore l'épouse de Pierre Dagenais, mais elle n'a plus aucun lien affectif avec lui. Quand L'Équipe monte sa dernière pièce, *Le Temps de vivre* – une création de Pierre Dagenais –, elle sait, d'instinct, que la pièce est mauvaise et qu'elle n'attirera pas l'attention. Elle en parle même à ses amis Gilles Pelletier et Denyse Saint-Pierre, qui sont de la distribution. Mais comme toujours, Pierre Dagenais y investit des fortunes qu'il perdra définitivement. En dernière heure, ils tenteront de convaincre des gens d'affaires de leur tendre une bouée de sauvetage. Ils sollicitent en particulier Jean Lallemand, un homme d'affaires très riche et un mécène, qui appuiera plus tard la création de l'Orchestre symphonique de Montréal. Mais la famille Lallemand, qui a fait fortune dans la production industrielle de levure, ne vient pas au secours de la jeune troupe.

L'Équipe meurt donc en 1948, après avoir présenté vingt spectacles, dont certains, comme *Le Songe d'une nuit d'été*, ont marqué à jamais l'imaginaire de ceux qui les ont vus.

Mais les artisans de L'Équipe ne sont pas à bout de ressources. Ils peuvent encore exercer leur métier à plusieurs endroits. Ainsi, dans le programme des *Fiancés du Havre*, en mai 1947, on annonce que L'Équipe est aussi à l'affiche dans *Au pied de la pente douce*, le roman de Roger Lemelin adapté par Pierre Dagenais, à Radio-Canada. Et dans *La Butte aux moineaux*, une émission de théâtre radiophonique, le jeudi soir à 8 h 30, à CBF et sur tout le réseau français de Radio-Canada.

En novembre 1949, Janine Sutto joue le rôle de Jeannette – une bonne travaillant dans la demeure d'une famille riche, les Marcil – dans une pièce de Jean Desprez intitulée *La Cathédrale*. L'écrivaine a investi des moyens énormes dans cette production dont Jean-Louis Roux, qui fait partie de la distribution, dira qu'elle a marqué un tournant dans le théâtre de l'après-guerre. Mais pour Janine, c'est plutôt l'échec relatif d'une pièce qui n'a rien marqué du tout. Un article publié dans *Radiomonde* raconte comment, dans la pièce, Claude, le mouton noir de la famille Marcil, est pris en « presque flagrant délit » avec la petite bonne de la maison. Un propos plutôt audacieux dans le Québec puritain de Maurice Duplessis. Le titre du journal est cinglant: « Le public a renfloué cette *Cathédrale* que la critique a tenté d'engloutir sous un déluge d'injures[19]. »

Le journal explique qu'un groupe d'étudiants a assisté au spectacle au Monument national avec l'intention de l'interrompre en protestant; mais qu'ils se sont pris au jeu « aimant ça, [ils] ovationnent les comédiens et vont ensuite fêter avec Jean Desprez, au Faisan doré ».

Le 17 février 1949, une nouvelle troupe, le théâtre du Rideau Vert, fondée par la comédienne Yvette Brind'Amour et une femme d'affaires visionnaire d'origine espagnole, Mercedes Palomino, présente sa première pièce, *Les Innocentes*, de Lillian Hellman.

Janine est très proche des fondatrices du Rideau Vert: elle connaît Yvette Brind'Amour depuis ses débuts au MRT français, et le mari d'Yvette, Paul Gury, qui a joué avec L'Équipe, est un grand ami d'Henry Deyglun. Janine Sutto ne fait pas partie de cette première, mais elle jouera beaucoup, durant toute sa vie, au Rideau Vert.

---

19. *Radiomonde*, 5 novembre 1949.

Scène 2. Les années fastes du théâtre

En avril 1950, à vingt-neuf ans, Janine renoue avec le metteur en scène qui lui a donné sa chance avant la guerre : Mario Duliani. Après avoir passé plusieurs années dans les camps de prisonniers italiens en Ontario, Duliani, tel un phœnix, est revenu à Montréal, où il a relancé les activités du MRT français. Il parvient même, malgré ses faibles moyens, à louer le magnifique théâtre His Majesty's pour y présenter ses pièces.

Après l'avoir engagée dans *La Folle de Chaillot*, de Jean Giraudoux, en 1949, il lui offre le rôle d'Élisa dans *Pygmalion*, de George Bernard Shaw ; un rôle exceptionnel pour une actrice. La pièce est traduite par Jean-Louis Roux, qui est arrivé depuis quelque temps de Paris, et la distribution comprend, en plus de Roux et de Janine, Jean Duceppe, Paul Guèvremont, Denise Pelletier, Béatrice Picard et Réjane des Rameaux.

Les annonces publicitaires contenues dans le programme de la pièce, sont à elles seules un reflet de la vie du Montréal du début des années 1950 : au Faisan doré, le cabaret des frères Martin et de la famille Cotroni, « le moulin de la chanson française à l'ambiance de Montmartre », comme le dit l'annonce, on présente Jacques Normand et sa troupe, Monique Leyrac, Gilles Pellerin et Billy Munro ; l'agence de voyage Travelaide propose un pèlerinage de l'Année sainte à Rome ; la galerie l'Art français présente une exposition du « peintre du Grand Nord », René Richard. Les robes de Janine Sutto et de Denise Pelletier sont des créations de « Mme Malouf, lingeries, gowns, trousseaux ». Le MRT annonce lui-même cinq autres spectacles pour le reste de l'année et « la création de deux pièces nouvelles, d'auteurs canadiens-français ».

Au moment où Duliani monte *Pygmalion*, Louis Jouvet, le grand metteur en scène français qui suscite l'admiration auprès de tous les jeunes acteurs québécois, vient avec sa compagnie à Montréal. Invité en tournée nord-américaine par l'American National Theatre and Academy, il présente *L'École des femmes*, de Molière, au His Majesty's.

Janine Sutto assiste plusieurs fois aux représentations de la pièce tellement elle est éblouie par la performance.

C'est le début de la croissance économique fabuleuse des années d'après-guerre, qui malgré la Grande noirceur et les finances publiques encore éprouvées par l'effort de guerre, rend tous les espoirs possibles. L'année 1950 marque le moment où Pierre Péladeau achète l'hebdomadaire *Le Journal de Rosemont*, première étape de l'empire de presse qu'il créera dans les décennies à venir.

Dans le monde du théâtre, après la fondation du Rideau Vert l'année précédente, bientôt, ce sera au tour du théâtre du Nouveau Monde de Jean Gascon, Éloi de Grandmont et Jean-Louis Roux de prendre son envol. Les Compagnons de Saint-Laurent sévissent encore et leur directeur, le père Émile Legault, continue pour quelque temps à inspirer toute une génération de jeunes acteurs en puissance.

De l'influence du père Legault naît le théâtre Club, de Monique Lepage et Jacques Létourneau, qui joue dans une petite salle de la rue Saint-Luc, aujourd'hui boulevard De Maisonneuve, dans l'ouest de Montréal, et aussi au Gesù. Janine Sutto assiste à la production de cette troupe de *Qui a peur de Virginia Woolf ?* d'Edward Albee, avec Paul Hébert et Monique Lepage, d'une qualité jamais égalée depuis, selon elle. Le théâtre Club produit aussi *La Nuit des rois*, de Shakespeare.

La Compagnie du Masque, fondée quelques années plus tôt par Fernand Doré et Charlotte Boisjoli, sera aussi importante pendant plusieurs années. Elle cherche à reproduire l'atmosphère des Compagnons, après la mort de la troupe du père Legault en 1952. Une communauté chrétienne engagée dans le théâtre, au sein de laquelle la comédienne Françoise Gratton fait ses premières armes : « On vivait ensemble, on priait ; on dormait sur la scène : les gars d'un côté et les filles de l'autre ; on n'avait pas d'argent. »

C'est aussi l'époque où l'enseignement du théâtre commence à prendre forme : des comédiens d'origine européenne, comme Tania Fédor, Henri Norbert, François Rozet, Sita Riddez, Gérard Vlemincks arrivent ou reviennent à Montréal après la guerre pour y élire domicile. Ils jettent les bases de ce qui deviendra le Conservatoire d'art dramatique de Montréal, qui ouvrira ses portes en 1954. Jean Valcourt, un acteur formé à la Comédie française, fondera le Conservatoire de Québec en 1957 ; l'École nationale de Théâtre, créée à partir d'une expérience lancée par le TNM, sera financée avec des fonds fédéraux à compter de 1960 et admettra aussi des étudiants de langue anglaise.

Après la radio, qui fait vivre déjà tant d'artistes, la télévision aussi est sur le point d'insuffler dans la « société canadienne-française », comme on l'appelait à l'époque, un air de liberté et de création comme jamais cela ne s'est produit au Québec. Et Janine Sutto, l'actrice déjà en pleine possession de ses moyens, sera là, au bon moment, pour profiter de cette effervescence et marquer par son talent ses plus grands moments de production.

En 1951, Jean-Louis Roux, Jean Gascon, Guy Hoffman, Georges Groulx, André Gascon, Robert Gadouas et Éloi de Grandmont fondent une nouvelle compagnie de théâtre à Montréal, le théâtre du Nouveau Monde. C'est Éloi de Grandmont qui a trouvé le nom de la troupe. Ils forment un conseil d'administration présidé au début par leur mécène, Mark Drouin, un riche avocat de Québec passionné de théâtre et surtout de ses jeunes vedettes féminines. Drouin, qui a épousé la sœur du poète Alain Grandbois, est un don Juan qui a beaucoup de charme et, de surcroît, des relations dans le milieu des affaires qui lui permettent de doter le TNM d'un fonds de départ intéressant. Mais, signe des temps, aucune femme ne fait partie de l'équipe fondatrice qui se partage les sièges du conseil d'administration, même si Denise Pelletier et Janine Sutto sont étroitement associées aux premières productions. Elles n'ont d'ailleurs aucune envie d'en faire partie.

Le 9 octobre 1951, le TNM présente en première montréalaise au Gesù *L'Avare*, de Molière ; une mise en scène de Jean Gascon avec Janine Sutto dans le rôle d'Élise. Les fondateurs du TNM sont heureux de profiter de la notoriété de la comédienne pour lancer leur première production. Jean Gascon, tout en assumant la mise en scène, s'octroie le rôle principal, Harpagon. Gabriel, son frère, joue Cléante, le frère d'Élise, Jean-Louis Roux joue Valère, Denise Pelletier, Frosine. Ginette Letondal fait Marianne, Guy Hoffman joue maître Jacques.

Janine a conscience qu'elle marque le coup d'envoi d'une grande aventure de théâtre, qu'il s'agit d'un moment historique et que les attentes sont très grandes. On n'est plus dans l'atmosphère artisanale de L'Équipe où les acteurs sont à la fois gestionnaires, déménageurs, publicitaires. Les fondateurs du TNM réalisent un grand rêve, et après leur séjour en France, ils ont des critères de qualité hors du commun. C'est ainsi que Janine entre en scène terrorisée, d'autant plus qu'elle éprouve depuis le début de sa vie dans ce métier un mal qui la hantera toujours : un trac fou.

« Hé quoi, charmante Élise, vous devenez mélancolique… » Les mots célèbres de la première scène entre Élise et Valère sont à peine prononcés que le trac s'envole.

Jean-Louis Roux, affublé d'une perruque un peu ridicule, est un partenaire de scène rassurant qui met tout de suite la comédienne à son aise. Il restera toujours pour elle un compagnon d'un grand professionnalisme, malgré sa rigidité parfois presque caricaturale. *L'Avare* est un succès immédiat. Jean Gascon, en dépit des réticences de la comédienne, combine admirablement son rôle de metteur en scène et celui d'acteur principal, dans son personnage d'Harpagon. Elle dira des années plus tard de Gascon : « Il nous suivait tellement, il disait le texte de tout le monde. Moi, j'aimais beaucoup être dirigée par Jean, c'est bien sûr. Ça nous changeait. C'était plus approfondi[20]. » Après tout le plaisir qu'elle a eu à travailler au sein de L'Équipe, sous la gouverne de Pierre Dagenais, avec la production de *L'Avare*, Janine Sutto a l'impression de passer à une autre étape. Elle gardera de cette expérience son meilleur souvenir de comédienne. La production marque aussi le monde du théâtre au Québec.

Les Gascon sont issus d'une famille prospère de dix enfants. Jean et André fondent le théâtre. Gabriel se joint à la troupe. Charles Auguste Gascon, leur père, possède les Liqueurs Cristin, une entreprise qui embouteille la fameuse bière d'épinette dans une usine située rue Sherbrooke, dans l'est. Il siège aussi au sein de plusieurs conseils d'administration. C'est ainsi qu'il réussit à convaincre certains de ses amis fortunés de contribuer financièrement à la naissance de la compagnie de théâtre de ses fils.

La famille Gascon habite un très grand appartement de quinze pièces sur deux étages, avec deux bonnes qui s'occupent de toute cette maisonnée, rue Ontario. Un appartement que les parents continuent à habiter même après le départ des enfants et où les comédiens de la troupe se retrouvent pour des séances de collage d'enveloppes – probablement pour envoyer aux souscripteurs – pendant que Rose Dubuc, la femme de Charles Auguste, leur prépare des goûters extraordinaires.

Janine Sutto participe à une autre production du TNM durant la saison 1951-1952, *Célimare le bien-aimé*, d'Eugène Labiche, montée par Jean Gascon, où elle joue le rôle d'Emma, la fille de Célimare. *L'Avare* est aussi repris en avril 1952, mais Janine, qui ne peut pas y être, est remplacée par Hélène Loiselle. Monique Miller, qui à dix-huit ans, sort à peine de l'école de Mme Audet, remplace Ginette Letondal dans le rôle de Marianne. Le TNM reprendra *L'Avare* une nouvelle fois, au festival de Montréal, dans les jardins de l'Ermitage, durant l'été 1952. Cette fois, Janine Sutto reprend son rôle d'Élise, mais avec de nouveaux costumes. Monique

---

20. Entretien avec Ève Dumas, *La Presse*, 2 août 2001.

Miller, qui partage la même loge que Janine Sutto et Denise Pelletier, découvre avec émoi l'atmosphère qui règne avant les représentations : les deux comédiennes, qui l'intimident par leur expérience et leur renom, crient comme des folles dans la loge, au point que la débutante craint de recevoir une claque si elle intervient dans ce rituel peu commun. C'est leur façon à elles de maîtriser le trac énorme qui les envahit avant d'entrer en scène.

Monique Miller remarque aussi, cet été-là, un autre truc que Janine Sutto utilise pour combattre le trac, et qui a le don d'impatienter ses collègues de travail : Janine a un toutou, Brutus – un petit tigre en peluche –, qu'elle cache dans les décors tous les soirs avant de jouer, un objet fétiche qu'elle oublie souvent parce qu'elle ne se souvient plus de l'endroit où elle l'a laissé. Après les représentations, il faut souvent attendre la comédienne, pendant que les techniciens démontent la scène pour lui permettre de retrouver son fétiche. Brutus existe en fait, dans la vie de Janine, presque depuis ses débuts avec L'Équipe. Elle le gardera jusqu'au milieu des années 1950, où elle cessera d'embêter les techniciens qui ont encore plus de difficultés à retrouver l'objet dans les décors complexes de la télévision.

Durant la saison 1952-1953 du TNM, on retrouve Janine Sutto dans *Le Corsaire*, de Marcel Achard, une autre mise en scène de Jean Gascon ; Janine y joue Évangéline. Mais le noyau d'origine de la troupe va bientôt se dissoudre. Certains iront faire carrière à la télévision naissante, comme Guy Hoffman, qui deviendra réalisateur. Janine, elle, s'apprête à quitter Montréal pour vivre une aventure à la campagne, qui va l'éloigner temporairement du théâtre.

Scène 3. Une aventure amoureuse turbulente

Au début des années 1950, Janine Sutto vit une crise de couple avec son amoureux Henry Deyglun, avec lequel elle a une relation qui, de son propre aveu, manque de « distractions de son âge ». Au TNM, elle revoit le comédien Robert Gadouas, qu'elle a bien connu à L'Équipe. Gadouas a vingt-quatre ans – six ans de moins qu'elle. Il vit seul après avoir quitté sa femme, la comédienne Marjolaine Hébert, avec qui il a eu un fils, Daniel, qui deviendra plus tard lui aussi comédien. Les deux acteurs se lancent dans une aventure qui sera de courte durée, mais d'une rare intensité.

Pendant plusieurs mois, ils habitent un appartement rue Sherbrooke Ouest, en face de celui que Janine a loué quelques années plus tôt avec Pierre Dagenais. Ils s'amusent beaucoup, comme lorsqu'ils assistent à des matches de hockey au Forum, où les comédiens se retrouvent souvent à l'époque. Mais la relation est très émotionnelle, et pas toujours joyeuse. C'est en fait un amour qui ne mène nulle part. Janine n'y voit aucun avenir. Robert Gadouas est un être tourmenté, compliqué. Monique Miller, qui joue dans la reprise de *L'Avare* durant l'été 1952, est témoin des drames qui constituent, de l'avis même de Janine Sutto, sa vie avec Robert Gadouas. Elle voit aussi Janine changer physiquement : la comédienne, que le public a toujours connue avec des cheveux noirs magnifiques, est maintenant teinte en blonde. Elle est aussi d'une maigreur étonnante. Autour d'elle, ses amis disent qu'elle prend beaucoup de benzédrine, une drogue utilisée par les soldats durant la guerre pour se tenir à l'affût, que Janine a commencé à utiliser à l'Arcade, pour soutenir le rythme effarant des productions.

Les deux amoureux se quittent après un an de fréquentation, mais surtout, après un parcours difficile durant lequel Robert Gadouas fait des tentatives de suicide. Henry Deyglun apprend l'existence de cette liaison. Dans les années qui suivront, il développera une aversion pour les camarades de Janine au TNM et fera pression sur elle pour qu'elle refuse pendant quelque temps tout engagement au théâtre.

Scène 4. Le direct à la télé

Le 6 septembre 1952, la société Radio-Canada diffuse ses premières émissions télévisées au Canada, à Montréal, avec l'entrée en ondes de CBFT. Les émissions sont bilingues, françaises ou anglaises. Il faudra attendre deux ans pour que la programmation de la station montréalaise devienne exclusivement francophone.

Lors de sa première journée de diffusion, CBFT met à l'antenne un dessin animé, *Aladdin and His Lamp*, ainsi que *Pépinot et Capucine*, de Réginald Boisvert, avec les interprètes Paule Bayard, Charlotte Boisjoli, Jean Boisjoli, Guy Hoffman, Marie-Ève Liénard, Gérard Paradis et Robert Rivard. En fin de soirée, on présente *Œdipe roi*. À ses débuts, le centre de production de la télévision française à Montréal ne compte qu'environ trois cents employés et dispose d'un budget annuel de huit millions de dollars. Le Franco-Manitobain Henri Bergeron, le premier animateur à la télévision canadienne, étonne par son bilinguisme parfait.

La télévision naissante est un laboratoire où tout le monde crée en quelque sorte un nouveau mode d'expression culturelle. Janette Bertrand commence très tôt à écrire pour la télévision, où elle produit une série populaire, *Toi et Moi*, qui durera six ans : « On inventait et on apprenait par nos erreurs, se souvient-elle. Il y avait le doute aussi. Une chance qu'il n'y avait pas grand monde qui avait des télévisions – parce qu'elles coûtaient trop cher au début, c'étaient des meubles imposants. Nous-mêmes, on allait voir nos premières émissions dans les magasins ! » Elle découvre aussi, en entrant à la télévision de Radio-Canada, un monde d'hommes, où l'alcool coule à flots ; un monde dur pour les femmes. Pourtant, Janine Sutto, encore une fois, selon elle, ne se laissera pas impressionner.

Beaucoup de metteurs en scène ou d'acteurs de théâtre, comme Pierre Dagenais, Georges Groulx ou Guy Hoffman, deviennent les premiers réalisateurs de la télévision, parce qu'ils savent diriger des acteurs. Hoffman est arrivé de Paris quelques années plus tôt, avec un bagage exceptionnel acquis en France. Jean-Louis Roux, lui, écrit beaucoup ou adapte des textes dramatiques pour la télévision naissante.

Pour les artistes comme Janine Sutto, qui sont déjà très occupés au théâtre et à la radio, la télévision vient ajouter encore plus d'occasions excitantes d'exercer leur métier.

Le nouveau médium leur donnera aussi les moyens de gagner leur vie plus confortablement au cours des décennies à venir. Mais de la naissance de la télévision Janine Sutto retient surtout les défis du direct : pendant au moins une décennie après son entrée en ondes, la télévision n'a pas de moyens techniques d'enregistrer ce qu'elle diffuse autrement qu'en tournant en film. Les magnétoscopes, qui feront leur apparition au milieu des années 1960, n'existent pas encore ; c'est ainsi que beaucoup de productions d'émissions dramatiques se font en direct. Les réalisateurs font répéter les comédiens de longues heures, puis, le jour fatidique, comme au théâtre, on se lance sans filet.

Or, la télévision est techniquement beaucoup plus complexe que le théâtre, et les possibilités d'erreurs, plus nombreuses. Ainsi, quand une caméra de télévision flanche en direct, comme cela se passe au début des années 1960 pour Janine dans *Mort d'un commis voyageur*, les techniciens sur le plateau et le réalisateur en régie doivent changer d'urgence de plans de caméra sans déconcentrer l'actrice. Ou quand les techniciens s'aperçoivent en direct qu'une caméra qui doit suivre la comédienne à travers une porte ne passe pas dans le cadre trop étroit de la porte en question. Des événements du genre sèment la panique dans la production, mais les acteurs qui jouent en direct en sont souvent épargnés grâce à la débrouillardise des équipes techniques.

En fait, la plupart du temps, la pression du direct a un effet très positif sur la concentration des acteurs. Une sorte d'urgence d'arriver au bout de l'histoire qui est primordiale, donc extrêmement stimulante. C'est ainsi que les téléthéâtres en direct resteront pour tous les comédiens qui les vivent au début de la télévision des moments inoubliables. Dans cette aventure, Janine Sutto ne déplore au début qu'une seule chose : le manque d'expérience de la majorité des réalisateurs, des techniciens avant tout, qui apprennent leur métier sur le tas, et qui ne savent pas diriger les acteurs. Heureusement une deuxième génération tirera rapidement des leçons de leurs erreurs. Beaucoup de jeunes régisseurs ou assistants comme Paul Blouin, qui vient du Manitoba, Louis-Georges Carrier, Jean Boisvert, André Bousquet, Jean-Paul Fugère vont constituer la première vraie génération de réalisateurs formés pour la télévision.

Paradoxalement, les deux hommes les plus proches de la comédienne, qui sont aussi deux créateurs à succès, Henry Deyglun et son ami Guy Mauffette, ne passeront pas à la télévision comme producteurs ou réalisateurs d'émissions. Henry Deyglun jouera des petits rôles dans plusieurs séries, Guy Mauffette, lui, restera à la radio où il animera pendant des années une émission hebdomadaire fétiche : *Le Cabaret du soir qui penche*.

La télévision, malgré l'improvisation de ses débuts, va connaître une progression fulgurante. À sa naissance, en 1952, elle ne touche que vingt-cinq pour cent des foyers au Québec. Cinq ans plus tard, en 1957, le taux de pénétration est de plus de quatre-vingt-cinq pour cent.

Mais si cette nouvelle invention fascine, pour Janine Sutto, le travail à la télévision s'ajoute au reste et vient compliquer les horaires. Et les choses ne vont pas s'arranger, puisqu'elle s'apprête à emménager avec Henry Deyglun dans une maison de ferme, à Vaudreuil.

Scène 5. Vaudreuil : la plus belle période ?

L'année 1953 marque un immense changement dans la vie de Janine Sutto. Elle va habiter avec Henry Deyglun, avec qui elle vit une relation clandestine depuis son retour au pays six ans plus tôt. Janine a trente-deux ans au moment où Henry décide de quitter sa femme, Mimi d'Estée. Ils vont d'abord vivre brièvement dans l'appartement d'un ami d'Henry, Serge Brousseau, rue Lincoln, à Montréal.

À la fin du printemps 1953, ils louent une maison dans un quartier de Vaudreuil qu'on appelle les Chenaux, sur les bords du lac des Deux-Montagnes. C'est là que Janine voit à la télévision le couronnement de la reine Elizabeth, le 2 juin 1953. L'idée d'emménager à Vaudreuil vient en partie de Guy Mauffette, avec qui Henry Deyglun travaille beaucoup et qui adore cet endroit. Mauffette habite à Vaudreuil la maison laissée vacante par son ami Félix Leclerc, qui va bientôt rentrer d'une tournée de trois ans en Europe. Une vieille photo de famille, datée de 1953, prise chez Félix Leclerc, probablement à son retour, le montre en compagnie d'Henry Deyglun. Les deux hommes sont habillés simplement, Félix Leclerc en habits de travail, Henry Deyglun en chemise à carreaux.

Aussitôt installés dans cette maison des Chenaux, Janine et Henry officialisent leur relation. Ils reçoivent Micheline Deyglun, la fille d'Henry, qui, contrairement à son frère Serge, a été tenue à l'écart de cette histoire. Janine Sutto a connu Micheline enfant, lors de visites à la maison familiale des Deyglun à l'époque où ils travaillaient ensemble. Quand elles se revoient en 1953, les rapports sont d'abord assez distants entre Janine et Micheline. La comédienne décèle un soupçon de reproche de la part de la fille de son amoureux. Pourtant, Janine ne se sent aucunement responsable de la décision d'Henry de quitter sa femme. Cependant, les rapports avec Micheline deviennent rapidement très chaleureux ; Janine s'entendra aussi très bien avec Sem Holowaty, le premier mari de Micheline.

Durant l'automne 1953, quelques mois à peine après avoir loué la maison des Chenaux, Henry et Janine emménagent dans une autre résidence des environs, un peu plus belle, où ils passent l'hiver. La propriétaire, qui les reconnaît, est fascinée par ces nouveaux locataires et devant Henry, elle parle de Janine en l'appelant «votre héroïne».

Le couple s'engage dans une phase très sociale de leur vie où tous les week-ends Micheline, Sem, Raymond Lévesque, Serge Deyglun, Jacques Normand, Roger Baulu et d'autres viennent participer à la vie de Vaudreuil. La maison des Sutto-Deyglun devient rapidement une sorte de havre où, dans la communauté des amis, on se donne le mot, tellement l'hospitalité y est chaleureuse. Henry lui-même s'étonne quand Micheline et Sem, qui ont entre-temps loué eux aussi une maison dans les environs, viennent habiter chez eux durant la fin de semaine.

Vaudreuil se transforme en lieu de rendez-vous des vedettes. Ainsi, dans le journal *Allô Police*, le chroniqueur Jean Rafa raconte-t-il comment il a passé le 23 décembre avec «Leclerc et Charles Trenet», en tournée au Québec, dans la maison d'Henry Deyglun, à Belle-Plage, près de Vaudreuil, où celui-ci les a reçus au bœuf bourguignon[21].

Une magnifique photo qui date de la même époque montre Henry Deyglun, grand amateur de boxe, avec Charles Trenet en compagnie de deux boxeurs qui s'affrontent à Montréal, le Français Laurent Dauthuille, qu'Henry admire, et le Québécois Dave Castilloux. Dans le même numéro d'*Allô*

---

21. *Allô Police*, 8 janvier 1954.

Police, le critique de cinéma rapporte par ailleurs que les deux seuls films québécois présentés en salle en 1953 ont été *Tit-Coq*, de Gratien Gélinas, et *Cœur de Maman*, produit par Henry Deyglun, avec Paul Desmarteaux, Rose Ouellette et Denyse Saint-Pierre ; un film qui a fait recette, selon l'auteur de l'article, qui ajoute toutefois : « C'est avec infiniment de plaisir que nous disons (et que nous répétons) que *Cœur de Maman* est un très mauvais film, une sorte de monstruosité cinématographique, et que les individus qui sont responsables de cette chose n'ont pas à en tirer de gloire. »

Au printemps de 1954, Félix Leclerc, qui a repris sa maison de Vaudreuil, leur parle d'une maison de ferme qui va être à louer et qu'il trouve très convenable. Les Boileau, des cultivateurs de Vaudreuil, veulent bâtir une maison neuve sur leur terre, et ils ont décidé de mettre en location leur maison ancestrale, située au bord du lac des Deux-Montagnes, dans la baie de Vaudreuil. Janine et Henry visitent la maison et s'y sentent instantanément à l'aise, malgré l'exiguïté des pièces. Une architecture typique des vieilles maisons québécoises. Serge, qui s'apprête à quitter le Québec pour une tournée en France avec Raymond Lévesque, vient visiter la maison à la demande de Janine et d'Henry, qui veulent avoir son avis. Il est estomaqué et son visage traduit spontanément ce qu'il pense : « Ah bien, vous trouvez ça beau ? »

Malgré cet avis défavorable, Janine et Henry décident de louer la maison, mais dès leur arrivée, ils commencent à planifier les rénovations. Il faut changer les comptoirs de la cuisine, qui sont recouverts de tôle, abattre des murs pour agrandir les pièces. Le couple, qui est pratiquement sans le sou, va faire installer l'alimentation au gaz pour le chauffage. Ils refont eux-mêmes une salle de bains en haut, le plancher en bas, la cuisine, en partie, mais ils y gardent le vieux poêle à bois. Pour économiser, la comédienne confectionne elle-même les rideaux, mettant à profit, après des années, ses cours de couture à l'Union française.

La vie à Vaudreuil, malgré tous ses côtés un peu rustiques, fait l'affaire de Janine Sutto et d'Henry Deyglun. La maison, qui compte quatre chambres à coucher, devient rapidement très confortable. En particulier l'hiver où, dans les grands froids, le chauffage au gaz fait des merveilles : ainsi, un soir, Jean Gascon et sa fille, qui sont en visite à côté, chez Félix Leclerc, vont-ils leur demander l'hospitalité parce que « tout le monde gelait chez Félix ». Au début du printemps, Serge Deyglun vient pêcher dans le lac des Deux-Montagnes, en face de la maison, avec Henry et ses deux amis, Roger Baulu et Jacques Normand. Chaque fois, c'est la fête, avec beaucoup d'alcool à la clé.

L'éloignement de Montréal convient à tout le monde ; la rupture entre Henry et sa femme, Mimi d'Estée, s'en trouve ainsi d'une certaine façon simplifiée, plus discrète. Henry Deyglun découvre, durant la semaine, quand tout le monde est parti, la solitude qui favorise son besoin d'écrire. Et Janine, elle, apprécie probablement une forme de simplicité et d'authenticité qui tranche avec des années de vie turbulente. Pourtant, les débuts, à tout le moins, sont loin d'être faciles.

Dès leur arrivée sur place, Janine Sutto a de la difficulté à supporter leur voisin, Félix Leclerc. Elle trouve, quand elle le rencontre pour la première fois, que « les Compagnons de Saint-Laurent déteignent sur lui ». Durant la guerre, Félix Leclerc et son ami Guy Mauffette ont beaucoup fréquenté la troupe dirigée par le père Émile Legault. Les Compagnons seront d'ailleurs les premiers à jouer les pièces de théâtre de Félix Leclerc. Janine Sutto, l'anticléricale, nourrit depuis longtemps une aversion franchement agressive pour cette troupe mais surtout pour ce prêtre qui les dirige, à son avis, comme une secte et pour lequel les jeunes comédiens et surtout les comédiennes de la troupe éprouvent une admiration démesurée. Janine dira longtemps du père Legault qu'il n'était pas un metteur en scène et qu'il ne travaillait pas ses pièces. Même si ses meilleurs amis, comme Gilles et Denise Pelletier, y ont réalisé des performances qu'elle a appréciées. Elle lui reproche surtout d'avoir inculqué à ses disciples son mépris à l'endroit des comédiens qui, comme elle, se produisaient à l'Arcade. « Il nous méprisait comme des actrices commerciales ! » Elle en veut aussi à ses collègues, qui ont fréquenté l'école des Compagnons, d'avoir profité de l'argent de la congrégation de Sainte-Croix, donc de l'Église, au moment où L'Équipe, qui, selon elle, faisait œuvre de génie, crevait de faim.

Les Compagnons de Saint-Laurent n'existent déjà plus, au moment où Janine Sutto emménage à Vaudreuil ; la troupe a été dissoute quand la congrégation de Sainte-Croix a coupé les fonds au père Legault. Et les relations entre elle et Félix Leclerc vont s'améliorer rapidement. La maison des Leclerc est séparée de celle des Sutto-Deyglun par une ferme mitoyenne. Ils se voient au moins tous les dimanches pour dîner ensemble. Sauf quand, pour des raisons que seul Félix connaît, il disparaît pendant un mois, sans dire un mot, ce qui surprend toujours Henry, le bon vivant.

Dès 1954, Félix Leclerc aidera Serge Deyglun et Raymond Lévesque à préparer leur projet de carrière en France. Il obtiendra, avec l'aide de Charles Aznavour, qu'ils soient engagés à L'Écluse, une boîte à chanson de Paris. Janine, la louve qui protège ses proches, appréciera cette générosité à l'endroit de sa famille d'adoption.

Les débuts de la vie à Vaudreuil sont aussi marqués par le manque de ressources.

Pour nourrir cette maison pleine de monde, faire des rénovations, meubler les pièces, il faut de l'argent ; mais les amoureux, en partie à cause de leur éloignement de la ville, passent une période où leurs revenus diminuent.

La situation est d'autant plus difficile qu'au début des années 1950, la popularité d'Henry Deyglun est en baisse. En fait, selon ses proches, il s'adapte mal à l'évolution de la vie culturelle dans le Québec de l'après-guerre ainsi qu'à la naissance de la télévision. Après avoir été, durant les années 1930 et 1940, un auteur à succès de séries dramatiques à la radio, fortement inspiré par les auteurs français dont le Québec commence à se détacher, Henry Deyglun n'est plus à la mode. À la radio et surtout à la télévision de Radio-Canada, de nouvelles équipes de direction prennent la relève et les Beaudet et compagnie qui protégeaient Henry et faisaient oublier ses sautes d'humeur ne sont plus là pour l'appuyer.

Le bouillant Provençal dont la générosité et l'exubérance font des jaloux perd ses relations dans le milieu de la création. En 1953, son film *Cœur de Maman*, qui est boudé par la critique, rentre à peine dans ses frais.

Malgré cela, Deyglun continue à noircir tous les jours des pages et des pages de scénarios qu'il propose à droite et à gauche, ou de chroniques qu'il vend à l'occasion aux journaux. Mais s'il fait des projets avec un courage et une détermination que Janine, sa compagne, admire beaucoup, l'auteur à succès ne retrouvera jamais sa notoriété d'avant la guerre.

En vivant tous les jours avec lui, Janine Sutto découvre aussi le poids de ce qu'elle connaît pourtant depuis qu'elle est devenue son amoureuse en 1947 à Paris : l'alcoolisme d'Henry. C'est un problème dès le début de leur vie commune. Henry ne boit pas tous les jours de façon excessive, il peut même passer des semaines sans abuser, mais quand cela se produit, il perd souvent le contrôle. L'alcool provoque parfois aussi chez lui des rapports agressifs avec les gens. « Quelqu'un lui faisait une mauvaise critique, raconte Janine, il allait lui casser la gueule. Ça, c'est parce qu'il buvait. C'est certain ! » À la maison, il n'y a pas de violence ni d'engueulades à cause de l'alcool ; quand son fils Serge vient en visite et qu'ils boivent ensemble, la soirée se termine tôt tellement ils ont bu, et ils vont se coucher.

Ce qui va peser de plus en plus, dans la vie du couple, c'est la dépression associée à l'alcoolisme d'Henry, qui s'accroîtra au fur et à mesure que son déclin professionnel contrastera avec le succès de sa femme. Les heures de la matinée, en particulier, sont insupportables ; quand la réalité graduellement fait son intrusion dans la journée.

Janine, elle-même, au moment où elle s'installe à Vaudreuil, connaît une période professionnelle moins intense. Elle va commencer en avril 1953 ses premières participations à la télévision, mais elles sont très espacées. Ce n'est qu'en 1955 qu'elle commencera à jouer dans des séries « alimentaires », comme *Les Belles Histoires des pays d'en haut*. À partir de 1953, sous la pression de son mari, elle va aussi renoncer au théâtre pendant plusieurs années. Henry ne veut pas qu'elle rentre à une heure du matin après le théâtre pour repartir le lendemain à huit heures pour les répétitions à la radio ou à la télévision. Janine, de son propre aveu, ne conteste pas au début les exigences de son amoureux, mais cette renonciation à la scène est déchirante au point qu'à un moment donné elle demande à son ami Jean Gascon, qui l'appelle tous les jours pour lui proposer des projets : « Ne m'appelle plus, ça me fend le cœur. »

Malgré ces difficultés, qui s'accentueront avec le temps, Janine Sutto dira de cette vie qu'elle entame à Vaudreuil qu'elle fut sa plus belle période. Quand, au début de leur séjour à la campagne, ils vivent comme des artistes, sans revenu constant, elle sait que ce n'est pas la dernière crise d'insécurité financière à travers laquelle elle devra passer. De sa vie à Vaudreuil, en rétrospective, elle dit souvent : « J'ai été pauvre longtemps, mais je n'ai pas senti ça comme un passage triste. »

Scène 6. La télévision explose, la carrière de Janine aussi

Au printemps de 1953, Janine Sutto a trente-deux ans. À la télévision de Radio-Canada, on s'apprête à présenter en septembre le début de *La Famille Plouffe*, le téléroman de Roger Lemelin qui va marquer le Québec. Janine, elle, s'apprête à plonger dans le métier de comédienne à la télévision.

Le 17 avril 1953, quelques jours avant son anniversaire, elle joue dans *L'Héritière*, de Ruth et Augustus Goetz, une pièce adaptée par Andréanne Lafond, qui deviendra plus tard une grande intervieweuse de la SRC.

C'est la première apparition de Janine Sutto à la télévision naissante du Canada français ; le début d'une longue série fantastique pour le public téléspectateur et pour l'actrice.

Ce soir-là, pour la première fois en direct, à la télévision, elle joue en plus avec Mimi d'Estée, la femme qu'Henry Deyglun vient à peine de quitter formellement. Pourtant, le climat sur le plateau ne reflète en rien le malaise qui peut exister entre les deux femmes. Janine et Mimi se côtoient comme si rien ne s'était passé. Elles maintiendront entre elles des relations amicales même au-delà de la mort d'Henry.

Janine se demandera toujours si Mimi feignait l'indifférence ou refusait tout simplement de voir la réalité en face. De toute façon, elle dira à propos de ses relations avec les épouses de ses amoureux : « Moi, je n'ai jamais été traumatisée par les femmes des gars. »

Quelques jours après la diffusion de *L'Héritière*, le 8 mai 1953, Janine joue dans *Les Zonderling*, une comédie fantaisiste, avec, entre autres, Jean Duceppe et Denise Filiatrault, qui a à peine vingt ans. L'automne suivant, le 12 septembre, après un été sans travail à la télévision – son premier été à Vaudreuil –, on la revoit dans *Bobosse*, d'André Roussin, encore avec Jean Duceppe.

Puis le 9 octobre, elle participe à son premier *Téléthéâtre de Radio-Canada*. C'est le nom officiel de cette émission du dimanche soir qui deviendra un rendez-vous mythique de la télévision d'État. On y présente *Eugénie Grandet*, d'après l'œuvre de Balzac. Roger Racine, un cameraman formé à Hollywood qu'on a promu réalisateur, assure la production, avec entre autres, les comédiens Jean Duceppe et Denise Pelletier. C'est la première fois que la comédienne est dirigée par ce réalisateur avec lequel elle travaillera beaucoup ; un bon technicien, qu'elle apprécie parce qu'il lui fait confiance, mais qui ne sait pas diriger les acteurs.

Durant cette période du début de la télévision, Radio-Canada produit chaque semaine une œuvre dramatique en direct. Deux semaines auparavant, le 25 septembre, la société d'État a mis en ondes le premier téléthéâtre de son histoire, *Rue de la Friponne*, de Fernand Doré. Les téléthéâtres ont en général une durée d'au moins quatre-vingt-dix minutes. Ils alternent avec le *Théâtre populaire*, des émissions plus courtes d'une soixantaine de minutes. Toutes ces productions sont jouées en direct. Les pièces originales sont donc la plupart du temps adaptées ou réduites, pour correspondre au format qu'on met en ondes.

Le 20 novembre 1953, on présente *Les Veuves*, de Michel Greco ; un autre téléthéâtre, réalisé par Georges Groulx, que Janine apprécie parce que Groulx est avant tout un metteur en scène formé à l'école du théâtre. Gilles Pelletier et Françoise Gratton font partie de la distribution. Le 18 décembre, elle termine son année dans *Les Hauts de Hurlevent*, d'Emily Brontë, une autre réalisation de Roger Racine, avec Yves Létourneau et Gilles Pelletier.

Au théâtre, pour marquer le temps, les personnages changent souvent de costumes en coulisses ou durant les entractes. Au début de la télévision en direct où il n'y a pas de pauses dans la diffusion, les réalisateurs, comme Roger Racine, qui n'ont pas d'expérience de la mise en scène, forcent les comédiennes à porter parfois plusieurs robes les unes par-dessus les autres pour que les changements de costumes se fassent rapidement, sans que cela paraisse. Ainsi, pendant *Les Hauts du Hurlevent*, alors que Janine est en gros plan, en direct, dans un moment tragique, l'habilleuse – que les comédiens appellent « Titite », parce que c'est par ce son qu'elle attire leur attention sur les plateaux – lui enlève sa jupe ! Titite sera scandalisée d'entendre « sacrer » la vedette, comme elle le fait sans même s'en apercevoir, dans ces moments dramatiques.

Au cours de ces premières expériences, la comédienne réalise aussi le problème que posent les éclairages et le maquillage qui, au début, sont inadaptés parce qu'on reproduit par ignorance sur les plateaux de télévision les techniques utilisées au théâtre. Un maquillage de scène, avec ses traits exagérés pour être vus de loin, devient horrible en gros plan à la télévision. Après la diffusion en direct des *Hauts de Hurlevent*, Roger Garceau, surpris, dit aux maquilleurs : « Mon Dieu, Janine est bien belle, qu'est-ce que vous lui avez fait ? » Ils venaient de la démaquiller. C'est ce qui pousse Janine Sutto à changer sa couleur de cheveux du noir au blond, comme beaucoup de ses camarades, parce que l'éclairage, mal calibré, forme une auréole autour des têtes noires comme la sienne. Il faudra des mois aux maquilleurs et aux éclairagistes pour adapter le métier appris au théâtre aux besoins de la télévision.

Les décorateurs et les costumiers, par contre, n'ont pas à changer dramatiquement leurs façons de faire ; Jacques Pelletier, le grand décorateur du temps de *L'Équipe*, sera l'un des premiers engagés à Radio-Canada. Marie-Laure Cabana passera du TNM à la télévision pour s'occuper des maquillages et des costumes. Plus tard, ce sera au tour de Robert Prévost et de François Barbeau, des gens auxquels Janine vouera toute sa vie une grande admiration et qui deviendront des amis très chers.

Entre sa première apparition à la télévision le 17 avril et la fin de 1953, Janine a participé à six événements majeurs de CBFT, la station de télévision naissante qui diffuse encore dans les deux langues. Six productions dramatiques en direct en huit mois. Si on imagine les jours de répétition qui précèdent les performances en direct, le stress de ce nouveau genre d'expérience, le dépaysement de la vie à Vaudreuil qui vient de commencer, l'année 1953 est intense pour Janine Sutto, d'autant plus que tous les artisans apprennent en même temps un nouveau métier.

L'année suivante commence au même rythme : Janine est en ondes dès le jour de l'An 1954, dans *Treize à table*, une comédie de Marc-Gilbert Sauvajon, adaptée par Éloi de Grandmont, dans le cadre des téléthéâtres. Une réalisation de Georges Groulx avec, entre autres, Jean Duceppe et Denise Pelletier, qui est excellente. Une très bonne comédie que le théâtre du Rideau Vert produira à deux reprises par la suite en 1963 et en 1969. Au cours de ces années, Janine jouera à plusieurs reprises en direct à Radio-Canada en pleine période des Fêtes. Une contrainte qui lui est familière depuis l'époque de l'Arcade, alors que le théâtre présentait des pièces pendant les fêtes de Noël et du nouvel An.

Le 24 janvier, Janine joue le personnage de Marceline dans un autre téléthéâtre : *Jean de la Lune*, de Marcel Achard, réalisé par Roger Racine. Avec en vedette Guy Hoffman. Au cours des répétitions, elle s'impatiente une fois de plus devant Roger Racine à qui elle demande des instructions : « Qu'est-ce que je fais ? »

Et Racine de répondre : « Avance ! »

— Puis après ? réplique-t-elle.

— Avance ! »

« Voilà, se rappelle-t-elle encore furieuse, les seules instructions qu'il nous donnait. » C'est au cours de cette scène qu'elle se souvient d'avoir sacré pour la première fois de sa vie.

Durant l'année 1954, Radio-Canada produit des téléthéâtres tous les dimanches ; un tour de force pour les équipes qui doivent apprivoiser un nouveau médium. Mais Janine Sutto va participer à très peu d'entre eux cette année-là. Elle joue par contre occasionnellement dans une première série à la télévision : *Anne-Marie*, une série humoristique quotidienne en trente épisodes, signée Eugène Cloutier, diffusée du 12 novembre au 10 décembre 1954, de 21 h 30 à 22 heures. Une première expérience qui n'emballe pas tellement l'actrice déjà habituée au théâtre de boulevard, qui trouve que la comédie manque de *punch*. L'année 1954 marque en fait un creux de vague relatif pour la comédienne. Gilles Pelletier et Françoise Gratton, qui la fréquentent de plus en plus, sont témoins de ce ralentissement dans l'agenda de Janine, qu'ils attribuent d'abord à sa décision de s'installer à la campagne. L'éloignement de Vaudreuil ne favorise pas les rencontres avec les réalisateurs qui se produisent souvent dans les fêtes où tout le petit monde de la télévision se côtoie. À tel point que certaines des amies de Janine, comme Denyse Saint-Pierre, vont même faire la tournée des réalisateurs à sa place pour faire sa promotion.

En outre, beaucoup de ceux-ci sont issus du secteur technique et ne connaissent pas les acteurs de théâtre. Gilles Pelletier est témoin d'une scène au cours de laquelle le réalisateur Roger Racine, croisant la grande actrice Antoinette Giroux dans un corridor de Radio-Canada, lui demande : « Êtes-vous comédienne ? » On voit tellement peu Janine Sutto à la télévision durant cette période que Paul Blouin, l'aspirant réalisateur, s'interroge à haute voix devant Pelletier : « Janine Sutto, comment se fait-il qu'on ne la voie pas ? » Il lui offrira un rôle dans la première série qu'il réalisera en 1955 : *Cap aux Sorciers*. Janine elle-même ne se gêne pas pour critiquer les réalisateurs qu'elle trouve souvent incompétents, ce qui ne l'aide sans doute pas à se faire des amis parmi eux. Mais heureusement, cette période de disette va bientôt prendre fin et, entre-temps, le travail à la radio compense un peu.

Le 1ᵉʳ février 1954, elle débute à CKAC dans une série radiophonique écrite par son ami Éloi de Grandmont, *Les Beaux Jours*, diffusée à midi quarante-cinq, trois fois par semaine. Outre Janine, on y retrouve Jean Lajeunesse, Ginette Letondal et Jean Coutu. À CKAC, elle travaille aussi avec la réalisatrice Jeannette Brouillet, qui produit des pièces radiophoniques écrites par le journaliste Ernest Pallascio-Morin. Monique Miller, qui a un rôle régulier dans une série intitulée *Docteur Claudine*, écrite par Jean Desprez, à CKVL, y voit souvent Janine Sutto et Henry Deyglun.

Les comédiens et surtout les comédiennes, qui sont moins bien payées, doivent accumuler les prestations pour pouvoir survivre ; d'autant plus que chacune de ces prestations ne rapporte pas des fortunes, même si elles demandent beaucoup de répétitions.

Certains réalisateurs à la télévision vont ajouter des heures de répétition, qui sont payées, pour aider les acteurs à vivre. L'ironie, c'est que les moins bons comédiens qui ont besoin de répéter davantage sont ainsi souvent mieux payés que les plus connus.

Henry, lui, joue des petits rôles à la télévision. Il montera quelques pièces, plus tard, dans le cadre des émissions *Théâtre populaire*. Après la sortie de son film *Cœur de Maman*, en septembre 1953, il produit un deuxième long-métrage, *L'Esprit du mal*, en 1954, qui n'a pas plus de succès. Janine ne joue pas dans ces films dont elle dit que « c'était avant [elle] » et que ça ne l'intéressait pas. Deyglun utilise en effet dans ces deux films des thèmes recyclés de sa fameuse série *Vie de famille*, qui ont déjà eu du succès en tournée, mais qui sont un peu usés.

La radio de Radio-Canada, elle, commence à abandonner les radioromans pour laisser le genre se développer dorénavant au petit écran. À partir de 1955, Janine Sutto participera néanmoins à une série radiophonique intitulée *Les Visages de l'amour*, écrite par Charlotte Savary, qui sera diffusée par la société d'État jusqu'en 1970. Une auteure reconnue comme précurseure du féminisme au Québec, qui raconte l'histoire de grandes femmes qui ont changé le monde et le Québec en particulier. Janine garde un souvenir attachant de l'atmosphère qui régnait dans la production de la série sous la gouverne de cette charmante Mme Savary, qui avait un certain penchant pour les Dry Martini.

Vers la fin de 1954, le 14 novembre, le travail reprend à la télévision pour la comédienne : Janine joue Alice dans *Portraits d'ancêtres*, de Robert Choquette, une fantaisie dramatique d'une heure, réalisée par Jean Léonard, dans le cadre d'une émission appelée *Fantaisies canadiennes*.

Le 21 novembre 1954, on la voit pour la première fois dans un téléthéâtre écrit par Marcel Dubé, un auteur qui commence à faire sa marque à l'époque, et pour qui elle deviendra une actrice fétiche dans les années à venir. *Chambres à louer* est mis en scène par Louis-Georges Carrier, avec Monique Miller, Jean Duceppe et Jean Lajeunesse. En participant à la distribution de *Chambres à louer,* Janine Sutto entre dans un groupe de comédiens et de créateurs qui formera autour de Dubé et de Louis-Georges Carrier un cercle d'amis très intime qui se retrouvera souvent même en dehors des heures de production.

Chambres à louer est aussi jouée au Gesù et par la suite en tournée pour le Dominion Drama Festival, un grand festival de théâtre pancanadien, où beaucoup de pièces en français sont produites et souvent primées. Guy Beaulne assure la mise en scène, cette fois, mais Janine, qui ne peut pas se joindre ni à la pièce ni à la tournée qui suit – Vaudreuil oblige –, est remplacée une fois de plus par Hélène Loiselle.

Le 26 décembre 1954 – encore en plein milieu de la période des fêtes – Janine se rend à Radio-Canada pour jouer en direct *La Fée,* une comédie de Ferenc Molnar, cet auteur hongrois dont L'Équipe a produit la fameuse pièce *Liliom,* qui sera adaptée au cinéma américain sous le titre de *Caravan.* Cette fois, il s'agit d'un téléthéâtre du temps de Noël, réalisé par Louis-Georges Carrier, avec Jean Duceppe, Roger Garceau et Marcel Sabourin, qui vient de rentrer de Londres.

En février 1955, pour la première fois depuis le début de la télévision, un noyau important des anciens membres de L'Équipe se retrouve dans une production dirigée par leur metteur en scène fétiche, Pierre Dagenais. L'ex-directeur de la troupe réalise en téléthéâtre une pièce qu'il a montée pour L'Équipe, *Le Testament du père Leleu,* de Roger Martin du Gard. En mars, il récidive en réalisant *Liliom,* de Ferenc Molnar, où Janine Sutto reprend son rôle de Julie, qui avait connu un tel succès dix ans plus tôt au théâtre. Gilles Pelletier, cette fois, joue le rôle de Liliom, qu'avait incarné Pierre Dagenais en 1945. Lionel Villeneuve, Henry Deyglun et Nini

129

Durand, la grande amie de Janine qui est devenue entre-temps la femme de Dagenais, font aussi partie de la distribution. Les vieux amis se retrouvent.

Depuis la fin de L'Équipe, ils se sont tous plus ou moins suivis ou croisés, en particulier dans les corridors de Radio-Canada. Janine elle-même appréhende un peu de jouer Julie en direct au petit écran, parce qu'elle connaît les aléas des plateaux de télévision qui n'ont rien à voir avec l'intensité du théâtre. Mais la production est un succès. Gilles Pelletier interprète Liliom avec brio. Depuis ses débuts comme figurant dans *Le Songe d'une nuit d'été* avec L'Équipe, il a pris beaucoup d'assurance et perfectionné son jeu. Janine et Gilles entament ainsi une longue cohabitation sur scène qui scellera leur amitié à jamais.

En répétant pour l'enregistrement de *Liliom*, Pierre Dagenais découvre une façon de tourner en négatif les scènes de la pièce qui, dans le scénario, se déroulent au Ciel, pour créer l'illusion de l'autre monde. Une forme qui se distingue déjà de ce que les téléspectateurs ont pris l'habitude de voir. Encore une fois, Pierre Dagenais innove. Alors que la télévision naît à peine, il est déjà visionnaire. La même année 1955, Radio-Canada diffuse une de ses créations, *Lie de vin*, mettant en vedette Serge Deyglun et son père Henry, qui y livre une performance exceptionnelle.

Le cœur de l'année 1955, de mars à septembre, marque une nouvelle fois un temps d'arrêt pour Janine Sutto, qu'on ne voit pas à la télévision. Durant l'été, en particulier, où pourtant Radio-Canada diffuse chaque semaine son *Théâtre d'été*, des pièces de trente minutes, où tous les comédiens de l'époque jouent des rôles. Janine, qui est connue et populaire, n'y est pas.

On la revoit à l'automne, dans une télésérie de treize épisodes de trente minutes intitulée *Je me souviens*, qui est diffusée du 7 octobre 1955 au 23 mars 1956. Une fresque historique, réalisée par Florent Forget, à partir d'un scénario de Jean Desprez, avec entre autres Pierre Dagenais, Jean Duceppe et Denyse Saint-Pierre. Janine, qui est toujours passionnée d'histoire, y joue le personnage de Jeanne Mance.

Un rôle qu'elle apprécie parce qu'elle aime le caractère très puissant de celle qu'elle appelle la vraie fondatrice de Montréal. Les archives de Radio-Canada ont conservé une scène de cette série mettant en vedette Janine Sutto dans son personnage de Jeanne Mance. On y voit Maisonneuve, incarné par Jean-Pierre Masson, présentant à Jeanne Mance une femme qui vient d'arriver de France pour participer au développement de Montréal : c'est Marguerite Bourgeoys, incarnée par Béatrice Picard. Jeanne Mance, presque mortifiée, l'accueille comme un sauveur venu lui prêter main-forte, et les deux femmes s'embrassent tendrement.

Mais encore une fois, Janine Sutto n'est pas satisfaite du réalisateur de la série, Florent Forget, qui représente pour elle une version « aggravée » des Compagnons de Saint-Laurent. « Cette attitude de curé, dit-elle, où il faut enlever aux comédiens le plaisir de jouer... les rabaisse. » Un homme à qui elle reproche de manquer d'imagination.

C'est l'époque où les séries se multiplient à l'antenne de la télévision de Radio-Canada, remplaçant graduellement les émissions de théâtre. La naissance de *Toi et Moi*, de Janette Bertrand et Jean Lajeunesse, diffusée de 1955 à 1957, du *Survenant*, de Germaine Guèvremont et de *La Famille Plouffe*, de Roger Lemelin. Autant d'occasions de travailler pour les acteurs, mais Janine, pourtant, ne se fait pas offrir de rôle.

Même Jean Lajeunesse, son ancien compagnon de L'Équipe, n'arrive pas à convaincre sa femme, Janette Bertrand, de l'engager. Elle estime que l'accent français trop prononcé de Janine ne correspond pas aux personnages de sa série.

Le 30 octobre 1955, on retrouve Janine Sutto dans *Grâce encore pour la terre*, une tragicomédie de Jules Romains présentée dans le cadre des *Téléthéâtre*, une adaptation pour la télévision d'Henry Deyglun, avec Guy Hoffman, François Rozet et Camille Ducharme. Deyglun, qui est un admirateur de Jules Romains, a réussi à faire acheter par Radio-Canada une adaptation de la pièce. Mais Florent Forget, qui assume aussi la direction des programmes, confie la production à un réalisateur sans expérience, Jean Saint-Jacques. Le résultat est catastrophique, les décors sont horribles, les comédiens, furieux. Henry Deyglun, que la malchance semble poursuivre, est malheureux tout au long de la production.

Du 17 novembre au 9 décembre 1955, Janine joue le personnage de Louise Caron dans *Il était une robe*, de Robert Choquette, une minisérie de quatre épisodes de trente minutes réalisée par Jean Faucher. Louise Caron, le personnage central de la série, renonce à son métier de comédienne en épousant un terne personnage, Armand Lafleur, joué par Guy Provost. Louise continue malgré tout à rêver d'un grand rôle. Un jour, on lui confie le personnage de *La Dame aux camélias*, une offre irrésistible qu'elle accepte. Alors qu'elle répète chez elle, elle est découverte par Armand, qui rentre du travail accompagné de son patron, qui vient de lui donner une promotion. Colère et dispute s'ensuivent mais… tout finira bien. Armand et Louise célébreront le grand rôle et la promotion au champagne.

Guy Provost revient à peine de France après avoir joué au Théâtre national populaire, le TNP de Jean Vilar et Gérard Philipe, avec entre autres Philippe Noiret, qui est encore méconnu à l'époque.

Au début de 1956, Henry Deyglun se lance dans une nouvelle aventure. Il signe, le 8 janvier, à la télévision de Radio-Canada, une comédie musicale, *La Belle du Nord*, réalisée par Noël Gauvin, un ancien de L'Équipe et un ami de Pierre Dagenais qui avait joué dans *Marius*. Janine joue un rôle où, pour son grand malheur, une fois de plus, elle doit chanter. « Notre Belle du Nord, c'est la plus belle. On l'a élue pour ses cheveux d'or. Son p'tit cœur d'or, caractère en or. » Gilles Pelletier et Françoise Gratton, qui jouent également dans la comédie musicale, se souviennent encore des paroles de la chanson. Deyglun a puisé de nouveau dans ses trésors de la vieille France ; il a réécrit, pour les mettre au goût du jour, les chansons des corps de garde des médecins français, avec les sonneries de clairon de l'armée et de la marine. La production est imposante, sous la direction musicale d'Arthur Morrow, un chef d'orchestre populaire. Les décors sont de Jacques Pelletier. La distribution comprend les Sutto, Pelletier et Gratton, Denise Filiatrault, Gilles Pellerin et Émile Genest. Gilles Pelletier, qui est un amateur de la Marine française, raffole de la production, mais le succès, une fois de plus, est mitigé.

À l'automne de 1956, après plusieurs mois d'absence à la télévision, Janine Sutto enchaîne deux productions en quelques semaines : on la voit le 2 septembre dans *Le Pont de Montréal*, de Joseph Schull, avec Guy Provost et Rolland Bédard et le 25 octobre, dans *Est-il bon ? Est-il méchant ?*, une comédie de Diderot, avec Pierre Boucher, Huguette Oligny et Jean Doat, qui fait aussi l'adaptation de la pièce pour la télévision.

Mais octobre 1956, c'est aussi le début d'une des téléséries les plus longues de l'histoire de Radio-Canada : *Les Belles Histoires des pays d'en haut*, d'après le roman de Claude-Henri Grignon. La série va durer quatorze ans et se diviser en quatre cent quatre-vingt-quinze épisodes en noir et blanc puis, à partir de 1967, en couleurs. Janine Sutto se joint à l'équipe dès la première saison, réalisée par Fernand Quirion ; elle joue le rôle de Prudence, une vieille fille un peu embarrassante, qui trouve sa sœur, la belle Angélique – Angélique Pothier-Marignon –, jouée par Andrée Basiliaire, complètement folle. Les deux actrices, qui vont former un duo célèbre dans la série, se connaissent depuis *L'Aiglon*, au MRT de Mario Duliani en 1940. Elles ont aussi joué ensemble à l'Arcade, où elles ont subi les remontrances de Liliane Dorsenn, la vieille comédienne française qui était souvent critique de l'impertinence d'Andrée Basiliaire à qui elle disait, en parlant de Janine : « Regarde la petite, je lui dis quelque chose et elle le fait, elle ! » Janine apprécie Andrée Basiliaire pour son sens de l'humour, qui convient parfaitement à son personnage d'Angélique ; c'est un peu une projection de sa propre personnalité dans la vie.

Janine Sutto retrouve aussi dans *Les Belles Histoires* le comédien Jean-Pierre Masson, un autre ancien de L'Équipe, qu'elle aime beaucoup et dont elle admire le talent chaque fois qu'ils jouent dans la série, en direct, vers quinze heures, après avoir répété le matin, et que Séraphin fait son entrée en scène. La comédienne devient ainsi pour la première fois de sa vie abonnée à une série qui va durer longtemps et qui va lui fournir un revenu stable même dans les périodes creuses.

L'année 1957 commence en trombe pour la comédienne, dont le rythme de travail va s'accélérer à compter de cette année-là à une cadence qui ne se relâchera pratiquement plus jamais. Après une décennie – depuis son retour d'Europe en 1947 – marquée par des changements importants dans sa vie privée, par l'arrivée de la télévision, et par une certaine insécurité dans sa vie professionnelle, les années qui se préparent seront remplies de surprises et de défis qui vont l'enrichir à tous points de vue.

Ainsi, dès le 3 janvier 1957, Janine Sutto renoue avec l'auteur à la mode Marcel Dubé, qui signe cinq pièces à Radio-Canada cette année-là, et son réalisateur Louis-Georges Carrier ; elle joue le personnage de Jo dans *Cendres*, de Mac Shoub, un drame psychologique, adapté par Dubé, qui incarne un barman dans l'émission, un rôle presque prédestiné pour cet homme qui boit beaucoup.

Deux semaines plus tard, le 17 janvier, on la retrouve dans un autre téléthéâtre, *La justice peut attendre*, un drame policier de Jeffrey Dell, adapté par Éloi de Grandmont et réalisé par Gérard Robert, un Trifluvien que Janine aime bien, parce qu'il a une certaine culture et qu'il a dirigé un théâtre amateur à Trois-Rivières. Robert deviendra plus tard, à la grande joie de la comédienne, directeur des programmes de Radio-Canada. Janine joue le personnage d'Annie, avec entre autres Denis Drouin, son ancien amoureux, Marcel Sabourin et Jacques Lorain. Puis pour la troisième fois ce mois-là on la revoit à la télévision le 27 janvier, dans *Le Médecin malgré lui*, de Molière, où elle joue Martine. Une mise en scène de son ami Georges Groulx, qui s'octroie lui-même un rôle. Janine respecte beaucoup cet homme même s'il a été une des vedettes des Compagnons, où elle prétend que le père Legault l'a déformé. Georges Groulx, selon elle, est un acteur franc qui est capable d'autocritique. Toute sa vie, Janine Sutto gardera ce sens de la rigueur qu'elle applique avant tout à elle-même, mais qu'elle sait apprécier chez ses collègues.

Le 28 février 1957, la revoilà cette fois dans *La Puissance et la Gloire*, de Graham Greene, un autre téléthéâtre adapté par Éloi de Grandmont et réalisé par Gérard Robert. Janine joue Maria, avec trente comédiens, dont Pierre Dagenais, Claude Préfontaine, Jean Coutu, Robert Gadouas et Louise Marleau, qui n'a que douze ans.

La jeune fille est béate d'admiration devant la comédienne mature qui joue le rôle de sa mère dans la pièce. Janine garde un bon souvenir de ce rôle de Maria et surtout du travail du réalisateur Gérard Robert. Impossible d'en juger aujourd'hui, puisque toutes ces œuvres jouées en direct n'ont pu être conservées.

Après ce début d'année 1957 fulgurant, dans quatre rendez-vous de théâtre en deux mois, à la télévision, Janine Sutto poursuit sa collaboration à la série *Les Belles Histoires des pays d'en haut*. Le 3 mai, on la voit dans un événement télévisé, *Le Gala des splendeurs*, une émission spéciale de la télévision d'État qui rend hommage aux artisans de la radio et de la télévision publique. Réalisateurs, comédiens, techniciens, tous habillés en tenue de gala, viennent recevoir une plaque commémorative des mains d'une reine d'honneur à laquelle ils font tous le baisemain ; sauf Pierre Dagenais, qui, venant chercher un prix de réalisation, décide d'embrasser la reine sur les deux joues. Janine Sutto ne reçoit pas de prix cette année-là, même si on rappelle en la présentant qu'elle a été la Miss Radio de 1945 et la lauréate du trophée Laflèche, en 1947 ; elle est invitée pour remettre un prix à deux techniciens.

Encore une fois, elle termine l'année, le 24 décembre 1957, en direct à la télévision, dans un conte de Noël d'Éloi de Grandmont, *Les Fiançailles*, réalisé par Gérard Robert.

Dans les semaines qui suivent, sa vie va être bouleversée à jamais par une nouvelle qu'elle désire entendre depuis plusieurs années.

En 1943 dans *Tessa, la nymphe au cœur fidèle*, un roman de Margaret Kennedy adapté au théâtre par Jean Giraudoux.

Dans la première scène de la première pièce du TNM, *L'Avare* de Molière, avec Jean-Louis Roux, en 1951.

Janine Sutto, sur scène, au théâtre Arcade, en 1942.

Guy Mauffette, avec qui Janine a fait ses débuts à la radio en 1940.

Première photo professionnelle.

Janine sur la une de *Radiomonde*, vers 1942.

En 1945, avec Pierre Dagenais, dans l'un des premiers films québécois, *Le Père Chopin*.

Dans *Marius* de Marcel Pagnol, avec Nini Durand et Rose Rey-Duzil, en 1944.

Les jeunes mariés lors de la répétition de *Liliom* de Ferenc Molnar, en 1945.

En 1951, avec Gabriel Gascon, sur les planches du TNM dans *L'Avare*.

Photo prise lors de la fondation du TNM, au début des années 1950.

Janine Sutto, posant, à sa maison de Vaudreuil, en 1955.

À Vaudreuil, en 1954.

En 1955, dans le téléthéâtre *Je me souviens* avec Hélène Loiselle ; Janine y joue Jeanne Mance.

Avec Guy Provost dans *Le Malentendu* d'Albert Camus, un téléthéâtre réalisé par Louis-Georges Carrier.

En répétition pour *Les Visages de l'amour*, en 1962. Assise au centre : Charlotte Savary, l'auteure de cette série radiophonique.

Jean Dalmain, Janine Sutto, Kim Yarochevskaya et Robert Gadouas dans *La Cerisaie* d'Anton Tchekhov, un téléthéâtre de 1964 réalisé par Jean-Paul Fugère.

Janine Sutto et Jean Duceppe dans *Le Temps des lilas* de Marcel Dubé, un téléthéâtre de 1962 réalisé par Paul Blouin.

En 1973, en route vers les Îles-de-la-Madeleine dans un avion du gouvernement du Québec lors de la tournée de *Florence* de Marcel Dubé, dans une mise en scène de Richard Martin.

Yvette Brind'Amour, Janine Sutto et Marjolaine Hébert dans *Les Dames du jeudi* de Loleh Bellon, première pièce sans entracte au Rideau Vert, en 1978.

Avec Gilles Pelletier en 1978, dans *Encore un peu* de Serge Mercier, dans une mise en scène de Jean-Luc Bastien pour la NCT au nouveau théâtre Denise-Pelletier.

Scène 7. La naissance des jumelles

Au début de 1958, Janine Sutto et Henry Deyglun ont établi un rythme de vie qui se partage entre les engagements de travail intense en ville, à Montréal, et la quiétude de Vaudreuil. Janine, qui se déplace presque tous les jours pour aller travailler, se rend en train le matin à ses répétitions à la télévision. Elle le reprend à la gare Windsor, un endroit qu'elle aime, en fin d'après-midi, quand elle n'est pas en direct le soir, pour le trajet de retour. Chaque fois, avant de prendre son train, elle se fait faire dans un casse-croûte de la gare un sandwich aux tomates pour tromper sa faim durant le voyage jusqu'à Vaudreuil.

Henry, qui l'a dissuadée de jouer au théâtre, est plus conciliant avec les horaires de la télévision, où les directs n'ont lieu qu'une fois, contrairement au rythme de la scène où les représentations peuvent s'étendre sur plusieurs semaines. Henry est aussi très lié à tous ces camarades de la télévision avec lesquels Janine passe ses journées, comme Guy Provost, avec qui il partage certaines complicités délinquantes, comme l'amour de l'alcool.

En janvier 1958, Janine s'est engagée, avec Guy Provost, justement, dans une production difficile, qui la met à l'épreuve. Elle va jouer, le 17, le rôle de Martha dans *Le Malentendu*, d'Albert Camus, un téléthéâtre réalisé par Louis-Georges Carrier. Dyne Mousso, une autre grande comédienne de l'époque, était le premier choix du réalisateur, mais elle s'est rétractée.

La pièce, qui a déjà connu un grand succès en Europe, a été écrite par Camus à partir d'un fait divers. L'action se passe dans un contexte sombre en Europe centrale, où une mère et sa fille, qui sont tenancières d'une auberge, tuent leurs clients pour les voler. Martha, la jeune fille, rêve de fuir cet univers sordide. Arrive à l'auberge un jeune homme qu'elles vont aussi tuer, pour s'apercevoir après coup qu'il s'agit du frère de Martha, tué par sa propre mère.

Le texte de la pièce est dense et difficile à jouer. Janine doit passer des heures avec Louis-Georges Carrier à travailler, à littéralement mâcher les répliques pour les dompter. « Il ne m'avait pas lâchée parce que c'était rude. Je n'avais jamais joué avec cette intensité incroyable. » Les répétitions sont ardues, mais la comédienne apprécie la rigueur du réalisateur. Louis-Georges Carrier est un metteur en scène respecté, mais il aime, lui-même, mettre les gens mal à l'aise autour de lui en les diminuant. Surtout les jeunes qui se présentent à son bureau pour offrir leurs services à qui il répond, un sourire en coin : « Vous me dérangez, là ! » Mais Janine s'entend très bien avec lui ; elle le prend à son jeu et le nargue en retour. Elle en redemande quand le réalisateur décrète que les répétitions sont terminées.

Pour Monique Miller qui commence à mieux la connaître, à l'époque, Janine est un peu de la vieille école : elle est de ceux qui disent qu'il faut souffrir pour être bons et que les metteurs en scène doivent serrer la vis. Exactement comme chez son dentiste, le Dr Lefrançois, avec lequel la comédienne s'impatientait en disant : « Il m'énerve, il a toujours peur de te faire mal. Qu'il arrête de nous en parler et qu'il nous fasse mal ! »

Le jour de la présentation en direct, le 17 janvier, les comédiens font deux générales avant d'aller en ondes, et Janine, qui ne sait pas se ménager, se donne à fond dès la première générale. Résultat : elle arrive en direct complètement épuisée. Quand le téléthéâtre s'achève, elle est morte de fatigue ; mais après tout cela, elle doit encore prendre son train pour Vaudreuil.

La pièce ne comporte que quatre personnages qui sont joués par de grands acteurs : Marthe Thiéry, qui incarne la mère, Françoise Faucher, qui est arrivée de France avec son mari, Jean Faucher, au début des années 1950 et qui joue Maria, la femme du jeune homme, incarné par Guy Provost. Janine garde du *Malentendu* le souvenir d'un des grands télé-théâtres dans lesquels elle a joué. Elle évoque une scène en particulier avec Françoise Faucher, la grande présence de Marthe Thiéry, la mère, et surtout, elle se souvient qu'avec cette dernière elles devaient descendre le corps de Guy Pro-vost, après l'avoir assassiné, dans un escalier abrupt, et que deux régisseurs, Aimé Forget et André Bousquet, les atten-daient en bas pour les empêcher de tomber. Dans *Le Malen-tendu*, la comédienne apprend quelque chose de nouveau en jouant ce rôle de meurtrière. Elle découvre une facette d'elle-même qu'elle n'a pas encore exploitée. Et cette étape marquante, elle la franchit grâce à un réalisateur qu'elle remercie encore aujourd'hui.

Un mois après la diffusion du *Malentendu*, le 18 février, Janine Sutto renoue avec son réalisateur, Louis-Georges Carrier, et l'auteur Marcel Dubé dans *Médée*, un téléthéâtre mettant en scène une vingtaine de comédiens dont Serge Deyglun, Jean Duceppe, Juliette Huot et Raymond Lévesque. Elle enchaîne ensuite, le 18 mars 1958, dans *Jour après jour*, une pièce de Françoise Loranger, réalisée par Gérard Robert, où elle joue le personnage de Lucienne.

Mais le plus important en ce printemps 1958 : Janine est enceinte. Elle en reçoit la confirmation en mars du médecin de Vaudreuil qui la suit, le Dr Marcel Rochon. La comé-dienne rêve de ce moment depuis longtemps. Elle a fait deux fausses couches à Vaudreuil. Cette fois, elle est persuadée que c'est la bonne. Qu'elle gardera son enfant. Trois mois plus tard, en juin, elle apprend qu'en fait elle attend des jumeaux qui naîtront en septembre.

Janine est heureuse. À trente-sept ans, avoir deux enfants en même temps, c'est merveilleux. Elle en aurait trois qu'elle serait encore plus contente. Mais Henry, lui, est plus nuancé. Il comprend l'enthousiasme de son amoureuse, mais à son âge, cinquante-cinq ans, il aurait pu s'en passer. La comé-dienne réalise vraiment ce qui l'attend quand sa mère,

Renée, revenant de vacances d'été en France, lui rapporte des vêtements de bébé en double.

Durant cette période, Janine Sutto se rend à Ottawa pour faire annuler officiellement son mariage avec Pierre Dagenais. Le couple Sutto-Deyglun songe à se marier. Mais à l'époque, une des seules justifications admissibles, en vertu de la loi, pour demander le divorce, c'est l'adultère. Henry et Janine ont dû faire venir des policiers à l'appartement de Serge Brousseau, rue Lincoln, où ils habitent quand ils sont de passage à Montréal. La visite des fins limiers est complètement loufoque, une vraie scène de Feydeau. Attendus depuis le début de la journée, ils n'arrivent que tard en fin d'après-midi. Excédés d'attendre, Henry et Janine leur demandent : « Alors, qu'est-ce qu'on fait ? » Les policiers, embêtés, qui reconnaissent probablement les deux personnalités qu'ils ont devant eux, leur répondent : « OK, c'est correct. »

Quelques jours plus tard, Janine doit donc se rendre à Ottawa pour comparaître devant un comité du Sénat qui sert d'instance pour accorder ou refuser les demandes de divorce. Comme la loi relève de la juridiction fédérale, pour faire légaliser un divorce, les Québécois doivent, à l'époque, se présenter dans la capitale fédérale devant ce comité, engager un avocat local et surtout trouver, voire inventer des motifs convenant à l'esprit de la loi. Pierre Elliott Trudeau modifiera la loi sur le divorce en 1967, en tant que ministre fédéral de la Justice, pour faciliter les recours et les procédures.

Dès le début de sa comparution devant le comité, Janine Sutto, qui parle à peine anglais, doit demander les services d'un interprète pour comprendre les procédures, parce que personne ne parle français. Les sénateurs membres du comité sont très âgés et, aux yeux de la comédienne, ils posent des questions bizarres. Ils sont étonnés, en particulier quand Janine, indépendante, comme toujours, refuse de discuter de pension à verser par l'homme dont elle divorce, Pierre Dagenais. « J'ai dit : "Non, je travaille, je n'ai pas besoin de pension". Ils ont dû dire : "Celle-là, elle est unique !" »

Les jumelles naissent le 22 septembre 1958, presque un mois avant terme, après un accouchement facile, à l'hôpital Sainte-Agnès, une clinique près de Vaudreuil. Mireille, qui naît à trois heures trente de l'après-midi, pèse deux kilos à la naissance. Catherine, qui sort du ventre de sa mère huit minutes plus tard, ne pèse qu'un kilo et demi. On les place immédiatement en incubateur. Quand elle les revoit pour la première fois, Janine constate que les jumelles ne sont pas identiques.

À dix jours, les prématurées sont encore à la clinique. Catherine montre des symptômes de jaunisse. Le médecin recommande de la transporter à l'hôpital de Lachine ; Mireille, elle, restera à la clinique. Plus tard dans la journée, alors qu'elle est seule à la maison de Vaudreuil – Henry étant à Montréal où il tourne un documentaire sur Fred Barry –, un médecin de l'hôpital de Lachine l'appelle pour lui annoncer que Catherine se porte très mal. Puis il ajoute : « On croit qu'elle ne passera pas la nuit... On ne fera ni rien de plus ni rien de moins, de toute façon elle est mongole. »

Janine n'en croit pas ses oreilles. Le choc est terrible. Comment accueillir cette nouvelle ?

Elle veut Catherine à tout prix, bien sûr, mais l'avenir l'inquiète. Dans les jours qui suivent, quand elle pleure sans arrêt en allant visiter ses jumelles, les gardes-malades lui disent, pensant l'aider : « Ne pleurez pas, vous en avez une autre. » Le soir, en revenant à la maison, Henry décide d'appeler le médecin de l'hôpital de Lachine pour l'engueuler en lui disant que ce n'est pas une façon d'annoncer la nouvelle à une mère.

Quelques jours plus tard, Mireille, la première, peut quitter la clinique. Janine se retrouve avec un bébé prématuré, seule à la maison. Dès que la condition de Catherine se stabilise, elle et Henry vont ensemble la chercher à Lachine.

Quand il revoit la petite qui porte encore les séquelles de la jaunisse, Henry Deyglun s'émerveille, avec son humour habituel, de la couleur de son teint.

Peu de temps après, Janine et Henry emmènent Catherine à l'hôpital Montreal Children's, où ils veulent consulter des pédiatres de renom, les Goldbloom, père et fils, pour comprendre un peu mieux ce qui leur arrive et obtenir des conseils. Janine Sutto fait ainsi la connaissance du Dr Richard Goldbloom, qui devient aussitôt le pédiatre de Catherine, et qui apportera à la famille un grand réconfort.

À peine a-t-elle absorbé le choc de la naissance des jumelles et de la découverte de la condition de Catherine que Janine doit reprendre le travail. Elle s'est engagée, avant même d'apprendre qu'elle était enceinte, dans un projet qui est en voie de se réaliser : elle jouera le rôle de Dona Ines dans *La Reine morte*, d'Henry de Montherlant, que le théâtre du Rideau Vert présente en novembre. Durant une partie de l'été, les répétitions se sont déroulées non loin de chez elle, à Dorion, dans la maison de son amie Yvette Brind'Amour. Son mari, Loïc Le Gouriadec, un grand ami d'Henry, qui fait la mise en scène de la pièce, y reçoit les comédiens par petits groupes pour les faire répéter.

L'accouchement qui se produit avant terme permet au moins à Janine de se remettre en forme avant de remonter sur les planches.

Le 21 novembre 1958, après plus de cinq ans d'absence au théâtre, Janine Sutto triomphe au Gesù dans son rôle de Dona Ines, en dépit de tous les événements qui sont venus bouleverser sa vie privée. Gérard Poirier, qui joue Don Pedro, son amoureux, prétend même, dans ses mémoires, que la joie d'avoir des enfants et l'épreuve d'avoir mis au monde une fille lourdement handicapée ont donné à la comédienne une profondeur et une intériorité extraordinaires[22].

La pièce est un succès, même si, selon Janine, Montherlant n'a jamais su écrire une scène d'amour entre un homme et une femme. Les costumes, les décors et la mise en scène sont magnifiques. Yvette Brind'Amour joue l'Infante, Guy Poucan, l'Infant. François Rozet est excellent dans son rôle de roi, le rôle le plus long du répertoire classique.

---

22. Gérard Poirier et Jean Faucher, *Gérard Poirier*, Montréal, Éditions Québec Amérique, avril 2003.

Mais le succès de la pièce est vite atténué par un nouveau malheur qui s'abat sur Janine Sutto. Catherine est retournée à l'hôpital après avoir contracté une salmonellose et elle est entre la vie et la mort. Chaque soir, après les représentations de la pièce, Janine se rend à l'hôpital pour veiller sa fille avant de rentrer à Vaudreuil, où Mireille est gardée par une infirmière engagée après la naissance des jumelles. Catherine est nourrie au sérum parce qu'elle rejette tout ce qu'on lui donne par la bouche. À chaque visite, les parents ont peur de la perdre. Janine se souviendra de *La Reine morte* comme du moment le plus difficile de sa vie, à cause de l'incertitude qui plane sur les capacités de survie de Catherine, mais aussi de l'angoisse de ce qui les attend si elle survit. La comédienne veut garder son enfant peu importe sa condition, mais elle sait que l'avenir sera difficile. Lors d'une de leurs visites à l'hôpital pour enfants, leur pédiatre, le Dr Goldbloom, leur dit une phrase qui leur servira de guide : « N'attendez rien de votre fille et vous serez heureux. »

Dans les semaines qui suivent, la vie reprend à Vaudreuil avec le retour de Catherine.

Pendant deux mois, l'infirmière en résidence embauchée par le couple – une grande mince qui terrorise Henry lorsqu'elle se lève la nuit sans son dentier – s'occupe des jumelles. Mireille progresse rapidement, mais Catherine continue à avoir des problèmes de digestion. Durant cette période extrêmement éprouvante, Henry Deyglun et Janine Sutto sont solidaires. Henry se révèle même par son enthousiasme et sa présence généreuse. Quand se pose la question de l'avenir avec Catherine, jamais le couple n'envisage de la « placer » dans une institution, comme cela se produit souvent à l'époque. L'hôpital ne fait aucune pression pour qu'elle soit confiée à des soins spécialisés. Les Sutto-Deyglun ont bien l'intention de vivre l'aventure jusqu'au bout, même si Henry, plus réaliste, rappelle souvent à sa femme lorsqu'elle se préoccupe constamment de Catherine : « Fais attention, t'as une autre fille. »

Un jour, une des belles-filles Gascon, la femme d'André – une Polonaise très charmante – leur propose une solution pour résoudre une partie des problèmes de Catherine. Elle leur obtient un rendez-vous à New York, avec un grand spécialiste du système digestif.

En janvier 1959, Janine Sutto prend donc l'avion avec sa mère Renée, et Catherine dans les bras, pour aller rencontrer le médecin. En arrivant à destination, devant l'édifice où elles ont rendez-vous, elles croisent une dame qui pousse dans un carrosse un enfant lourdement handicapé. Renée Rimbert se tourne vers Janine et lui dit d'un ton attendri : « Ah, regarde, une petite fille comme Catherine ! »

La comédienne est furieuse. En fait, jusqu'à cette visite à New York, Janine était convaincue inconsciemment qu'elle pouvait vaincre la trisomie de son enfant. Elle n'acceptait pas le diagnostic des médecins. Sa fille n'était pas mongolienne. Mais ses espoirs inconscients s'évanouissent en un instant quand elle découvre la réaction du grand spécialiste aussitôt qu'il s'approche de Catherine. Janine n'oubliera jamais le « Ah ! » qui s'échappe alors de la bouche du médecin, confirmant, par cette seule exclamation, le verdict qu'elle redoutait.

Le spécialiste new-yorkais prescrit pour Catherine un régime alimentaire à base de bananes écrasées, mais aussitôt revenue à Vaudreuil, la petite se porte encore plus mal.

Il faudra retourner au Montreal Children's plusieurs fois encore avant que le bébé puisse se nourrir normalement. Les premiers mois, comme les parents le prévoyaient, sont donc difficiles : il faut s'occuper en alternance de deux poupons qui ont des besoins diamétralement opposés. Un an, en fait, à craindre que Catherine ne rechute tout en prenant bien soin de ne pas priver Mireille d'attention. C'est sans doute ce qui explique que le premier mot que Mireille prononcera sera : « Attends ! »

Une fois les premiers mois d'angoisse surmontés, la petite famille commence à vivre de beaux jours à Vaudreuil. Henry se découvre même des instincts de précurseur en matière de gymnastique pour les trisomiques, en faisant avec sa fille ce qu'on appelle aujourd'hui de la stimulation précoce. Sur son grand bureau, souvent même en pleine nuit, il fait faire des exercices à Catherine pour l'aider à dégager ses voies respiratoires. Il la prend souvent avec lui durant ses longues sessions d'écriture.

Les deux petites ne sont pas baptisées en même temps. Renée, la mère de Janine, a insisté pour que Catherine soit baptisée rapidement, avant leur voyage à New York en janvier, de crainte qu'elle ne survive pas au voyage. Les parents organisent plus tard au printemps un vrai baptême pour Mireille, où plusieurs personnalités sont présentes, dont Michel Legrand et Charles Aznavour, qui sont de passage au Québec. Les amis sont nombreux et surtout très généreux : le TNM offre deux lits pour les jumelles. Gérard Poirier et Francine Montpetit ont apporté la table de bain de leurs enfants avant la naissance des jumelles, au moment des répétitions.

Durant les premiers mois de 1959, Janine Sutto et Henry Deyglun ont beaucoup de temps à consacrer aux jumelles, parce qu'ils sont malgré eux en chômage temporaire.

Le 29 décembre 1958, les soixante-quatorze réalisateurs de Radio-Canada à Montréal ont déclenché la grève pour obtenir une reconnaissance syndicale. Ils demandent que leur association professionnelle devienne un syndicat affilié à la Confédération des travailleurs catholiques du Canada (CTCC), l'ancêtre de la CSN, plutôt que d'être représentée par une filiale d'un syndicat américain.

Le secrétaire général de la CTCC, Jean Marchand, est lui-même très impliqué dans ce conflit de travail auquel il prête une valeur symbolique. Un gouvernement conservateur est au pouvoir à Ottawa, avec à sa tête le premier ministre John Diefenbaker, qui voit d'un très mauvais œil qu'un groupe affilié à la CTCC entre à la société d'État où tous les travailleurs syndiqués sont représentés par le Congrès du travail du Canada (CTC).

Appuyés par la grande majorité des employés de Radio-Canada, les réalisateurs qui s'attendaient à une grève courte vont rester dans la rue jusqu'au 7 mars. Mais le conflit de travail donne lieu à un mouvement de solidarité impressionnant en faveur des grévistes : le journaliste René Lévesque, l'auteur Marcel Dubé, les acteurs Jean-Louis Roux et Jean

Duceppe, même des artistes français de passage comme Charles Aznavour, dont les engagements à Radio-Canada sont annulés, apportent leur appui aux grévistes et participent aux manifestations de soutien. Les animateurs et les comédiens présentent aussi un spectacle bénéfice pour aider les grévistes pendant plusieurs jours au théâtre Her Majesty's[23]. Jean Lajeunesse et Janette Bertrand y jouent un sketch dirigé par Jean-Louis Roux. Les artistes populaires comme Olivier Guimond (Ti-Zoune), La Poune et d'autres sont là aussi, même s'ils se plaignent souvent d'être « barrés » à Radio-Canada. L'association des réalisateurs sera reconnue comme agent négociateur, mais jamais Ottawa n'acceptera qu'elle soit affiliée à la CTCC. Pour beaucoup d'historiens, la grève des réalisateurs a marqué une des étapes vers l'émergence du nationalisme politique québécois.

Janine Sutto, elle, n'est pas présente dans ces manifestations. Elle est monopolisée par ses jumelles, en particulier par sa fille Catherine, dont l'état est encore critique. Quand elle le peut, elle vient à Montréal surtout pour revoir les collègues dont elle se sent loin durant cette période où le travail est rare. Une de ces visites donne lieu à un épisode de tension avec Henry lorsque, après une représentation de *Dialogues des Carmélites*, montée par le Rideau Vert, au Gesù, en février 1959, elle ne peut rentrer à la maison à cause d'une tempête de neige. À la descente du train, à Dorion, elle constate que les taxis refusent de prendre la route pour se rendre dans l'anse de Vaudreuil, qui est impraticable. Janine va donc coucher chez Yvette Brind'Amour à Dorion, près de la gare et des routes principales. Mais pendant le reste de la soirée et une partie de la nuit, Henry l'appelle constamment pour lui demander des directives sur les soins à donner aux enfants. Le lendemain matin, il vient la chercher en motoneige avec Félix Leclerc, mais en la retrouvant Henry lui aurait dit : « Tu n'iras plus jamais à Montréal pour voir du théâtre. »

---

23. Le théâtre His Majesty's devient le Her Majesty's après le couronnement de la reine Élizabeth II, en juin 1953.

Au début de mars 1959, à la fin de la grève des réalisateurs, la programmation reprend à la société Radio-Canada et à la télévision en particulier, mais le climat est malsain. Les réalisateurs, qui n'ont obtenu qu'une demi-victoire, règlent leurs comptes. Pour les comédiens, le retour au travail est bienvenu ; c'est la reprise des projets enthousiasmants, et surtout, des revenus qui se sont taris après des semaines de conflit.

On revoit Janine Sutto à la télévision le 6 octobre 1959, plus d'un an après la naissance des enfants, dans *Bonne nuit, mademoiselle Hélène*, de Claude Fournier, le futur cinéaste. Une émission d'une heure, diffusée dans le cadre de la série « Première », réalisée par Paul Blouin. Le jeune réalisateur, qui a aussi une formation d'acteur, est doté d'une sensibilité particulière qui fait le bonheur des comédiennes et comédiens, et de tout le personnel qu'il engage. C'est le début d'une longue collaboration avec cet homme pour qui Janine éprouvera rapidement un très grand respect et qui sera très important dans sa vie d'actrice. Un artiste sans prétention qu'elle apprécie d'autant plus qu'il a appris son métier à la dure, comme elle, en commençant au bas de l'échelle.

Le 29 novembre, la comédienne renoue avec Blouin. Elle joue le rôle de Béatrice dans *Il neigera sur l'île*, un beau texte de Jean-Robert Rémillard, le futur directeur du programme d'art dramatique du cégep de Sainte-Thérèse. Jean-Pierre Masson, Marthe Thiéry et Monique Chabot font également partie de la distribution. En reprenant ses activités normales, Radio-Canada recommence la diffusion des épisodes des *Belles Histoires*, et Janine y reprend son personnage de Prudence.

Durant cette période, Janine Sutto est aussi engagée pour des petits rôles dans de nouvelles séries d'aventures qui marquent le public de l'époque : *Le Grand Duc*, une série écrite par plusieurs scénaristes dont les frères Fournier, Gilles Hénault et Pierre Patry, dans laquelle Pierre Dagenais et Henry Deyglun tiennent aussi des rôles. *Ouragan*, une fresque historique se déroulant entre 1721 et 1763 où les colons de la Nouvelle-France se regroupent autour de De Bienville, avec, en vedette, Lionel Villeneuve.

Près d'une centaine de comédiens vont jouer des rôles dans ces séries.

Janine Sutto vit par ailleurs en 1959 une expérience particulière : après avoir été choisie au cours d'une des rares auditions qu'elle a eu à passer dans sa vie, on lui confie un rôle en anglais. Le 8 novembre, elle incarne le premier rôle avec Yvon Deschamps, dans *The Desperate Search*, une dramatique écrite par Len Petterson et réalisée par Harvey Hart, qui est diffusée à la CBC, dans le cadre de l'équivalent anglais du *Téléthéâtre*, *General Motors Presents*. Une expérience difficile au départ pour la comédienne, qui est morte de trac et qui ne maîtrise pas du tout l'anglais. Mais le tournage se déroule somme toute très bien puisque le réalisateur Harvey Hart, qui réalisera plus tard des épisodes de la fameuse série américaine *Columbo* – est un grand professionnel qui fait tout pour la rassurer.

Malgré le succès de l'entreprise, Janine ne cherchera plus jamais à jouer en anglais. « J'étais pas capable, dit-elle. Vraiment, je ne pouvais pas jouer quelque chose avec beaucoup d'aplomb, de désinvolture. Je ne suis pas capable de faire cela en anglais. Dans le *Téléthéâtre* de CBC, mon rôle c'était une victime, alors ça marchait bien avec mon trac, mon angoisse. » Quand, dans les années suivantes, on lui offrira des rôles en anglais, elle répondra à la blague : « Je jouerais bien les mourantes, ou des gens très malades. »

En 1959, le Québec au grand complet s'apprête à vivre un tournant important de son histoire, avec la mort en septembre de Maurice Duplessis, à Shefferville, et les bouleversements politiques qui vont mener à la fin du règne de l'Union nationale.

Henry et Serge Deyglun en discutent beaucoup à Vaudreuil, mais Janine, elle, n'est pas particulièrement touchée par tout cela. Pour l'instant, elle a d'autres préoccupations.

Avec ses jumelles âgées d'à peine un an, ses engagements professionnels qui reprennent à un rythme effréné, la comédienne en a plein les bras, même si Catherine n'a plus autant besoin de soins. Mais cette vie occupée, elle l'a voulue.

La vie à Vaudreuil avec les jumelles, par ailleurs, une fois la survie de Catherine assurée, devient graduellement plus agréable. L'été, en particulier, quand les enfants s'amusent sur la pelouse de la maison face au lac des Deux-Montagnes, et que leur grand-mère, Renée Rimbert, vient leur rendre visite. Dans la maison, les jumelles sautent dans le Jolly Jumper que Janine transporte partout au rythme de ses activités, et qui lui donne un répit, tout en amusant follement les deux petites. À l'occasion, la famille se rend à la résidence d'été d'André Sutto, à Sainte-Adèle, où les jumelles passent aussi beaucoup de temps.

Andrée Boucher, qui va bientôt épouser Serge Deyglun, le beau-fils de Janine, découvre elle-même, en passant des fins de semaine à Vaudreuil, le climat de bonheur qui y règne et l'énergie que Janine dégage. Un côté de la comédienne que personne ne connaît : « C'est une maison de ferme qu'elle entretient toute seule. Elle est très détendue, conviviale, ce qui est très étonnant, parce que la maison est toujours pleine. Et je ne me souviens pas que quelqu'un ait dit : est-ce que je peux t'aider ? Et la bouffe arrive toujours sur la table. Je ne me souviens pas d'avoir fait la vaisselle. Et Janine est une manuelle : elle a recouvert elle-même un immense divan qui fait face au lac. Elle a refait tous les abat-jour à la main. Elle a une énergie invraisemblable ; on ne la voit pas s'arrêter. Se reposer. Je pense qu'elle ne sait pas ce que le mot veut dire. À Vaudreuil, quand elle ne coud pas, elle cuisine. Elle travaille moins à ce moment-là, donc elle s'occupe de cette façon-là. J'ai le souvenir d'une femme épanouie et heureuse. Elle n'a pas d'argent. Henry lui demande avant qu'elle prenne le train : "As-tu de l'argent ?" et elle dit : "Oui, j'ai dix sous pour téléphoner…" Et ça lui suffit ! »

Andrée Boucher est témoin aussi de la gentillesse et de la tendresse d'Henry à l'endroit de Janine. Un homme enveloppant. Ce n'est peut-être pas la grande passion entre eux, mais elle a l'impression qu'ils sont heureux.

« J'ai des souvenirs de Serge et Henry qui vont se coucher parce qu'ils sont trop soûls, et Janine qui nous fait des petites sardines en grande friture. Le dimanche midi, on mangeait chez Mimi [d'Estée, la mère de Serge Deyglun], qui nous donnait très peu à manger, et Serge me rassurait en disant :

"On va chez Janine après." Et quand on arrivait, il y avait toujours des plateaux de fromage fabuleux. J'ai tellement mangé de fromage qu'un jour Janine dit à Mireille : "Serge et Andrée vont venir manger ce soir, qu'est-ce qu'on leur fait ?" Et Mireille, qui a trois ans, répond le plus simplement du monde : "Du fromage, c'est tout ce qu'ils mangent." »

Janine Sutto est-elle heureuse dans tout cela ? Dans sa vie avec Henry, en particulier, dont la santé va commencer bientôt à se détériorer et qui consomme toujours autant d'alcool ? Les années 1960 vont marquer un aboutissement dans la carrière de la comédienne qui atteindra, entre autres à la télévision, une qualité et un professionnalisme sans précédent pour une actrice de sa génération. Mais avec la satisfaction professionnelle, Janine, à quarante ans, cherchera autre chose qu'Henry ne peut lui offrir.

Scène 8. L'âge mûr de la comédienne

Au début des années 1960, le Québec entame la Révolution tranquille, avec l'arrivée au pouvoir du Parti libéral de Jean Lesage et de ses ministres-vedettes, comme Paul Gérin-Lajoie et surtout René Lévesque, que Janine Sutto a connu à Radio-Canada.

« C'était notre dieu. On avait en lui une confiance inébranlable. Quand il parlait, c'était vrai. On n'était pas habitués à cela dans les discours. » Quand les comédiens se retrouvent en tournée à Québec, René Lévesque quitte souvent le Parlement pour venir les rejoindre après le spectacle à l'hôtel Clarendon, où le ministre a élu domicile. Janine n'a pas de relations personnelles avec lui, mais ces retrouvailles avec Lévesque à Québec ou ailleurs sont toujours agréables. Pour les Québécois, c'est une période d'effervescence qui commence : création du ministère de l'Éducation et de la Caisse de dépôt, nationalisation de l'électricité ; on prépare l'Exposition universelle de 1967. C'est le début de l'affirmation nationale et de l'ouverture sur le monde auxquelles les artistes vont être associés.

Les années 1960 débutent, pour Janine Sutto, sous le signe de la maturité et de l'expérimentation. Mère de famille, elle s'apprête à entrer dans la quarantaine et elle met beaucoup d'efforts à concilier ses nouvelles responsabilités familiales et sa vie professionnelle intense.

Pour mener de front toutes ses activités, Janine a recours à des bonnes, qui lui sauveront la vie, d'une certaine façon, parce que durant les années qui s'amorcent, elle aura toujours l'impression, elle, la perfectionniste, de ne pas faire parfaitement les choses, envers les enfants en particulier.

Il faut dire que Janine Sutto, au début de cette décennie, est le principal pourvoyeur de fonds de la famille. Henry Deyglun écrit toujours autant – il se lève à quatre heures du matin tous les jours pour cela – et il a beaucoup de projets ; mais il ne vend pas grand-chose. Il aura bientôt soixante ans et peu de gens font appel à lui désormais, à l'exception de quelques petits rôles qu'on lui offre à l'occasion, à la télévision.

L'entretien de la maison de Vaudreuil, toujours pleine de visiteurs, les gardiennes des jumelles, les déplacements et les restaurants en ville pour le travail, tout cela lui coûte cher. Et même si la comédienne travaille beaucoup, elle manque toujours d'argent. Toute sa vie elle aura un rapport difficile avec l'argent. Elle a beaucoup de difficultés à négocier ses cachets avec ses amis qui dirigent le Rideau Vert ou le TNM. En outre, dans une entreprise institutionnelle comme Radio-Canada, les femmes, à talent et réputation égaux, sont payées beaucoup moins que les hommes. Les réalisateurs s'en préoccupent à l'occasion ; certains, outrés, tentent d'intervenir, mais la discrimination à l'endroit des femmes va se poursuivre pendant des décennies.

Souvent, Janine Sutto appréhende le pire, lorsqu'elle se présente à sa succursale de la Banque de Montréal, près de Radio-Canada, dans l'ouest de la ville : «Je me dirigeais vers une caissière, toujours la même, et lui demandais : "Et puis ?" Et souvent elle répondait : "Ça va mal : vous êtes dans le rouge de deux cents dollars." » Chaque fois, elle revient à Radio-Canada en catastrophe pour solliciter ses anciens collègues de L'Équipe, Jean-Paul Nolet, René Lecavalier ou François Bertrand, afin qu'ils lui prêtent de l'argent. Janine n'accumule jamais de dettes, elle rembourse toujours quelques jours plus tard, mais en retournant à la banque pour remettre de l'argent dans son compte à découvert, elle entend immanquablement la même remarque de sa caissière : «Comment vous faites ? »

Pour compenser ses problèmes d'argent, Janine accepte tout ce qu'on lui offre. Elle travaille autant qu'elle peut. Le 18 février 1960, elle joue dans *La Brouille*, de Charles Vildrac, un téléthéâtre réalisé par Gérard Robert, avec Benoît Girard, Nathalie Naubert, Marcel Cabay, et François Rozet. Vildrac est un auteur d'avant-garde en France. À cette époque, les réalisateurs proposent eux-mêmes les pièces qu'ils présentent à la télévision de Radio-Canada. Ils ont beaucoup de marge de manœuvre, leurs choix sont diversifiés, selon les goûts de chacun, et souvent très visionnaires.

Le 3 mars 1960, Radio-Canada monte *Noces de sang*, de Federico Garcia Lorca, adapté par Claude Fournier. Ludmilla Chiriaeff, une grande artiste dont le mari est décorateur à Radio-Canada, fait la chorégraphie. Elle va fonder plus tard les Grands Ballets canadiens. C'est une époque où tout est prétexte à ballet dans les productions dramatiques à la télévision d'État. Au début de 1960, les concepteurs de Radio-Canada vivent dans l'opulence budgétaire, à tel point que les réalisateurs sont souvent tentés de surproduire, aux yeux de la comédienne qui, toute sa vie, va privilégier la simplicité et l'authenticité dans la mise en scène. En plus des ballets qui l'exaspèrent souvent, les décors sont exubérants. Il n'est pas rare qu'on installe des escaliers qui n'ont aucune justification. On loue des accessoires inutiles pendant des mois.

Le 1er mai 1960, Paul Blouin réalise *Mesures de guerre*, où Janine joue le rôle de Jeanne Mance, dans un texte de Guy Dufresne, un autre auteur à succès de la télévision et de la radio. Le 1er décembre, Blouin lui offre un rôle important dans *Bilan*, une nouvelle création de Marcel Dubé. Elle incarne Margot Larose. Jean Duceppe, qui a trente-sept ans, joue son mari, William Larose, un homme mûr aux cheveux blancs. La production compte au total vingt comédiens, dont Monique Miller, Benoît Girard et Hubert Loiselle. *Bilan* met en scène un homme d'affaires à qui tout réussit mais qui ne pense qu'au pouvoir, et dont la femme tombe amoureuse de son bras droit, joué par Yves Létourneau. Tout réussit à William Larose, en fait, sauf sa famille : un fils adolescent en crise, joué par Hubert Loiselle, qui meurt au cours de la pièce, et une fille, qui veut divorcer de son mari, ce qui se fait peu à l'époque. L'écriture de Dubé évolue rapidement au début des années 1960. C'est la première fois qu'il écrit sur un autre milieu que celui des jeunes. Après *De l'autre côté du mur, Zone* et *Chambres à louer,* il s'intéresse aux nouveaux riches qui se multiplient dans la société québécoise.

Dubé écrit pour son époque et sur son époque, ce qui fait sans doute sa popularité. Jusqu'alors, la télévision a emprunté beaucoup à la culture des autres. Les pièces montées pour le petit écran sont choisies dans le répertoire classique ou chez les auteurs à la mode en Europe ou aux États-Unis. Les téléséries comme *Les Belles Histoires* racontent le passé; Dubé écrit sur ce qui l'entoure et le public adore ce reflet de lui-même. Les comédiens et les réalisateurs réunis autour de lui forment une sorte de clan. « C'était une superbe époque, se souvient Janine Sutto, bien qu'on était lucide sur Marcel. C'était pas toujours des chefs-d'œuvre, qu'il écrivait. »

La réalisation de *Bilan* est impressionnante. Monique Miller, qui fait partie de la distribution, n'en revient pas: « C'est Antonioni, tellement c'est extraordinaire. À un moment donné, il y a une scène de cocktail avec quarante figurants qui boivent et mangent des canapés. La caméra se promène là-dedans. Tout ça en direct. »

Le 1er novembre 1960, Radio-Canada a commencé la diffusion d'une série télévisée écrite aussi par Marcel Dubé, *La Côte de sable,* qui comptera soixante-sept épisodes. Louis-Georges Carrier réalise la série, à laquelle participeront vingt-quatre comédiens, dont Marc Favreau, Louise Latraverse, Claude Léveillée, Louise Marleau, Denise et Gilles Pelletier. Janine y joue le personnage de Jeanne Charlebois. Un petit rôle. L'action se passe à Ottawa, dans une famille canadienne-française, les Paradis, qui voit ses garçons partir à la guerre.

En jouant dans cette série, Janine Sutto fait la connaissance de Pierre Bourgault, qui a été régisseur à la télévision, et qui fait partie de la distribution. Bourgault, un journaliste, militant acharné de l'indépendance du Québec, deviendra dans les années qui suivent le président du RIN, le Rassemblement pour l'indépendance nationale. Janine le trouve attachant, et gagnés par la passion de Bourgault pour ses idées politiques, les membres du clan Dubé commencent à s'intéresser au nationalisme québécois.

Ce même automne 1960, Janine commence aussi une autre série : *Joie de vivre*, de Jean Desprez. Réalisée par Florent Forget, Fernand Quirion et Roger Fournier, la série regroupe quarante-deux comédiens dont Jean Duceppe (Télesphore Dumouchel) et Louise Marleau. L'histoire se passe dans un village et met en scène les rapports entre parents et enfants. Janine joue Sonia, la femme aux couteaux, une femme de cirque qui va rapidement fasciner le public. Tellement, d'ailleurs, que le rôle prendra plus de place que prévu.

Un emploi inusité où la comédienne doit se prêter régulièrement à une séance de lancer de poignards, dont elle est la cible humaine. Pour les besoins de la scène, un ami de Serge Deyglun invente un système qui crée une illusion parfaite. Les couteaux qui sont lancés tout autour du corps de Janine sortent en fait de l'arrière du panneau contre lequel elle est placée. Même si elle ne court aucun risque, Janine, qui porte une perruque blonde et des collants noirs dans la série, doit être extrêmement précise dans ses mouvements. Le stratagème et l'allure de la comédienne sont tellement loufoques que les autres comédiens ont de la difficulté à retenir leur fou rire chaque fois que la scène se répète.

Au début des années 1960, si on ajoute *Les Belles Histoires*, Janine Sutto est donc à l'affiche dans trois téléséries importantes, en plus des rôles qu'on lui offre dans les productions dramatiques de la société d'État. L'actrice est très présente à la télévision, mais elle s'apprête aussi à renouer plus systématiquement avec la scène. Le couple Sutto-Deyglun a décidé depuis quelque temps d'emménager dans un appartement rue du Fort, à l'angle de la rue Saint-Luc, près de Radio-Canada, au cœur de la vie culturelle de Montréal. La comédienne, avec ses horaires de fous à la télévision, ne peut plus faire l'aller-retour à Vaudreuil tous les jours. Henry accepte donc plus facilement que sa compagne recommence à jouer au théâtre. Une nouvelle bonne, Donalda, une Acadienne, arrive rue du Fort, pour remplacer Pauline, la gardienne de

Vaudreuil, que les jumelles retrouvent quand la famille passe les fins de semaine à la campagne.

Durant la saison 1960-1961 du TNM, Janine Sutto joue dans *Chacun sa vérité*, de Pirandello, une fois de plus avec son ami Jean-Louis Roux. Jean Gascon, qui fait la mise en scène, lui confie le rôle de Mme Frola. Un des rôles qu'elle considère parmi les plus importants de sa vie de comédienne et pour lequel elle reçoit d'ailleurs le prix Lescarbot – du nom de Marc Lescarbot, le premier acteur de la Nouvelle-France –, remis par le milieu du théâtre. Janine joue aussi pendant la même saison du TNM dans *Le Dindon*, de Feydeau, une autre mise en scène de Jean Gascon, où elle incarne le personnage de Mme Pinchard. La pièce est présentée pendant trois mois à l'Orpheum ; un nombre record de représentations.

Le 16 février 1961, Radio-Canada diffuse *Living room*, de Graham Greene, un téléthéâtre réalisé par Jean-Paul Fugère, avec Janine dans le rôle de Thérèse Browne, Charlotte Boisjoli, Jean-Louis Roux et Lucie de Vienne. Fugère est un autre de ces artisans qui ont appris le métier sur le tas. Engagé comme réalisateur de *La Famille Plouffe*, il est devenu avec le temps un bon directeur d'acteurs. Janine incarne un couple de sœurs avec Lucie de Vienne, une grande actrice très drôle. Le 23 avril, elle joue le personnage de Marie Gagnon dans *L'Affaire Rudolph*, d'Élie de Cartier, réalisée par Fernand Quirion, avec Pierre Boucher, Hubert Loiselle, Yvon Dufour, Paul Hébert. La comédienne vient de fêter, trois jours auparavant, ses quarante ans.

Au printemps de 1961, Henry Deyglun, lui, s'apprête à partir en France pour monter un projet de film avec un ami, Roland Beaudry, qui est éditeur de *La Revue moderne* ; un compagnon de beuveries d'Henry que Janine Sutto n'aime pas beaucoup. Elle projette néanmoins de retrouver son mari pour les vacances d'été avec les jumelles.

Mais avant le départ d'Henry pour l'Europe, le 2 mai 1961, le couple Sutto-Deyglun décide de se marier pour officialiser leur statut et faciliter les demandes de passeports.

Comme l'Église catholique refuse d'accorder le sacrement du mariage aux personnes divorcées, Henry et Janine se marient à l'église Saint-Jean, au 110, rue Sainte-Catherine Est, à Montréal, un temple protestant de l'Église unie du Canada, où Henry connaît un pasteur d'origine française. Félix Leclerc et Roger Baulu leur servent de témoins ; à la dernière minute, ils vont même jusqu'à prêter leurs alliances aux mariés, qui ont oublié de s'en procurer. Janine a cette phrase merveilleuse à propos de leur éternel état de désorganisation : « Il n'y en avait pas un pour arranger l'autre ! »

Selon le contrat de mariage notarié déposé au bureau d'enregistrement de Vaudreuil le 12 mai 1961, le divorce civil entre Janine et Pierre Dagenais a été prononcé par un décret du Sénat du Canada adopté par le Parlement en 1959.

Quand Henry quitte Montréal avant le reste de la famille, la comédienne va habiter avec les deux jumelles chez sa mère, Renée Rimbert. Ils laissent la maison de Vaudreuil à Roger Baulu et Jacques Normand. À Paris, le projet d'Henry ne se concrétise pas, mais la petite famille va tout de même le rejoindre pour l'été.

Or, le voyage commence mal. La veille du départ, Janine doit se rendre à Ottawa pour obtenir un certificat de citoyenneté. La comédienne, débordée par le travail et l'intendance qu'elle assume seule auprès des enfants, a découvert quelques jours plus tôt que son passeport est échu depuis 1948. La loi aussi vient de changer. Le Bureau des passeports exige dorénavant, comme c'est le cas aujourd'hui, une preuve de citoyenneté de la part des demandeurs. Pas de problème pour les jumelles, qui ont leur baptistère, et dont les noms seront inscrits dans le passeport de Janine, mais encore faut-il que leur mère obtienne le sien avant le départ.

Or, Janine Sutto n'a plus de preuve de citoyenneté à jour ; elle doit donc se rendre de toute urgence, le 8 juin 1961, à Ottawa pour obtenir le certificat directement au Bureau de la citoyenneté. Son ami le comédien Pierre Boucher a contacté son frère, un fonctionnaire haut placé au secrétariat d'État, pour lui faciliter la tâche, mais elle doit se présenter là-bas. En arrivant sur place, dans la file d'attente au Bureau de la citoyenneté, elle s'aperçoit que pour avoir leur document sur-le-champ, les gens donnent un pourboire au fonctionnaire. Lorsqu'on l'appelle, après avoir observé le stratagème, Janine Sutto décide, malgré les craintes qui la paralysent, de déposer de l'argent sur le comptoir du préposé pendant qu'il a le dos tourné. Résultat: elle obtient son certificat de citoyenneté émis au nom de Thérèse Madeleine Janine Deyglun – c'est comme cela qu'on la nomme dans les documents officiels depuis son mariage avec Henry – après à peine quelques minutes d'attente.

Le même jour, à Ottawa, elle obtient un nouveau passeport au nom de Mme Janine Deyglun, née Sutto, dans lequel on retrouve aussi les noms de Catherine et de Mireille.

Le passeport indique que Janine Sutto mesure cinq pieds et deux pouces, qu'elle a les yeux bruns et les cheveux noirs. Sa profession: artiste dramatique. D'aucuns diront que le titre lui convient à merveille! Le passeport émis par le Department of External Affairs, comme en fait foi le sceau unilingue anglais, est valide pour cinq ans.

Phénomène étrange que Janine Sutto n'explique pas, elle possède un autre passeport émis le même jour, le 8 juin 1961, par le Haut-Commissariat du Royaume-Uni, au nom de Mrs. Thérèse Madeleine Janine Deyglun, un passeport britannique, valide pour une période de six mois seulement. Une note manuscrite, dans le passeport britannique, précise qu'il pourra être renouvelé lorsque la détentrice fournira son certificat de naissance et son contrat de mariage. Le nom des jumelles n'est pas inscrit.

Pourquoi Janine a-t-elle demandé un passeport britannique le jour même où elle demandait un passeport canadien? Elle l'a sans doute fait avant d'avoir la confirmation de l'obtention de sa citoyenneté canadienne, pour être sûre au moins d'avoir un document de voyage; il faut dire qu'Henry est lui-même citoyen britannique depuis 1937. Mais quelle histoire! On imagine la journée d'enfer que fut, pour Janine Deyglun, née Sutto, ce 8 juin 1961.

La comédienne, accompagnée de ses jumelles, prend donc l'avion le lendemain, 9 juin, en direction de Paris. Mais il y a une ombre au tableau. Quelques jours auparavant, elle a annoncé son voyage aux collègues de la télévision et à Claude-Henri Grignon, l'auteur des *Belles Histoires*, qui est furieux de la voir partir. Janine joue un rôle important dans le téléroman et son départ bouleverse les plans de l'auteur-vedette. Il lui en voudra pendant plusieurs années.

En arrivant à Orly, le matin du 10 juin, Janine est déjà épuisée : elle a quitté Montréal en catastrophe, avec son horaire chargé et ses problèmes de passeport, et le vol a été difficile. Les jumelles ont deux ans et demi, et Catherine, qui porte encore des couches, ne peut pas marcher toute seule. À l'aéroport, malgré tous ses bagages, personne ne lui offre de l'aide, au point qu'elle, la Française d'origine, se met à engueuler les gens autour d'elle : « C'est incroyable, j'arrive d'un pays où on aide les gens qui ont des enfants ! »

Heureusement, la joie des retrouvailles et le plaisir de revoir la famille en France pour la première fois depuis 1947 compensent tout : Henry, en grand prince, comme toujours, a loué un très bel appartement rue Lamarck, dans Montmartre, au pied des escaliers. Janine renoue avec Irène, la sœur d'Henry, qui travaille dans une grande maison de couture et qui dit, en voyant Catherine : « Tu sais, Henry, je la trouve extrêmement sympathique. » Irène, qui a un humour très particulier et toujours un air sérieux, cherche sans doute à montrer que la famille de France, qui a peut-être imaginé le pire, est rassurée par ce qu'elle découvre. Kiki, comme on surnomme Catherine, est une petite fille mignonne aux yeux légèrement bridés et elle inspire la joie.

La famille Sutto-Deyglun se rend aussi en Normandie, chez Éva, l'aînée des sœurs d'Henry, mais le climat qui règne là-bas est glauque. Éva, qui est en rupture avec son fils Serge, ne parle plus à personne. Le dimanche, autour d'un magnifique plat de veau à la crème de campagne dont elle a le secret, le repas se déroule en silence. Henry a beau détendre l'atmosphère en se roulant par terre et en leur criant : « Mais vous êtes ridicules ! », rien n'y fait.

Durant cet été en France, Janine et Henry font une escapade d'une semaine avec Guy Provost et sa femme Denise, en voiture, jusqu'à Avignon. Janine – qui reconnaît aujourd'hui que la décision était plutôt irresponsable à l'époque – laisse les petites chez son amie Ginette Letondal, qui vit à Paris avec son mari, le journaliste André Roche, et ses deux enfants, dont un, Philippe, est le filleul de Janine et de Guy Mauffette. Ginette Letondal a aussi une bonne qui peut s'occuper des jumelles.

Le long de la route vers le sud de la France, les deux hommes, qui se partagent le volant, s'arrêtent constamment pour prendre un verre. Janine, qui ne boit pas beaucoup elle-même, est souvent morte de peur. En route, ils s'arrêtent au village d'Aiglun, d'où la famille d'Henry est originaire, au cœur du pays de Jean Giono ; un vieux village avec une église du XII\e siècle, sur une colline qu'ils grimpent en voiture par une route en lacet bordée de précipices, où la voiture menace de s'écraser à chaque courbe. Le soir, les quatre amis passent des moments magnifiques à chanter avec des cousines d'Henry qui habitent près du mont Ventoux.

Toute la famille rentre au Canada à la fin de l'été. Le vol de retour est encore une fois éprouvant pour la comédienne. Durant toute la traversée, Henry boit sans répit et elle doit prendre soin seule des jumelles, qui lui sautent dans les bras. À l'arrivée à Montréal, Micheline Deyglun, qui les attend à l'aéroport, est sidérée de voir dans quel état se trouve sa belle-mère. Janine n'a qu'une envie : rentrer au plus tôt à Vaudreuil, où elle va trouver enfin de l'aide, pour se reposer. Elle n'a jamais été aussi épuisée de sa vie.

Après un séjour à Vaudreuil, la comédienne retrouve le rythme des journées de travail et l'appartement de la rue du Fort, qu'elle n'aime pas ; un appartement facilement empoussiéré et bruyant, à cause de la circulation dense des environs, mais qui est très pratique quand il s'agit de se déplacer en ville. En habitant la métropole, la semaine, Janine perd par contre ces moments précieux qu'elle passait seule dans le train, deux fois par jour, quand elle faisait la navette entre Montréal et Vaudreuil. Des pauses qui lui permettaient de réfléchir, d'apprendre ses textes, et de prendre la mesure du temps, dans le brouhaha de sa vie quotidienne.

On revoit Janine Sutto au petit écran le 16 août 1961, dans *Appel de nuit*, de Mac Shoub, avec le comédien Roland

Chenail. Le 19 octobre, elle joue le rôle de Mme Ramieski, dans *La Cerisaie*, d'Anton Tchekhov, réalisée par Jean-Paul Fugère; un beau souvenir pour la comédienne.

Au même moment, elle commence à tourner dans une série qui ne va durer que quelques mois, *Le Mors aux dents*; un scénario de Lise Lavallée, réalisé par André Bousquet où Janine joue le rôle de Noémie Giroux. L'histoire se déroule dans une petite ville industrielle du Québec, dans le quotidien de deux familles ouvrières, les Robitaille et les Giroux. Une vie de misère, de chômage, d'inquiétude et d'espoir. Denise Bombardier, la future journaliste, y interprète un petit rôle. Le 30 novembre 1961, Janine renoue encore une fois avec le réalisateur Paul Blouin dans *Colombe*, de Jean Anouilh, dans laquelle elle incarne Mme Alexandra.

L'année 1961, c'est aussi celle de la naissance de Télé-Métropole, le Canal 10. La première station de télévision privée est fondée par Alexandre DeSève, cet homme d'affaires prospère qui possédait l'Arcade au temps où Janine y jouait. Le siège montréalais de ce qui deviendra la chaîne TVA est d'ailleurs construit sur les lieux mêmes qu'occupait le théâtre dans les années 1940. Quand le Canal 10 ouvre ses portes, plusieurs réalisateurs de Radio-Canada font le saut dans « le privé ». Dans les premiers temps, les conditions de travail sont primitives et les émissions, médiocres. En studio, le chef maquilleur s'occupe de tout, même des costumes, et les comédiens doivent fournir leurs vêtements, comme à l'Arcade. Mais rapidement la programmation de Télé-Métropole va devenir très populaire auprès des téléspectateurs et concurrencer sérieusement celle de Radio-Canada.

Au début de 1962, Janine Sutto retrouve une nouvelle fois le groupe de Dubé.

Elle joue le rôle de Blanche dans *Le Temps des lilas*, un télé-théâtre de Paul Blouin, un des premiers dont Radio-Canada a conservé un extrait en archives. Louise Marleau (Johanne), Jean Duceppe (Virgile), Georges Groulx (Horace) et Denise Pelletier (Marguerite), les habitués du groupe, se retrouvent dans la distribution. Blanche est une femme assez âgée, amoureuse de Virgile. Dans la scène qui est conservée en archives, on assiste à un échange très romantique entre les deux personnages âgés, incarnés par Janine et Jean Duceppe. Ce qui surprend même Janine, lorsqu'on regarde l'extrait, probablement à cause de la prise de son de l'époque, c'est la voix extrêmement aiguë de la comédienne.

Le 22 septembre 1962, les jumelles Deyglun, Kiki et Mireille, ont quatre ans. Pour la circonstance, les parents organisent une fête où ils invitent des collègues du métier.

Les Sutto-Deyglun ont déménagé dans un magnifique appartement au deuxième étage d'un édifice confortable, rue Prince-Albert, à l'angle de Sherbrooke, dans Westmount. Un espace immense, très éclairé, entouré de fenêtres sur trois côtés; tellement grand qu'ils ont dû vider en partie la maison de Vaudreuil pour le meubler. Le bureau d'Henry est situé à l'avant, près de la chambre des maîtres. Au milieu, il y a un salon, une salle à manger puis la cuisine, décorée d'une verrière, et plus loin à l'arrière, les chambres des enfants et de la bonne. Françoise Gratton, qui assiste à la fête, est attendrie par la passion manifestée par Henry pour ses filles. Janine, très occupée à servir tout le monde, lui semble tendue, même assez sombre, comme si quelque chose l'indisposait.

Le 18 novembre 1962, Janine Sutto réalise probablement une des plus grandes performances de sa vie dans le télé-théâtre *Mort d'un commis voyageur*, d'Arthur Miller, dont Radio-Canada a conservé un enregistrement intégral. La pièce de Miller, qui a gagné un prix Pulitzer et dont les versions théâtrales autant que cinématographiques ont déjà marqué le public américain, est adaptée et traduite par Marcel Dubé. Janine elle-même a vu la première présentation en anglais de la pièce, qui a été faite à sa sortie à Montréal au théâtre His Majesty's, au début des années 1950. Paul Blouin et son équipe encore une fois se surpassent.

Les comédiens répètent pendant plus d'un mois avant de faire la mise en place en studio, où ils n'ont que trois jours pour s'habituer aux décors et aux mouvements de caméras. Janine joue le rôle de Linda, la femme du commis voyageur, Willy Loman, incarné par Jean Duceppe; un rêve pour une actrice. Benoît Girard joue Happy et Jacques Godin, Biff. Les parents, Willy et Linda, sont magnifiquement campés par le couple Sutto-Duceppe. Leur performance restera presque mythique dans l'imaginaire des téléspectateurs de l'époque. C'est pendant la diffusion en direct de *Mort d'un commis voyageur* qu'une caméra cesse de fonctionner subitement. Mais les comédiens et l'équipe technique réussissent à faire en sorte que rien ne paraisse. Paul Blouin est très exigeant et soucieux des détails : les moindres gestes des comédiens sont planifiés, même les regards. Quand un imprévu se produit, tout est bouleversé.

À la fin de cette année 1962, le 16 décembre, Radio-Canada diffuse une première *Soirée au théâtre Alcan*, une formule nouvelle, qui consiste à capter la représentation d'une pièce de théâtre dans une salle – la plupart du temps dans une des régions du Québec – et à la rediffuser à l'antenne, avec certaines coupures au montage, pour respecter les horaires de la télévision. La formule est un peu moche – bâtarde, selon Janine – puisqu'elle est une sorte de compromis où Radio-Canada veut alléger la programmation en remplaçant les productions très sophistiquées des *Téléthéâtre* par la présentation de pièces plus légères, devant public. Gérard Poirier, qui va jouer beaucoup dans les *Soirées au théâtre Alcan*, raconte le dilemme des acteurs : « C'était le début de nos problèmes. Nous fallait-il jouer de façon retenue devant les caméras ou prendre un ton théâtral pour être entendus de tous [dans la salle][24] ? »

Mais l'émission commanditée par la compagnie Alcan devient aussitôt un rendez-vous populaire et une source de revenu additionnelle pour les comédiens. En aidant à diffuser les pièces à l'ensemble de la province, Radio-Canada contribue à promouvoir le goût du théâtre dans des régions qui n'y auraient pas accès autrement. Beaucoup d'acteurs issus de ces régions raconteront qu'ils ont découvert l'envie de faire ce métier en allant au *Théâtre Alcan*. Janine Sutto fera tellement de ces soirées que le public l'appellera familièrement « Mme Alcan ». On y présente surtout des pièces de boulevard,

---

24. Gérard Poirier et Jean Faucher, *Gérard Poirier, op. cit.*

au rythme effréné, que le public, moins initié, apprécie et dans lequel Janine excelle. « Si on est capable de jouer des comédies de boulevard, dit-elle souvent, on est capable de jouer n'importe quoi. »

Chaque fois que Radio-Canada s'installe dans une ville de province pour la diffusion d'une Soirée Alcan, c'est un événement. Dans la salle, le public se sent partie prenante d'une aventure commune. Les réalisateurs enregistrent toujours deux soirs consécutifs pour pouvoir éventuellement faire des corrections au montage. Et ils en ont besoin : comme dans toutes les productions de télévision de l'époque, il se produit régulièrement des scènes imprévues qui bouleversent la soirée. Dans ses mémoires, Gérard Poirier parle de *Vacances pour Jessica*, qu'ils jouent à Rouyn-Noranda, où il se casse le bras durant la pièce en tombant d'un tabouret.

Lors d'un enregistrement de *Croque monsieur*, au début de la pièce, Janine Sutto doit entrer par une porte et descendre un escalier. Or, au moment d'entrer, la poignée de la porte lui reste dans les mains. Elle ne peut pas entrer. Le réalisateur doit arrêter la pièce et reprendre du début, avec la complicité du public, qui joue lui aussi le jeu.

Scène 9. Une année de fous

L'année 1963 s'ouvre à un rythme éprouvant pour Janine Sutto et la seule nomenclature de tout ce qu'elle accomplit est un témoignage éloquent de l'horaire qu'elle se donne.

Durant cette période du début des années 1960, une poignée d'acteurs-vedettes se retrouvent presque systématiquement dans les productions dramatiques de Radio-Canada; c'est le cas en particulier de Janine Sutto, Monique Miller, Gilles Pelletier ou Guy Provost. Il n'y a pas encore assez de bons acteurs pour satisfaire l'augmentation de la demande provoquée par l'arrivée de la télévision publique et de la nouvelle station privée. Pour un rôle important, il n'y a pas dix acteurs en option. Les meilleurs sont donc très sollicités et on les voit partout. Les réalisateurs-vedettes comme Paul Blouin ont aussi leurs comédiens fétiches. Un jour, l'acteur Gérard Philipe est venu jouer au Québec. En retrouvant Guy Provost, qu'il avait bien connu en France, et en découvrant son rythme de travail et la variété des rôles qu'il pouvait jouer en si peu de temps, il lui aurait dit: «Es-tu sûr de faire tout ça très bien?»

Du 24 janvier au 25 mars, le théâtre du Gésù présente *L'Auberge des morts subites*, une comédie en deux actes de Félix Leclerc, mise en scène par un ami de Félix, Yves Massicotte. Janine y joue le rôle de la Comédienne. Paul Hébert fait Satan, Jean Lajeunesse, l'Anglais, Louis de Santis, le frère Amédée, Jean-Louis Paris, Célestin, Lise l'Heureux, Ange-Aimée, Roger Garceau, l'Intellectuel et Guy L'Écuyer, l'Habitant.

Une distribution magnifique, sauf peut-être pour Guy L'Écuyer, qui est pratiquement toujours sous l'effet de l'alcool. Janine aime beaucoup cette pièce de Félix Leclerc; le problème, c'est qu'une fois de plus, elle doit chanter. Morte de peur, elle réussit à convaincre le metteur en scène d'enregistrer la chanson en studio pour qu'elle puisse la faire en *lip-sync* chaque soir sur scène. Elle se retrouve donc avec Félix Leclerc, son ami Pierre Dulude, un animateur de radio, au studio de Paul de Marjorie, un musicien très en vogue à l'époque. Quand elle interprète la chanson devant les trois hommes, Félix Leclerc n'est visiblement pas satisfait. Mais Dulude, qui est un homme affable et compétent, et qui comprend sans doute le désarroi de Janine, dit à Félix: « Laisse-la donc aller! » Janine Sutto s'apercevra beaucoup plus tard, quand Félix Leclerc lui-même enregistrera la chanson sur disque, qu'elle devait être chantée comme un tango, ce qu'elle n'a pas fait. La pièce connaît, malgré cela, un tel succès qu'elle sera reprise au Théâtre National de La Poune, rue Sainte-Catherine, du 25 septembre au 15 décembre 1963, et en tournée au Québec, pour un total de deux cent cinquante représentations, un record pour Janine.

L'Auberge des morts subites aurait pu à elle seule faire vivre Janine Sutto durant toute l'année, pourtant son agenda de 1963 est encore plus rempli: le 14 mars, on la voit dans *La Maison de Bernarda Alba*, de Federico Garcia Lorca, avec Paul Blouin, à Radio-Canada. Le 12 mai, elle enchaîne dans un autre téléthéâtre de Blouin, *Les Trois Sœurs*, d'Anton Tchekhov, avec Monique Miller. C'est l'avant-dernier téléthéâtre tourné en direct. Janine y joue Olga.

Durant l'été, elle est engagée pour la première fois au théâtre des Prairies, un théâtre d'été géré par Jean Duceppe, qui monte deux pièces qui sont à l'affiche un mois chacune, dont *Georges et Margaret*, de Gerald Savory, avec, en vedette, Janine Sutto et Geneviève Bujold, avec qui elle fait la route de Montréal à Joliette. Dans l'émission *Présence de l'Art*, à la télévision de Radio-Canada, Jean Duceppe parle de la popularité des théâtres d'été et de la renaissance du théâtre en général qui serait en partie causée par l'intérêt à l'endroit des comédiens suscité par l'arrivée de la télévision. Duceppe explique qu'il dirige le théâtre des Prairies, le théâtre de l'Anse à Vaudreuil et qu'il projette d'en ouvrir un à Montréal l'année suivante. Pour lui, les comédiens doivent aller vers la clientèle de l'extérieur de Montréal et lui apporter de la qualité. Dans la même émission, Jean-Louis Roux parle du TNM qui s'installe pour l'été à Repentigny.

Dans les archives de l'émission, on voit une belle scène de *Georges et Margaret*, avec Hubert Loiselle, André Cailloux, Geneviève Bujold et Janine Sutto. Puis une enseigne du théâtre de l'Anse annonçant aussi *Georges et Margaret* avec Janine Sutto : en fait, Duceppe, qui a deux théâtres, un à Joliette et l'autre à Vaudreuil, fait tourner ses pièces dans les deux endroits. Janine, cet été-là, joue donc un mois à Joliette et un mois à Vaudreuil, à côté de sa maison de campagne.

En septembre 1963, Mireille et Catherine ont cinq ans. Depuis le début de l'année, leur mère a joué dans deux pièces de théâtre sur scène, et deux autres pièces à la télévision, elle a fait une tournée en province avec *L'Auberge des morts subites*, tout en maintenant ses rôles dans les séries « alimentaires » à la télévision comme *Joie de vivre*, de Jean Desprez. Ainsi va la vie de la comédienne de quarante-deux ans, et pourtant l'année est encore loin d'être terminée. Mais en ce mois de septembre 1963, un événement important se produit dans la famille Sutto-Deyglun : Mireille entre à la maternelle Notre-Dame-de-Sion, une maison tenue par des religieuses où tout se fait dans les deux langues : anglais et français. La maternelle est située tout près du collège Marie de France, boulevard Queen-Mary, où Mireille fera une partie de son cours primaire. Beaucoup de leurs amis de Radio-Canada emmènent à Notre-Dame-de-Sion leurs enfants qui vont y tisser des liens pour la vie. C'est ainsi que Janine est surprise, le premier matin, quand elle découvre Pierre Nadeau et Richard Garneau, les larmes aux yeux en laissant leurs enfants à la garderie. La comédienne, elle, ne manifeste ses émotions que sur scène.

Durant l'automne 1963, on la voit au TNM dans *Richard II*, de Shakespeare, montée par Jean Gascon, avec lequel elle travaille à nouveau depuis qu'Henry lui a permis de renouer avec le théâtre. Le 24 novembre, elle participe à sa première *Soirée au théâtre Alcan*, dans *La Nuit du 16 janvier*, d'Ayn Rand, avec une trentaine de comédiens dont Jean Duceppe, Pierre Dagenais, Nini Durand, Alban Flamand, Gratien Gélinas et Doris Lussier.

Le 8 décembre, elle termine l'année avec Paul Blouin dans *Quelqu'un parmi vous*, de Diego Fabbri, une production d'une audace visuelle exceptionnelle pour l'époque, dans laquelle Janine joue une vieille servante qui n'apparaît qu'à la fin de la pièce. Elle vient témoigner dans un procès en faveur de l'accusé, joué par Benoît Girard, avec Monique Miller et François Rozet.

Mais en plus de tout ce qu'elle a fait pendant cette période, 1963 marque aussi le début d'une nouvelle série de télévision qui va accentuer sa notoriété.

Le 29 septembre débute à Radio-Canada la série *Septième Nord*, de l'auteur à succès Guy Dufresne; un téléroman qui sera à l'affiche jusqu'en août 1967, le dimanche, la première année, puis le jeudi, le mardi et le mercredi soirs les années suivantes. Janine y tient un rôle central. Celui d'Aurélie Charron, une «contrôlante», qui est la mère de deux médecins de l'hôpital, le Dr Yves Charron, incarné par Jean-Louis Roux, et son frère Marcel, une sorte de lâche, joué par Benoît Girard, le mari de Yolande Hébert-Charron, l'héroïne de la série.

L'émission s'ouvre chaque semaine sur un gros plan de Monique Miller, dans son rôle de l'infirmière Yolande Hébert-Charron, répondant au téléphone en disant « septième nord », l'aile nord de l'hôpital où l'intrigue se déroule. La série est réalisée par André Bousquet, un homme mystique mais efficace, que Janine aime beaucoup, et qui la fera beaucoup travailler dans ses productions. *Septième Nord* est enregistrée pour la première fois sur magnétoscope, mais la technique est encore primitive. S'il se produit une seule erreur, il faut reprendre l'enregistrement du début. La première année de diffusion met en vedette cinquante-cinq comédiens dont, notamment, la future animatrice de radio et de télévision Suzanne Lévesque.

L'action se déroule dans le monde de la santé au moment où, au Québec, l'assurance hospitalisation est déjà en vigueur et où on prépare la mise en place de l'assurance maladie. Avec une distribution aussi impressionnante, *Septième Nord* devient rapidement un succès incontournable. Mais le climat de travail en est autrement.

Les deux rôles principaux sont joués par Monique Miller et par Jacques Godin. Mais au moment où le tournage de la série commence, Miller et Godin, qui vivent ensemble à l'époque, connaissent une rupture difficile qui envenime l'atmosphère sur le plateau. Pendant des mois, Godin, en dehors de ses répliques, ne parle à personne. Quelque temps après, un conflit éclate, cette fois entre le réalisateur André Bousquet et l'auteur Guy Dufresne, mais les patrons de Radio-Canada appuient Dufresne. Les acteurs doivent monter jusqu'à la direction où ils menacent de démissionner si Bousquet doit partir. André Bousquet sera maintenu à son poste au grand plaisir de l'équipe, qui le protégera jusqu'à la fin. Janine elle-même prendra soin de Bousquet au point de l'emmener chez Troyano, un tailleur à la mode, parce qu'elle trouve qu'il est habillé comme un vieux curé.

La comédienne est très heureuse dans cette nouvelle série. Sauf peut-être pour une question qui ne fait pas l'unanimité dans l'équipe : la langue utilisée par l'auteur Guy Dufresne. Janine, dès le début, n'aime pas les textes de Dufresne qu'elle trouve très difficiles à jouer. Parce que tout le monde parle de la même façon, à la troisième personne. Au lieu de dire : « Je suis allée chez le docteur hier », le personnage dit : « Il est allé chez le docteur », en parlant de lui-même. C'est le style de Dufresne et Radio-Canada l'adore. Gérard Poirier évoque lui aussi, dans ses mémoires, le problème des textes de l'auteur-vedette, qui étaient difficiles à mettre en bouche déjà à l'époque de *Cap-aux-Sorciers*, durant les années 1950. Mais Monique Miller, l'actrice principale de la série, garde plutôt le souvenir d'une langue qui, pour elle, avait beaucoup de musicalité et d'originalité.

En 1963, la télévision et la société québécoise sont en pleine explosion. Aux *Couche-Tard*, en fin de soirée à Radio-Canada, les animateurs-vedettes Roger Baulu et Jacques Normand reçoivent tout ce qui fait bouger la province. Serge Deyglun, le beau-fils de Janine, y est accueilli au moment où il est en pleine campagne en faveur de l'élimination des clubs privés de chasse et de pêche. Mais malgré ses succès, la télévision d'État est victime de la concurrence : à peine trois ans après son ouverture, Télé-Métropole a déjà une meilleure moyenne d'écoute. Et la guerre ne fait que commencer.

Janine Sutto, elle, termine une année prospère et prometteuse pour l'avenir. Pourtant, malgré tout ce qu'elle a fait, elle n'est pas plus à l'aise financièrement. Monique Miller, qui la côtoie de plus en plus, s'étonne de la voir chaque fois attendre son chèque de paye avec impatience. Il faudra encore plusieurs années avant que la comédienne trouve le moyen de dominer son plaisir de dépenser.

Scène 10. Une vieille flamme renaît

L'année 1964 voit la publication du rapport Parent, qui va mener à la grande réforme de l'éducation au Québec et à la création des cégeps. La province est en pleine Révolution tranquille. À Montréal, la grande salle de la Place des Arts – qui a ouvert ses portes par un concert de l'Orchestre symphonique, dirigé par Zubin Metha, le 21 septembre 1963 – présente à l'occasion de la Semaine sainte, les 26, 27 et 28 mars 1964, une grande fresque biblique écrite et mise en scène par Paul Buissonneau intitulée *Le Manteau de Galilée*. Janine Sutto participe au spectacle. Louise Latraverse, qui fait elle aussi partie de la distribution, travaille pour la première fois avec cette comédienne qu'elle admire : « On était toutes impressionnées par Janine, les jeunes actrices. Je l'aimais beaucoup, elle était fine avec moi. Paul était *rough*, elle me protégeait un peu. C'est comme ça que j'ai connu Janine. C'était une femme extrêmement rigoureuse. »

Un peu plus tôt, Janine Sutto a commencé son année au TNM, dans une coproduction avec la Canadian Concerts and Artists, au théâtre Orpheum : *Huit Femmes*, de Robert Thomas, montée par Guy Hoffman. Avec entre autres, Patricia Nolin, Louise Marleau et Catherine Bégin, des comédiennes qui sont toutes plus jeunes qu'elle, mais avec qui Janine Sutto va entretenir des liens étroits. L'émission *Aujourd'hui* à la télévision de Radio-Canada consacre un reportage à la préparation de la pièce, le 14 janvier 1964. L'Orpheum, un théâtre de 1100 places construit en 1907, a été loué à partir de 1957 par le TNM, qui y produira ses spectacles jusqu'à la démolition du théâtre en 1966. L'intrigue de la pièce se déroule au début des années 1950, dans une grande demeure bourgeoise, en pleine campagne, sous la neige, où on s'apprête à fêter Noël. Mais un drame survient : le maître de maison est assassiné. Huit femmes proches de la victime – son épouse, ses filles, sa belle-sœur, sa sœur, sa belle-mère, la bonne, et la gouvernante – sont présentes. La coupable est forcément l'une d'entre elles. Commence alors une longue journée d'enquête, de disputes, de révélations et de trahisons. Car chacune a des raisons d'avoir commis le crime et de mentir aux autres. Janine y joue un beau rôle : le personnage d'Augustine.

La pièce est un succès et pour célébrer la fin des représentations, les comédiennes organisent une fête monstre qui se déroule dans la résidence de la mère de Patricia Nolin, rue Bonsecours, dans le Vieux-Montréal. Chacune a droit à douze invités. Au menu : salade, fondue bourguignonne et tarte aux oranges. Janine, qui est chargée d'acheter le bœuf pour la fondue, se rend chez son boucher, rue Sainte-Catherine, et lui commande vingt-trois kilos de viande. À peine est-elle sortie que le boucher, inquiet de l'ampleur de la commande, appelle Henry Deyglun et lui dit : « Est-ce que votre femme a bu ? Elle me commande vingt-trois kilos ! » La fête est opulente et le tout-Montréal des artistes et des intellectuels y est : Dyne Mousso, la comédienne, son mari, le peintre Jean-Paul Mousseau, Pierre Elliott Trudeau, en tout une centaine de personnes. Durant la soirée, Henry s'engueule avec Mousseau. C'est l'époque : les fêtes sont bruyantes et chaleureuses à la fois et Janine Sutto, comme elle le sera toujours, est une excellente organisatrice.

Durant cette année 1964, à part son rôle dans le téléroman *Septième Nord*, elle ne fait qu'une seule autre apparition à la télévision de Radio-Canada, où elle joue le personnage de Louise Dumais dans *Meurtre à l'étude*, de Maurice Gagnon, un théâtre d'une heure, réalisé par Aimé Forget, avec Yvette Brind'Amour, Denise et Gilles Pelletier.

Le 15 mai 1964, six ans après *La Reine morte*, on revoit Janine Sutto au théâtre du Rideau Vert dans *Un otage*, de

Brendan Behan, une très belle pièce, mise en scène par Georges Groulx, avec Charlotte Boisjoli, Jean Perraud, Gaétan Labrèche et Geneviève Bujold. Janine retrouve avec joie la jeune actrice avec laquelle elle a joué l'été précédent à Joliette. Les deux femmes y ont développé une relation d'affection et de respect mutuel. Même si elle est de loin son aînée, Janine Sutto regarde Geneviève Bujold jouer avec admiration chaque soir ; elle est fascinée par son talent.

L'été 1964 est partagé encore une fois entre deux théâtres d'été. Janine joue un mois au théâtre des Prairies de son ami Jean Duceppe, dans *Guillaume le confident*, avec Albert Millaire, Jean Duceppe et Catherine Bégin. Puis elle enchaîne au théâtre de Repentigny, à la demande de Paul Buissonneau, qui monte *Le Cirque aux illusions*, une création où il mélange des éléments de cirque et de théâtre. Le théâtre de Repentigny se tient sous une sorte de grande tente, où la ville héberge durant l'été des troupes de Montréal ; une salle de six cents places recouverte d'une toile géante, avec derrière la scène, une boîte à chansons. Un endroit magnifique, qui permet à Buissonneau de faire ses mises en scène extravagantes.

Louise Latraverse fait partie de la distribution, avec Léo Ilial et Yvon Deschamps. Janine Sutto y passe un séjour agréable, elle qui, toute sa vie, sera une passionnée des théâtres d'été et de l'atmosphère particulière qui y règne : le soir, après le spectacle, Henry vient la chercher dans la Mini Austin qu'il conduit à l'époque et dans laquelle il a aménagé, à l'arrière, un lit improvisé pour permettre aux jumelles de dormir pendant le trajet du retour à la maison.

Mais une fois de plus, Janine doit chanter dans le spectacle, et les appréhensions de la comédienne provoquent des tensions avec le metteur en scène qu'elle racontera des années plus tard : « Il fallait que je chante, ce qui me met généralement dans des transes terribles. Alors il m'abreuvait d'injures. C'est un bon directeur, mais il a l'habitude de prendre une tête de turc dans le groupe, ce qui est un peu embêtant, surtout quand le groupe est petit (là, nous étions quatre !)[25]. »

---

25. Revue de théâtre *Jeu*, 8 octobre 1997.

Louise Latraverse est elle aussi la tête de turc de Buisson-neau durant les répétitions du spectacle. Il la prend souvent à partie, et une fois de plus, Janine Sutto, qui n'a pas froid aux yeux, la défend sans répit : « Des fois, il m'engueulait comme du poisson pourri parce que je trouvais qu'il engueulait trop les autres et que j'osais le lui dire. Alors c'est moi qui prenais tout, mais ça ne me gênait pas[26]. » Entre Louise Latraverse et Janine Sutto naît, cette année-là, une amitié qui dure encore et où Janine joue un rôle de protectrice et de confidente, dont Latraverse parle avec émotion : « Merveilleuse de sou-tien. C'était quelqu'un à qui je pouvais tout dire. Et je savais que je ne serais pas jugée. C'était pas le genre à me donner beaucoup de conseils – pas plus qu'elle n'aime qu'on lui en donne –, mais elle était là. » Buissonneau s'apprête à fonder, en 1964, le théâtre de Quat'sous, avec Claude Léveillée et Yvon Deschamps. Et Janine Sutto, malgré son insubordina-tion cet été-là, sera invitée à participer à d'autres expériences avec le redoutable metteur en scène.

Au début de 1965, Janine Sutto est engagée à nouveau par Louis-Georges Carrier dans *Tuez le veau gras*, de Claude Jasmin, avec Jean Besré, Jean Lajeunesse et Guy Provost. Elle joue le rôle d'Émilie Ménard, dont elle se souviendra surtout parce que Carrier choisit de tourner certaines scènes du télé-théâtre en extérieur, sur le quai de la gare de Saint-Lambert, en plein hiver, par vingt degrés sous zéro. Le problème, c'est que la pièce se déroule en été, et que la comédienne n'a qu'une robe légère sur le dos.

Durant la même année, Carrier monte pour le TNM, une nouvelle pièce de Marcel Dubé, *Les Beaux Dimanches*, qui est présentée à la Comédie canadienne, le théâtre de Gratien Gélinas, rue Sainte-Catherine. Janine y joue avec Andrée Lachapelle, Denise Pelletier, Jean Duceppe, Michèle Ros-signol, Yves Létourneau, Claude Préfontaine et Marjolaine Hébert.

La pièce se déroule dans les nouvelles banlieues de l'époque, où Dubé décrit un monde désabusé, aux mœurs

---

26. *Idem.*

décadentes. Victor, un homme d'affaires alcoolique, invite – malgré le refus d'Hélène, sa femme – des amis après une fête, la veille, à une deuxième journée de beuverie chez lui. À mesure que les couples blasés cherchent des façons de passer l'après-midi, Dubé nous livre le portrait d'une société perdue, sans espoir de changement. À un moment clé de la pièce, comme pour réveiller tout ce monde de sa torpeur, un des personnages, un médecin, incarné par Yves Létourneau, se lance dans un discours sur la religion et le nationalisme qui ravit les spectateurs. Janine, tout comme son amie Denise Pelletier, n'apprécie pas ce qu'elle perçoit comme un élément inutile, introduit gratuitement dans la trame de la pièce. Pendant des années, elle reprochera à certains auteurs de se servir du théâtre pour promouvoir leurs idées politiques.

Mais elle est surprise quand le père de Denise Pelletier, un homme cultivé qu'elle respecte, déclare, après une représentation, qu'il a adoré le discours. La pièce est audacieuse pour l'époque, et le choix de Carrier de présenter le discours sur scène, de façon très formelle, est un reflet de cette période où l'éveil du nationalisme québécois commence à prendre forme.

Durant l'été 1965, Janine Sutto est engagée à nouveau au théâtre des Prairies de Jean Duceppe, mais cette fois pour toute la saison, dans *De doux dingues*, avec Jean Lajeunesse, Louise Rémy, Hubert Loiselle et Lucille Papineau. Avant d'accepter son rôle, Jean Lajeunesse lui demande : « Est-ce que tu penses que tu vas me traîner tout l'été ? » Lajeunesse, que Janine connaît depuis longtemps, est, malgré toute sa prestance publique, un acteur qui ne se fait pas d'illusions sur son talent et qui a besoin d'être rassuré. Pendant tout l'été, les deux amis font la navette ensemble entre Montréal et Joliette dans la voiture de Jean, ce qui rend Henry Deyglun une fois de plus jaloux.

Le 15 octobre 1965, on revoit Janine Sutto au Rideau Vert pour la deuxième année consécutive, dans *Fleur de cactus*, une pièce de boulevard de Barillet et Grédy. La pièce est mise en scène par Jean Faucher. Janine y joue, avec Pierre Thériault et Gaétan Labrèche, le rôle d'une réceptionniste dans un bureau de dentiste qui est amoureuse en silence de son patron : « Elle est amoureuse, lui ne la voit même pas. C'est un rôle en or. Lui, c'est un coureur de jupons, elle, une vieille fille. Mais un jour elle décide de se métamorphoser. Alors elle arrive, il ne la reconnaît pas. Et cela devient une histoire d'amour! »

Une vieille fille qui se transforme en séductrice. Pendant des années, Janine Sutto va incarner dans les rôles qu'on lui confie cette double personnalité du personnage de *Fleur de cactus* qu'elle aime tant jouer : pendant qu'elle joue des femmes plus âgées au caractère acariâtre, comme Prudence dans *Les Belles Histoires* ou Aurélie Charron dans *Septième Nord*, elle joue les séductrices ou les charmeuses au théâtre.

Au début de 1966, alors qu'elle poursuit sa participation dans *Septième Nord*, Janine Sutto se retrouve dans deux télé-théâtres en janvier. D'abord, *Il est important d'aimer*, d'Oscar Wilde, réalisé par Paul Blouin, avec Gabriel Gascon, Gilles et Denise Pelletier. Elle y joue Mlle Prism, une gouvernante qui éprouve une attirance pour un pasteur, incarné par Gilles Pelletier, qui la courtise et arrive sur scène sur un vieux vélocipède à grande roue. Deux semaines plus tard, Paul Blouin la dirige ensuite dans *Les Papiers d'Aspern*, d'Henry James, le 16 janvier. Pour le tournage de ce téléthéâtre, Radio-Canada inaugure un nouveau grand studio, et pour marquer l'action qui se déroule à Venise, Blouin fait aménager un immense bassin dans lequel flotte une gondole.

La société d'État, qui en a les moyens, permet aux réalisateurs de créer sans restriction.

Mais pendant qu'elle joue dans *Les Papiers d'Aspern*, un changement survient dans la vie de Janine Sutto. Après vingt ans d'éloignement, elle renoue avec François Bertrand, l'ancien cofondateur de L'Équipe, avec qui elle a connu sa première grande peine d'amour. Les deux amoureux des années 1940 se croisent depuis des années dans les couloirs de Radio-Canada, où ils travaillent tous les deux, mais pour une raison que Janine explique mal, ils ressentent soudainement à nouveau le besoin de se revoir plus assidûment.

François Bertrand est annonceur-vedette à la radio. Janine le rencontre, entre autres, chaque fois qu'elle participe au radioroman de Charlotte Savary, *Les Visages de l'amour*. Quand ils le peuvent, ils se voient entre deux périodes de travail. Ils se retrouvent au restaurant. Depuis quelques années, la vie avec Henry Deyglun se détériore graduellement. Son mari, qui travaille de moins en moins, supporte mal qu'elle passe autant de temps à l'extérieur de la maison à gagner sa vie, et celle de la famille, dans une carrière dont l'éclat lui fait sûrement envie. Dans cette vie de couple devenue étouffante, avec un mari jaloux, Janine sent le besoin de prendre l'air. De s'échapper. Mais elle ne se doute pas à quel point sa vie va s'en trouver perturbée.

Durant l'année 1966, on la voit dans *Croque monsieur*, de Marcel Mithois, une autre pièce de boulevard, au Rideau Vert, où elle fait de plus en plus partie de la famille. Elle joue le rôle de Coco Baisos, une femme dont tous les maris meurent mystérieusement.

Au TNM, Albert Millaire l'engage dans *Les Sorcières de Salem*, d'Arthur Miller.

C'est aussi la dernière saison de *Septième Nord* qui s'amorce, dont une partie va être diffusée en couleurs. En prévision de l'ouverture de l'Exposition universelle à Montréal en 1967, Radio-Canada procède à d'importants changements technologiques. Après l'introduction du magnétoscope, qui marque la fin des productions dramatiques en direct, toute la programmation va être peu à peu diffusée en couleurs et *Septième Nord*, une des émissions les plus populaires de la chaîne, est une des premières à en faire l'expérience. C'est aussi, à l'automne 1966, le début des fameuses soirées des *Beaux Dimanches*.

Dans le monde du théâtre montréalais aussi des changements se produisent: le théâtre Orpheum, construit en 1927, va être démoli, forçant son locataire principal, le TNM, à se trouver un autre lieu. La compagnie de Jean Gascon et Jean-Louis Roux s'installe au nouveau théâtre Port-Royal de la Place des Arts, que la troupe occupera jusqu'à l'acquisition de la Comédie canadienne en 1972.

Chez les Sutto, la petite famille française si chère à Janine, Claude Sutto, le fils aîné de son frère André, épouse une jeune médecin, Madeleine Biron.

Mais 1966, c'est surtout, pour la comédienne, un autre événement important qui va marquer pendant des années sa vie sentimentale.

Alors qu'elle se trouve à Val-d'Or, en Abitibi, où elle fait partie de la distribution d'une pièce de Sacha Guitry, *N'écoutez pas mesdames!*, présentée dans le cadre des tournées du Théâtre populaire Molson, entre une matinée de la pièce et la représentation de la soirée, Janine Sutto reçoit dans sa chambre d'hôtel un appel de D., un collègue comédien : « Il me dit : "Sutto – on s'appelait souvent par nos noms –, je pense que je t'aime." Ah bien là, le ciel m'est tombé sur la tête. Je lui ai dit : "Oublions ça !" Je me suis assise sur le bout du lit et c'est comme si je voyais à l'avance tous les ennuis qui allaient me tomber dessus. » Pendant le reste de la tournée, ils conviennent d'oublier cette conversation et de ne plus en parler. Mais la comédienne est sous le choc.

D. et Janine Sutto se connaissent depuis plus de vingt ans ; ils ont commencé à jouer ensemble au théâtre Arcade, durant les années 1940. Tous les deux sont devenus de grandes vedettes du théâtre et de la télévision où ils se sont côtoyés dans les plus belles productions. Ensemble, ils ont vécu des grands moments de performance artistique.

Mais tous les deux ont aussi une vie de famille ; D. est marié et père de plusieurs enfants ; Janine a ses jumelles. Et c'est sans doute pourquoi elle lui demande, lors de cet aveu en 1966, d'oublier ce qu'il vient de lui dire. En plus de son mari Henry, Janine éprouve un attachement pour François Bertrand, qu'elle a commencé à revoir. Elle imagine facilement l'ampleur du bouleversement que provoquerait dans sa vie, et dans celle de beaucoup d'autres gens, la concrétisation de cet amour qu'elle ressent peut-être déjà elle-même.

Pendant l'été, Janine Sutto se retrouve encore une fois au théâtre d'été de Jean Duceppe, à Joliette, qui présente *Les Amants terribles*, de Noël Coward, une pièce qui connaît un grand succès. Gilles Pelletier et Françoise Gratton font aussi partie de la distribution. Ils sont témoins des changements qui se produisent dans la vie de Janine Sutto. Des visites à Joliette de François Bertrand, avec lequel ils sont eux-mêmes liés, qui alternent avec celles d'Henry et des jumelles, qui sont maintenant âgées de sept ans. Durant les années qui vont suivre, Gilles Pelletier et Françoise Gratton seront de plus en plus liés à Janine, l'aidant au besoin quand elle connaîtra des périodes plus difficiles. Mais pour l'instant, quand tous les soirs après les représentations ils la ramènent en voiture à Montréal, la comédienne ne parle pas de sa vie privée. Plusieurs fois, durant l'été à Joliette, Françoise Gratton prend la relève auprès des jumelles pour donner un peu de répit à leur mère. Mireille lui donne, cet été-là, le surnom de «ma tante à Gogo», qui lui restera longtemps, parce qu'elle porte les fameuses «bottes à Gogo» très à la mode qu'elle a rapportées de Paris.

Dans les mois qui suivent, les comédiens partent en tournée avec *Les Amants terribles*, à travers le Québec. Un moment de libération pour la comédienne qui peut quitter pour quelque temps la routine de l'intendance familiale pour se retrouver face à elle-même, avec le seul plaisir de jouer et de profiter du temps dont elle dispose. Toute sa vie, Janine Sutto raffolera des tournées de théâtre et elle trouvera toujours une façon d'assurer la garde de sa fille handicapée en son absence pour se permettre ce moment de liberté essentiel à son équilibre. Mais elle est loin de se douter que la tournée qu'elle amorce, cette fois, va changer sa vie.

Un soir, où ils jouent *Les Amants terribles*, à Saint-Félicien, au Lac-Saint-Jean, Janine reçoit un appel d'Alma: c'est D. au bout du fil, qui sait qu'elle se trouve dans la région et qui veut prendre de ses nouvelles. Sans même qu'elle comprenne pourquoi, des mots s'échappent de la bouche de la comédienne. Elle, si discrète habituellement, se met à nu subitement: «Je pense, D., que je m'ennuie de toi!» Il lui répond aussitôt: «Prends un taxi et viens me retrouver à Alma!» Dans la voiture, sur la route qui passe par Val-Jalbert, Janine Sutto voit toute sa vie défiler devant elle. Elle sait que ce qu'elle fait est impensable. Elle a l'impression que le ciel lui tombe sur la tête, mais elle y va. Et elle n'aura aucun regret.

Scène 11. Les malaises avec Henry

Quand elle décide de céder à la tentation des amours avec D., Janine Sutto traverse une période difficile dans sa vie familiale. Au milieu des années 1960, son mari Henry Deyglun voit sa vie professionnelle décliner. Il collabore à certains projets, comme à l'écriture du scénario de *La Corde au cou*, de Pierre Patry, en 1965. Il joue à l'occasion des petits rôles à la télévision. Et il continue aussi à entretenir de nombreux projets avec la France dont très peu se réalisent. Il joue ainsi un rôle d'intermédiaire dans la venue à Montréal de l'historien français Henri Guillemin. Un personnage très médiatique à qui Henry Deyglun écrit pour l'inviter à venir faire une série de conférences à la Comédie canadienne. Janine et son amie Denise Pelletier vont même le chercher à son arrivée à l'aéroport, où la comédienne, passionnée d'histoire, le trouve de prime abord plutôt antipathique. En 1968, la SRC présentera à la télévision une série de ses conférences sur Napoléon.

Henry travaille aussi, sans aucune aide financière, à un immense projet d'encyclopédie sur le théâtre québécois intitulée *La Petite Histoire de l'histoire du spectacle au Québec, 1920-1970*. Sans doute en partie à cause de ce contexte difficile pour lui, Deyglun est aussi de plus en plus miné par son alcoolisme, qui accentue la jalousie qu'il éprouve à l'endroit de sa femme. Les malaises s'installent graduellement. Il lui reproche constamment le moindre retard quand elle revient de travailler: «Je ne comprenais pas ça. Ça m'a usée intérieurement et physiquement. Expliquer une demi-heure de retard. Je ne comprenais pas. Il voulait que je joue, mais il aurait fallu que ce soit du 9 à 5. » Depuis des années, Henry collabore très peu à l'intendance de la maison. Il ne fait rien pour alléger la tâche de la comédienne qui, déjà débordée par ses horaires de travail complexes, doit gérer ceux des bonnes et des enfants. Tout est toujours prétexte à la fête. Même les soirs de premières de sa femme au théâtre, Henry invite des gens dont elle doit s'occuper.

Parfois, Henry disparaît pendant plusieurs jours sans donner de nouvelles. Quand cela se produit, Janine appelle un des grands amis de son mari, le comédien Paul Dupuis, pour qu'il le retrouve. Quand Henry rentre finalement à la maison, tout revient à la normale, comme si rien ne s'était passé, pour quelque temps du moins. À Vaudreuil, où ils vont de moins en moins, Janine Sutto pouvait compter sur Micheline et Serge Deyglun pour l'aider à contrôler un peu la consommation d'alcool de leur père. Il leur arrivait même de déposer à son insu un sédatif dans son verre pour qu'il s'endorme. Mais c'étaient eux qui tombaient les premiers.

Un jour, Mireille, encore enfant, sans doute excédée par le comportement de son père, éclate elle-même devant lui : « Tu as encore bu, lui dit-elle, tu nous fais tellement souffrir. » Ce jour-là, Henry a été à ce point ébranlé qu'il a avalé une quantité phénoménale de médicaments. Janine Sutto a dû appeler Serge une fois de plus et Mireille a beaucoup pleuré.

Henry Deyglun n'est pas un alcoolique violent, loin de là, mais souvent contrarié et impossible à vivre. À tel point que Janine et son fils Serge vont même consulter un psychiatre qu'ils rencontrent à Radio-Canada fréquemment, le Dr François Cloutier, qui anime une émission radiophonique quotidienne. Le Dr Cloutier se rend à Vaudreuil un jour pour rencontrer Henry, mais celui-ci refuse tout traitement en prétextant qu'il en sait plus sur sa maladie que le médecin.

Au milieu de tous ces bouleversements, comme si elle n'en avait pas assez sur les épaules, Janine Sutto décide de prêter main-forte à une de ces bonnes qui se succèdent à la maison, Solange, une fille-mère. Elle décide d'aller avec celle-ci récupérer à la crèche le bébé qu'elle a dû y abandonner. Dans sa générosité inconsciente, elle ajoute donc un nouveau-né, Didier, dans la vie déjà épuisante de l'appartement de la rue Prince-Albert. L'affaire ne dure pas longtemps : après quelques mois, la bonne doit quitter la maison avec son enfant, parce que la situation exaspère tout le monde. Catherine elle-même, la petite trisomique, sent tellement la tension qui règne dans la maison, et probablement l'abandon dont elle souffre, qu'elle griffe sa mère au sang quand elle s'approche d'elle : « Mes camarades me demandaient : "As-tu un chat ?" Catherine, pendant un an, a été très malheureuse. Moi, je ne comprenais pas. J'avais trop d'affaires ! Pauvre Kiki. »

Kiki, mais peut-être surtout Mireille, qui, entre l'alcoolisme de son père, les absences prolongées de sa mère et le roulement des bonnes qui passent dans leur vie, doit souvent, dès l'âge de neuf ans, se transformer en intendante. Plus la petite fille grandit, plus la vie avec sa sœur trisomique devient lourde. Elle ne peut jamais être seule, tranquille. Les jumelles partagent la même chambre ; mais pour donner un peu d'intimité à Mireille, les parents ont bâti un mur avec une porte pour les séparer. Quand Kiki s'ennuie trop de sa sœur, elle entre dans la chambre de Mireille et saccage tout sur son passage. En plus de sa sœur, Mireille doit aussi surveiller son père qui, très souvent quand elles sont seules avec lui, s'endort avec une cigarette à la bouche.

Pour passer à travers tout cela, Janine Sutto elle-même semble disposer de ressources physiques inépuisables. Ainsi, au début de 1967, elle reprend le rythme infernal de la production : le 8 janvier, on la voit à nouveau dans *Georges et Margaret*, de Gerald Savory, une pièce qu'elle a jouée à Joliette en 1963, mais qui est présentée cette fois dans le cadre de l'émission *Soirée au théâtre Alcan*. Le 5 février, elle joue dans *Blaise*, de Claude Magnier, une autre Soirée Alcan. Le 14 mars, elle fait sa première apparition dans la série *Moi et l'autre*, de Gilles Richer, dans le rôle de la mère de Dominique. La série hebdomadaire centrée autour des deux grandes vedettes du Québec, Denise Filiatrault et Dominique Michel, connaît un succès exceptionnel.

En 1967, c'est l'année de l'Expo, une année de folie à Montréal. Janine Sutto y va quelques fois avec son mari, Henry. Mireille visite une fois La Ronde, le parc d'attractions de l'Expo, avec son père. Des parents et des amis de France en profitent pour venir à Montréal. Claudine Biancal, la fille de tante Irène, avec son mari Pierre, qui habitent durant leur séjour à la maison de Vaudreuil, et Patrick Gallaud, le fils d'Édith Loriot, son amie parisienne, qui habite chez André Sutto.

Janine, elle, passe l'été de l'Expo encore une fois au théâtre des Prairies, dans une comédie, *La Petite Hutte*, avec Jean Lajeunesse, Jean Duceppe et Ronald France. Les week-ends, elle habite une roulotte fournie par la famille Duceppe où les enfants viennent la rejoindre. Janette Bertrand, qui accompagne souvent son mari, Jean, à Joliette, durant cet été 1967, constate à quel point la comédienne commence à boire beaucoup.

Entre ses engagements à la télévision, le théâtre d'été et les invités de France, Janine retrouve de plus en plus régulièrement D. à l'occasion de rendez-vous clandestins où ils croient profiter de l'anonymat de la ville. Un soir, D. décide de déposer Janine chez elle, à Westmount; en arrivant devant l'appartement de la rue Prince-Albert, les amoureux s'aperçoivent qu'ils sont attendus. Remontant la rue vers Sherbrooke, deux des fils de D. s'approchent de la voiture.

D. s'apprête à sortir de l'auto pour affronter les deux jeunes gens, mais Janine l'arrête. «Je ne voulais pas que ce soit une discussion devant moi, entre lui et ses fils. J'ai dit : "Reste dans l'auto, laisse-moi m'arranger avec ça !"» Une discussion s'engage alors entre les fils et la comédienne, qui nie tout des accusations qu'ils profèrent. Le ton monte tellement qu'Henry Deyglun, alerté par le bruit, ouvre la fenêtre de l'appartement, à l'étage, et surprend la scène. Du vrai Feydeau, comme la comédienne adore en jouer. Sauf que cette fois, personne ne rit. L'aîné des deux fils, apercevant Henry, lui lance : «Elle s'en vient.» Puis les deux jeunes hommes entrent dans la voiture de leur père et claquent les portières. Janine monte ensuite chez elle avec appréhension : « L'engueulade a recommencé en entrant dans la maison ! » Quelque temps après la scène, l'épouse de D. aurait téléphoné à Henry Deyglun pour dénoncer les deux amoureux, ce qui n'aurait fait qu'accroître les tensions entre Janine et son mari.

L'incident marque un tournant dans la vie de Janine Sutto. Pour la première fois depuis la brève histoire d'amour qu'elle a eue avec Robert Gadouas en 1951, Henry a la preuve de ce qu'il craint depuis longtemps : sa femme aime un autre homme. À partir de ce moment, les deux époux vont commencer à prendre leurs distances. Henry passe des week-ends seul à Vaudreuil avec les jumelles. Il trouve aussi refuge de plus en plus au lac Bec-Scie, où la famille Deyglun possède un chalet hérité de la mère de Mimi d'Estée. Dans sa solitude, il poursuit l'écriture de son encyclopédie sur le théâtre au Québec. Il va aussi écrire, en 1968-1969, une série de « mini-biographies » de personnalités qui seront publiées dans *La Semaine illustrée*.

En août 1967, les comédiens de *Septième Nord* soulignent la fin de la série par une fête énorme, à la campagne, dans le domaine du chanteur Claude Léveillée, le nouvel amoureux de Monique Miller. Malgré la popularité de l'Expo, Radio-Canada a décidé, pour la première fois, de prolonger *Septième Nord* pendant tout l'été tellement la série a du succès.

Chacun des invités à la fête doit apporter trois bouteilles de champagne. Janine, elle, arrive en plus avec un saumon énorme préparé par son restaurant favori, Chez son père, un restaurant français très populaire, rue Saint-Laurent près de Craig – aujourd'hui Saint-Antoine –, qui est le lieu de rendez-vous de prédilection de Marcel Dubé et de ses amis. La fête se tient jusque tard dans la nuit et les invités boivent à profusion. Au cours de la soirée, même Jean-Louis Roux est tellement ivre qu'il tombe dans la piscine.

Durant cette année 1967, mis à part sa présence occasionnelle dans *Les Belles Histoires des pays d'en haut* et la fin de *Septième Nord*, Janine Sutto n'a plus d'engagement régulier à Radio-Canada. Elle fait par contre son entrée à la télévision privée, Télé-Métropole, dans une très mauvaise série, à son goût, intitulée *Lecoq et fils*, écrite par Réal Giguère et Bernard Sicotte, le gendre de Gratien Gélinas. Une histoire de détectives qui ne durera pas plus d'un an, avec Paul Berval, Georges Carrère, Gilles Latulippe et Raymond Lévesque. Janine joue Mme Lecoq, la femme du propriétaire de l'agence, incarné par Paul Desmarteaux. Gilles Latulippe joue le fils Lecoq, Méo, qui se querelle régulièrement avec son père, parce qu'il veut introduire de nouvelles méthodes de travail dans l'entreprise familiale.

C'est la première fois que Gilles Latulippe et Janine Sutto ont l'occasion de jouer ensemble. Latulippe ne connaît pas personnellement Janine lorsqu'ils se rencontrent sur le plateau de *Lecoq et fils*; mais il admire déjà cette comédienne qu'il a vue au théâtre et à la télévision. En travaillant avec elle, il est tout de suite impressionné par son professionnalisme et son enthousiasme, malgré la difficulté de travailler avec de très mauvais textes. Janine Sutto, elle aussi, éprouve de l'admiration pour Gilles Latulippe, depuis qu'elle l'a vu jouer le rôle du frère Nolasque, dans *Bousille et les justes*, de Gratien Gélinas, en 1959. Les deux comédiens ne savent pas encore quand ils se rencontrent dans *Lecoq et fils*, qu'ils vont devenir des partenaires légendaires de la télévision.

En novembre 1967, Janine Sutto joue dans *La Promenade du dimanche*, montée par Paul Buissonneau au théâtre de Quat'sous, avec Jean-Louis Millette et Pierre Boucher. Elle renoue avec le metteur en scène avec lequel elle s'est beaucoup disputée durant l'été 1964 à Repentigny. Mais malgré le caractère de ce dernier, en bonne professionnelle du théâtre, la comédienne reconnaît à Buissonneau ses talents de metteur en scène : « Je m'accommode très bien de Paul parce que je me fiche éperdument qu'on m'engueule : ça me laisse complètement froide. Et j'ai beaucoup d'admiration pour Paul, même s'il s'agit d'une autre sorte d'admiration. Il peut prendre une pièce et la transformer complètement. Et j'admire ça parce que je ne suis pas une vraie metteure en scène[27]. »

---

27. Revue de théâtre *Jeu, op. cit.*

Durant cette année 1967, pour la première fois depuis longtemps, la famille Sutto s'agrandit : Madeleine Biron, la femme de Claude Sutto, le neveu de Janine, donne naissance à un premier enfant, la petite Fanny, qui deviendra médecin comme sa mère. Pour Janine Sutto, c'est le début d'une belle aventure. Celle de la petite famille française qui étend ses racines dans son pays d'adoption.

Scène 12. *Les Belles-Sœurs*

Au début de 1968, le 25 février, on retrouve Janine Sutto dans une autre *Soirée au théâtre Alcan* à Radio-Canada, *Lorsque l'enfant paraît*, d'André Roussin ; une pièce qui a eu un grand succès en France et qui est présentée à Québec au Palais Montcalm. Une réalisation de Jean Faucher, avec Sophie Clément, Louise Forestier, qui sort de l'École nationale de Théâtre, Marjolaine Hébert et Jean Dalmain. Janine incarne Olympe Jacquet, la femme du ministre. Après *Fleur de cactus* et *Croque monsieur*, qu'elle a jouées au Rideau Vert, c'est une autre pièce de théâtre de boulevard comme elle les aime. Un genre typiquement français avec ce rythme dont elle raffole, parce qu'elle l'a dans le sang, comme elle dit souvent.

1968, c'est l'année où Pierre Elliott Trudeau est élu chef du Parti libéral du Canada et premier ministre. C'est aussi l'année où René Lévesque fonde le Mouvement Souveraineté-Association qui va mener à la création du Parti québécois. C'est, en fait, le début des conflits Québec/Ottawa par Québécois interposés. Janine Sutto respecte beaucoup les deux hommes qui incarnent ce débat qui va déchirer les Québécois : Lévesque, qu'elle a connu à Radio-Canada, et Trudeau, le séducteur, qui provoque l'émoi des comédiennes quand il se présente en coulisses après le théâtre.

Mais 1968, pour Janine Sutto, c'est aussi et peut-être en particulier l'année des *Belles-Sœurs*. La création de la pièce de Michel Tremblay est un des moments importants de sa vie d'actrice, et surtout une étape cruciale pour le théâtre québécois. Elle fait partie des premières comédiennes, au printemps de 1968, qui reçoivent le texte de la pièce chez elles.

Janine ne connaît pas du tout Michel Tremblay, mais dès qu'elle prend connaissance du texte, contrairement à beaucoup de ses camarades qui détestent le langage de Tremblay, elle est immédiatement frappée par le souffle qui se dégage de la pièce. Personne ne se souvient exactement – ni elle, ni Tremblay, ni même André Brassard, le jeune metteur en scène – comment elle a été pressentie ; mais, chose certaine, après avoir lu ce qu'on lui a fait parvenir, elle accepte aussitôt la proposition de participer à la première lecture publique.

Le 4 mars 1968, Janine joue le personnage de Gabrielle Jodoïn dans cette lecture dirigée par André Brassard, qui a lieu devant les gens du milieu du théâtre, dans une salle qu'occupe à l'époque le théâtre d'Aujourd'hui – à l'angle des rues Papineau et Sainte-Catherine. L'événement est un succès. Louise Latraverse assiste à la représentation. « On est tous sur le cul, on ne croit pas ce qu'on voit là ! »

L'émission *Aujourd'hui* de Radio-Canada dépêche sur place son reporter Bernard Derome, qui témoigne de ce phénomène artistique. Dans l'extrait présenté aux téléspectateurs, on voit les comédiennes en action : une révolution pour l'époque, dans laquelle elles semblent prendre un plaisir fou. Debout autour d'une table où sont placés les micros, Janine Sutto, Denise Filiatrault, Hélène Loiselle, Denise Proulx et les autres répètent la fameuse supplique illustrant leur vie plate : « J'me lève, pis j'prépare le déjeuner : des toasts, du café, du bacon, des œufs… » Ou l'ode au bingo : « Moi j'aime ça le Bingo, c'est ben simple, j'adore ça le Bingo ! » Janine, avec ses lunettes au bout du nez, y va de son accent québécois : « Ah ben Linda, sois polie avec ta marraine si tu l'es pas avec ta mère ! » Les comédiennes lisent sur des feuilles huit et demi par quatorze. Elles finissent la représentation en chantant l'hymne national du Canada, comme le prévoit le texte. Et les spectateurs de rire avec enthousiasme.

Le public mord. Après la lecture, Brassard et Tremblay, qui sont tous les deux dans la vingtaine, commentent la pièce devant le public de l'ancien théâtre des Apprentis Sorciers. Derome demande à Denise Filiatrault et à Denise Proulx : « Avez-vous vraiment l'impression de jouer si c'est si réaliste, de vous abaisser un peu, je sais pas ? » Filiatrault répond qu'elle connaît bien ces personnages dans la vraie vie. Que la pièce est très commerciale, selon elle, et que si elle n'avait pas à démarrer son restaurant elle mettrait de l'argent dans cette pièce pour la monter : « J'en prendrais, des risques, moi, je suis certaine que je ferais de l'argent. »

« Est-ce qu'on a raison de se complaire dans le joual ? » demande Derome. Et Tremblay de répondre : « Ce n'est pas une complaisance, c'est un besoin que j'avais [...] de décrire des gens et au point de vue langage, M. [Gratien] Gélinas et M. [Marcel] Dubé n'avaient pas fait du joual parfait. Ils pouvaient pas se permettre ce que moi, je peux me permettre en 1968. Parce que, eux, ils auraient été excommuniés. Moi, je sais que si *Les Belles-Sœurs* disent des choses pas belles, les gens vont venir quand même, les gens vont dire : "C'est vrai qu'on est comme ça." » Pour finir, Derome rappelle à Tremblay que Pierre Elliott Trudeau a parlé du joual comme d'un « langage de pouilleux [28] ».

Le jeune auteur, qui depuis son adolescence est un passionné de théâtre, admire Janine Sutto qu'il a vue quelques années plus tôt, au Festival de Montréal, avec Jean-Louis Roux, Gascon et les autres du TNM, où Janine jouait le seul rôle féminin dans *Richard II*, de Shakespeare. « Elle avait une robe brune presque noire… Elle faisait une reine vraiment tragique et je l'avais trouvée magnifique. Elle avait une personnalité différente de celle de la télévision. Parce qu'on ne joue pas de la même façon au théâtre qu'à la télévision. »

Le soir de la lecture publique, il regarde avec émotion toutes ces femmes exceptionnelles qui ont accepté de donner vie à ses personnages : « J'étais ébloui par leur présence [...]. Le fait que ces femmes-là acceptent de défendre un texte, ça avait un souffle extraordinaire. »

---

28. Émission *Aujourd'hui*, société Radio-Canada, 7 mars 1968.

Dans son autobiographie, André Brassard raconte qu'il a dû passer des dizaines d'appels téléphoniques pour avoir l'accord de ces comédiennes. Certaines ont refusé en l'insultant, parce qu'elles trouvaient le texte horrible. Tremblay se souvient que la grande actrice Antoinette Giroux, ayant accepté de participer à la lecture, a quitté la salle de répétition quand elle a vu qu'une de ses répliques comportait les mots « mon étron ».

Le théâtre du Rideau Vert décide presque aussitôt de présenter *Les Belles-Sœurs* en prélude à sa saison régulière 1968-1969. Mercedes Palomino joue d'audace en choisissant de monter cette pièce, alors qu'elle dirige pourtant le théâtre le plus conventionnel, le plus traditionnel de Montréal, fréquenté par la bourgeoisie bon teint. « Metcha », comme tout le monde l'appelle, a selon Janine le nez pour flairer l'événement. En prenant sa décision, elle lui dit : « Je ne comprends rien, moi, de ces femmes d'Hochelaga-Maisonneuve, mais on la prend ! C'est bon ! »

La vraie première théâtrale des *Belles-Sœurs* a donc lieu le 28 août 1968, au Rideau Vert, dans une mise en scène d'André Brassard, avec entre autres comédiennes Denise Filiatrault dans le rôle de Rose Ouimet, Germaine Giroux dans celui de Thérèse Dubuc, Luce Guilbeault, qui joue Pierrette Guérin, et Hélène Loiselle dans le rôle de Lisette de Courval. Janine Sutto ne fait pas partie de la distribution. André Brassard voudrait bien l'engager, mais la comédienne est trop prise. Durant cet été 1968, en plus de toutes ses autres activités, elle enregistre une nouvelle série, *Les Martin*, qui doit prendre l'affiche à l'automne, et elle s'apprête à reprendre son rôle de Margot dans *Bilan*, de Marcel Dubé, cette fois au TNM.

Le lendemain de la première des *Belles-Sœurs*, Martial Dassylva, le critique de théâtre de *La Presse*, écrit qu'on peut saluer l'arrivée d'un nouvel auteur, qui a cependant choisi une mauvaise voie. Il n'apprécie pas la langue de Tremblay. Jean Basile du *Devoir*, lui, est dithyrambique. Un critique peu orthodoxe, mais que Janine Sutto aime bien, comme elle aimera plus tard son successeur, Robert Lévesque, que tout le milieu détestera. Mais malgré les réactions négatives de plusieurs critiques, le public, curieux, s'est déplacé en masse. La vision du Rideau Vert est récompensée.

Janine, qui assiste à la première, est éblouie par la performance de Denise Filiatrault, en particulier dans le fameux monologue « Maudit cul », qui est d'une audace exceptionnelle pour l'époque. Selon les témoins, Filiatrault disait elle-même en répétant la pièce : « Comment vais-je pouvoir dire ça, ç'a pas de bon sens ? » Luce Guilbeault, Denise Proulx et Rita Lafontaine sont aussi très bonnes.

Les Belles-Sœurs sont remontées par Brassard un an plus tard, au Rideau Vert, en août 1969, avec pratiquement la même distribution ; mais cette fois, Janine Sutto joue le rôle de Lisette de Courval, en alternance avec Hélène Loiselle, qui pour des raisons d'horaire ne peut être présente à toutes les représentations. Dans la pièce, Mme de Courval, qui a fait un voyage à Paris, en a rapporté un accent français un peu faux dont elle est très fière. Michel Tremblay, qui participe aux répétitions, travaille beaucoup avec les actrices pour les aider à entrer dans leur personnage, ce que Janine, avec sa rigueur habituelle, apprécie beaucoup.

La pièce de Michel Tremblay lance un débat, qui va durer plusieurs années, sur le joual, cette langue typiquement montréalaise que le jeune auteur porte au théâtre ; un débat entre les puristes de la langue française, qui sont scandalisés, et les partisans de ce nouveau mode d'expression. Mais les acteurs eux-mêmes ne participent pas beaucoup au débat. Ceux qui ne sont pas d'accord avec l'usage du joual, comme Jean-Louis Roux ou Gisèle Schmidt – une grande amie de Janine –, mettront des années à se réconcilier avec Tremblay. L'auteur lui-même ne répond pas à ses détracteurs. Mais dans les écoles de théâtre, sous la pression des élèves, l'engouement atteint rapidement des proportions inquiétantes. Très tôt, l'École nationale de Théâtre commence à former les jeunes acteurs à « jouer québécois ». Fini, le français international ! Une catastrophe, même pour Janine Sutto, qui a pourtant contribué à lancer Tremblay. Gérard Poirier est estomaqué de la réaction de ses propres élèves. « Je ne comprenais pas, je leur demandais : "Pourquoi voulez-vous à tout prix jouer ces personnages, alors qu'il en existe de si merveilleux dans le répertoire français[29] ?" »

Beaucoup de jeunes acteurs seront tellement déformés par cette mode qui consiste à « jouer québécois », dans les écoles, que Janine Sutto elle-même sera mise à contribution par certains réalisateurs comme André Bousquet, pour les déprogrammer. Leur faire perdre leur accent: « Je me souviens que Bousquet me demandait en quatre mois de corriger un élève comme Marcel Lebœuf. Pas possible ! Si je le prends, penses-tu que je peux le changer ? » Marcel Lebœuf deviendra tout de même l'excellent comédien que l'on sait, mais le courant en faveur du joual sera tellement fort que l'École nationale de Théâtre fera venir à Montréal un metteur en scène français, Jacques Lassalle, pour monter *L'Épreuve*, de Marivaux, à la demande même des étudiants, pour leur redonner le goût du théâtre de répertoire. Janine Sutto, elle, va renouer plusieurs fois dans sa vie avec le théâtre de Tremblay; dès l'automne 1971, elle incarnera dans une nouvelle production des *Belles-Sœurs* le personnage de Des-Neiges Verrette, la vieille fille qui reçoit son vendeur de brosses une fois par mois. On la verra dans d'autres créations de l'auteur sur scène, mais aussi à la télévision. Des créations auxquelles elle participera, chaque fois, avec le même enthousiasme.

Durant l'été 1968, la comédienne part en vacances seule avec sa fille Mireille, quelques jours d'abord à La Malbaie, dans la région de Charlevoix, où elles vont habiter à l'auberge des Trois Canards. Dans le train les menant à La Malbaie, Janine Sutto revoit, par hasard, René Lévesque, son vieux compagnon de Radio-Canada qui s'apprête alors à fonder le Parti québécois, et avec lequel elle est heureuse de renouer, ne serait-ce que le temps du voyage. Un soir, à l'auberge des Trois Canards, D. arrive comme à l'improviste. Devant Mireille, les deux amants feignent la surprise, mais la petite fille qui va bientôt avoir dix ans n'est pas dupe. Elle devine très bien que tout cela est organisé.

---

29. Gérard Poirier et Jean Faucher, *Gérard Poirier, op. cit.*

Le voyage se termine aux Îles-de-la-Madeleine, où Janine Sutto loue une maison à une dame Cyr, qui est d'abord furieuse quand elle la reconnaît, parce qu'elle déteste le personnage qu'elle a joué dans la série *Septième Nord*! Mireille, elle, est immédiatement frappée par ce qu'elle perçoit comme de l'agressivité de la part des Madelinots à l'endroit des Deyglun. La population des Îles-de-la-Madeleine n'a pas encore oublié la campagne menée quelques années plus tôt par Serge Deyglun, qui a été le premier, durant les années 1960, à dénoncer dans les médias la chasse aux blanchons, les bébés phoques, et surtout la façon dont elle se pratiquait.

Un soir, au milieu du séjour aux îles, alors qu'elle dîne avec sa fille chez Mme Cyr, leur propriétaire, Janine Sutto reçoit un appel de D. qui lui annonce qu'il a nolisé un avion pour venir passer vingt-quatre heures avec elle. Janine demande alors à Pierre Boucher, un ami comédien qui habite aussi l'archipel, et qui, comme d'autres, a été témoin de ses amours clandestines, de prendre Mireille chez lui pendant deux jours. Mireille se souvient à peine de cet épisode, mais sa mère, elle, raconte comment les téléphonistes des Îles-de-la-Madeleine, qui lui communiquaient plusieurs fois par jour les appels de D., étaient complices, et surtout très au courant de leurs amours. Souvent, quand elle cherchait à rappeler son amoureux durant la journée, elles lui disaient: « Ne vous inquiétez pas, on va vous le trouver. » Et à travers le réseau sophistiqué de toutes ces femmes qui géraient les communications téléphoniques du Québec de l'époque, elle retrouvait la trace de D., où qu'il soit: « J'étais protégée par toutes les téléphonistes de la province! »

Au retour des vacances avec Mireille, Janine Sutto entreprend une nouvelle série à la télévision, *Les Martin*, de Richard Pérusse, une comédie de situation réalisée par André Bousquet et Aimé Forget, avec Daniel Gadouas, Alain Gélinas, Luce Guilbeault, Raymond Lévesque, Marjolaine Hébert et Georges Groulx. Monique Miller et Jacques Godin jouent le couple-vedette de la série (Nicole et Éloi). Janine interprète le rôle de Georgette Côté. Mais les enregistrements se font le samedi et le dimanche, ce qui est particulièrement difficile pour les acteurs quand ils jouent, souvent en même temps, deux représentations par jour, au théâtre, les fins de semaine.

En octobre 1968, Janine se retrouve une fois de plus dans *Bilan*, de Marcel Dubé, qu'elle a déjà joué à la télévision. Mais cette fois la pièce est présentée par le TNM, au théâtre Port-Royal, dans une mise en scène d'Albert Millaire. La comédienne interprète le même rôle de Margot Larose, la femme de William, l'homme d'affaires cynique, incarné par Jean Duceppe. Dans *La Presse*, le lendemain de la première, Martial Dassylva rappelle les thèmes de la pièce, chers à son auteur Marcel Dubé : « La faillite du mariage et de la famille ainsi que le paradis artificiel et la fausse rédemption que constitue la réussite matérielle. [...] On connaît bien ces femmes mal mariées, insatisfaites, qui étouffent dans des maisons trop bien meublées et dans des existences trop superficielles ; ces maris qui partagent leur temps entre les affaires et la politique, [...] qui tout en défendant l'ordre établi, n'hésitent pas à "s'accorder une liberté morale entière et de ne jamais lésiner sur les moyens à prendre pour réussir"[30]. »

Dassylva loue la mise en scène de Millaire et la performance des comédiens, Jean Duceppe, Monique Miller, Andrée Lachapelle, et celle de Janine Sutto dans son rôle de femme malheureuse : « Margot [...] trompe son ennui en rêvant inutilement à un amour impossible avec Gaston, l'homme de confiance et ami de son mari (incarné par Bertrand Gagnon), et calme ses nerfs en se bourrant de pilules. » On dirait presque un rôle prédestiné, à cette époque, pour la comédienne qui trompe elle-même les difficultés de sa vie conjugale en vivant avec D. un amour clandestin. Depuis quelque temps, ils partagent même un appartement à Montréal où ils se retrouvent souvent. Mais déjà les tensions commencent à naître entre les deux amoureux, « parce qu'on n'était pas libres », dit-elle. La vie amoureuse n'est pas facile pour les deux personnalités très en vue, qui doivent faire beaucoup de compromis pour maintenir secrète leur relation.

---

30. *La Presse*, 7 octobre 1968.

Entre ces amours compliquées et sa vie professionnelle intense, Janine Sutto doit toujours assumer presque seule l'intendance de la vie familiale. Les jumelles ont dix ans. Mireille fréquente l'école Saint-Léon, à Westmount, pas très loin de la résidence familiale, rue Prince-Albert. La comédienne a retiré sa fille de Marie de France, l'école française de la rue Queen-Mary, où Mireille a commencé son école primaire, parce qu'elle n'aime pas le ton et l'attitude autoritaires des enseignantes. Un jour, en venant chercher sa fille, elle a été témoin d'une scène au cours de laquelle Mireille s'est fait réprimander de façon très sèche par son institutrice. Elle l'a immédiatement sortie de cette école.

À Saint-Léon, Mireille côtoie Martin Lajeunesse, le fils de Janette Bertrand et de Jean Lajeunesse. Un jour, le couple propose à Janine Sutto d'engager Mireille pour jouer un rôle d'enfant dans une télésérie qu'ils s'apprêtent à présenter à Radio-Canada : *Quelle famille!*. Janine refuse l'offre sans même demander l'avis de sa fille, qu'elle ne veut pas voir s'engager trop rapidement dans ce métier d'acteur si exigeant. Mais Martin parle à Mireille du nouveau projet de ses parents. Les deux enfants sont ravis par la perspective de jouer ensemble dans *Quelle famille!*. Mireille arrive le soir après l'école, tout excitée d'en discuter avec sa mère, qui lui répond : « Il n'en est pas question ; si un jour tu veux faire ce métier, tu iras à l'école de théâtre ! » Sa fille n'apprécie sûrement pas de ne pas avoir été consultée, mais elle reconnaîtra plus tard que la décision de sa mère était judicieuse.

Mireille aurait pourtant besoin de ce rôle d'enfant dans la télésérie naissante pour se distraire de la vie qu'elle mène à la maison. Si elle a un reproche à faire à sa mère, il concerne ses absences et l'abandon relatif dans lequel les jumelles se retrouvent trop souvent. À la veille de l'adolescence, la jeune fille partage ses journées entre l'école et la maison, où elle doit très souvent s'occuper de sa sœur handicapée. Elle souffre énormément du manque d'attention de ses parents. Janine Sutto reconnaît aujourd'hui la situation dans laquelle sa fille était placée : « Je lui mettais sur le dos beaucoup de responsabilités. » Entre un père à la santé défaillante, miné par l'alcool et la dépression, et une mère absente, Mireille manifeste parfois même à haute voix sa réprobation face au climat qui règne à la maison.

Ainsi, une fois où, excédée du comportement de la bonne – une excellente cuisinière, mais qui n'adresse jamais la parole aux enfants –, elle décide de lui écrire une lettre énumérant une liste de reproches à son endroit : « La bonne, après voir lu la lettre, est allée voir Henry pour se plaindre de l'arrogance de Mireille et lui demander de sévir, se souvient Janine. Henry a dû punir sa fille. Mais tout le monde savait que la punition était symbolique. Henry se sentait malheureux de réprimander Mireille parce qu'il pensait exactement la même chose de la bonne en question ! »

Quand elle le peut, Janine emmène donc Mireille avec elle, pour la sortir de cette maison où le climat n'est pas toujours rose. Elles vont au théâtre ensemble. Mireille passe aussi des soirées mémorables au restaurant Chez son père, où le groupe des amis de Marcel Dubé, les Monique Miller, Denise Pelletier, Jean Duceppe ou Louis-Georges Carrier, se retrouvent fréquemment. Dans ces fuites avec sa mère au milieu d'un monde d'adultes, Mireille se sent bien ; parce qu'elle peut enfin profiter d'instants précieux d'affection et d'attention de la part de cette femme si lointaine, mais aussi peut-être parce qu'elle découvre un monde, celui du théâtre et de la comédie, dans lequel elle se sent déjà à son aise.

Scène 13. La maladie d'Henry

Au début de 1969, Janine Sutto enchaîne deux productions au *Théâtre Alcan*, à Radio-Canada. Elle joue le rôle de Millicent, dans *Baby Hamilton*, de Maurice Braddel et Anita Hart, le 12 janvier. Puis, le 23 mars, on la voit dans *Les Hussards*, de Pierre-Aristide Bréal, une réalisation de Jean Dumas, mise en scène par Guy Hoffman, avec entre autres son ami Jean Lajeunesse et une jeune comédienne, Sophie Clément.

Le journal *Échos Vedettes* lui consacre un article intitulé « Janine Sutto joue au poker », dans lequel le journaliste rappelle qu'elle est une passionnée de jeu dans cette série hebdomadaire à Radio-Canada, qu'il aime visiblement beaucoup, *Les Martin*. « Janine Sutto, indique le journal, personnifie la succulente voisine, Georgette Côté, dont l'un des péchés mignons est le jeu, les cartes, le poker où elle est fort habile mais où elle a aussi de terribles revers, au grand désespoir de son mari, Gaston Côté. » L'article rappelle que la comédienne qui « incarne ainsi tout ce qu'il y a de plus typiquement canadien » est pourtant d'origine française[31] !

Durant l'été, Janine tourne à nouveau avec Paul Blouin, qui réalise un autre quatuor de Marcel Dubé, *Bilan*, d'après la pièce du même titre qui a été montée au TNM et en télé-théâtre. Janine reprend son rôle de Margot Larose, avec Jean Duceppe, Andrée Lachapelle, Monique Miller et tous les autres. Puis, elle emmène sa fille Mireille au Mexique, où

---

31. *Échos Vedettes*, 22 mars 1969.

Andrée Boucher les accompagne. Les deux amies partent sur un coup de tête, en fait, à Zihuatanejo, un petit village typique de la côte ouest du Mexique, qui leur a été recommandé par le personnel du restaurant Le Paris, que les artistes fréquentent beaucoup à l'époque. Le départ est tellement précipité que les robes qu'elles ont apportées sont beaucoup trop chaudes pour le climat torride du Mexique en été. Janine Sutto passe donc des heures sur sa serviette à la plage, à recoudre les robes de tout le monde après leur avoir enlevé les manches.

Andrée Boucher et Janine Sutto traversent toutes les deux, à cette époque, une période difficile, qui resserre encore leurs liens d'amitié, malgré leur grande différence d'âge.

Quelques années plus tôt, après son mariage avec Serge Deyglun, Andrée Boucher a été dévastée par la mort tragique de leur petite fille, Annick : « Si Janine n'avait pas été là à la mort d'Annick, raconte Andrée Boucher, je crois que je serais devenue folle. Elle comprend que tu puisses venir de perdre un enfant, pleurer toutes les larmes de ton corps, et que ce sera une blessure qui va durer toute ta vie, elle le sait. Et elle t'en parle, parce qu'on laisse très peu les gens faire un deuil. » Quelque temps après, Janine Sutto a été importante aussi pour Andrée Boucher quand son mari l'a quittée : « Elle était divisée. Je me souviens qu'en décembre je vais faire l'arbre de Noël, comme je fais tous les ans avec elle, mais vers onze heures trente, elle me dit : "Ma petite Andrée, je suis obligée de te mettre à la porte. Serge [Deyglun] s'en vient avec Francine [sa nouvelle compagne]." Puis elle a de la peine, elle pleure. Elle dit : "Tu sais, c'est comme mon fils, qu'est-ce que tu veux que je fasse ?" »

Quand elle est en détresse au point de ne plus être capable de rester seule chez elle, Andrée Boucher passe des soirées et souvent des nuits entières à se faire réconforter par Janine dans l'appartement de la rue Prince-Albert : « Il fait si bon chez elle. Ses jumelles, Catherine et Mireille, se préparent à aller dormir, leurs chemises de nuit embaumant l'huile de bain. De la pièce voisine, on entend le clic-clic de la machine à écrire du mari de Janine, Henry Deyglun, le père de Serge. Nous nous retrouvons seules, Janine et moi, et pendant qu'elle occupe ses mains à coudre, car elle ne reste jamais inactive, je la presse de questions [...]. Et quand je repars, souvent aux petites heures, après avoir empêché Janine de se reposer, elle qui travaille dur, je suis gonflée d'un espoir insensé qui m'aide à vivre[32]. »

En vacances au Mexique, les deux amies en profitent pour se défouler : tous les jours, elles partent à la nage à la recherche de coquillages dans la baie en face de leur hôtel ; une expédition qui peut durer des heures et qui inquiète la petite Mireille, qui les voit partir dans les vagues et la houle, souvent grisées par l'alcool qu'elles consomment abondamment. Encore une fois, Mireille se retrouve au cœur d'un monde d'adultes qui n'a rien de calme. Après quelques jours à peine, Andrée Boucher vit une aventure amoureuse exubérante avec un beau Mexicain. C'est aussi l'été où les Américains réussissent la première mission humaine sur la Lune. Des touristes suisses à l'hôtel ont une radio à ondes courtes qui permet à tout le monde de suivre l'évolution de l'alunissage. La cuisinière mexicaine, qui ne sait pas ce qui les fascine autant, les croit tous complètement fous, en les voyant agglutinés autour de l'appareil radiophonique.

Au retour du Mexique, Janine reprend sa collaboration aux *Belles Histoires des pays d'en haut*, qui sont maintenant diffusées en épisodes d'une heure et en couleurs. Puis elle entame, pour la première fois, une série pour enfants dans laquelle elle aura beaucoup de plaisir et qui deviendra une série culte pour toute une génération : *Les Carnets du major Plum-Pouding*, une émission hebdomadaire d'une demi-heure, écrite par les frères Yves et Jacques Létourneau et réalisée par André Bousquet et Guy Hoffman. L'action se déroule en Angleterre ; Yves Létourneau joue le Major, Officier des services secrets de Sa Majesté, Françoise Lemieux, Biniane, la secrétaire du Major, Élisabeth Chouvalidzé, Fanfan L'Étrivant, Gaétan Labrèche, un agent secret français d'Interbol, Aristide Cassoulet, et Janine, Dame Pénélope, la gouvernante du Major et la tante de Fanfan.

---

32. Andrée Boucher, *Quand je serai grande, je serai sage*, Montréal, Libre Expression, 1996.

Une autre expérience agréable pour la comédienne, qui garde toutefois le souvenir d'un plateau de télévision où tout le monde – sauf elle – avait maille à partir avec quelqu'un d'autre. « Labrèche avec Chouvalidzé, les frères Létourneau entre eux, etc. [...] Une émission de drames affectifs, dit-elle, où, à un moment donné, personne ne se parlait. Ils étaient tous fâchés entre eux ! »

Le 10 décembre 1969, au théâtre du Rideau Vert, c'est la première de *Fleur de cactus*, de Barillet et Grédy, une mise en scène de Jean Faucher avec les mêmes comédiens avec lesquels il a monté la pièce quatre ans plus tôt : Janine, Pierre Thériault et Gaétan Labrèche. Le journal *Montreal Star*, le plus grand quotidien anglophone du Canada, à l'époque, rappelle que la pièce de Barillet et Grédy, créée à Paris en 1964, a déjà été jouée sur Broadway à New York avec Lauren Bacall dans le rôle qu'incarne Janine. Une excellente entrée en matière pour la comédienne québécoise à laquelle le journal consacre une critique dithyrambique intitulée « *Janine Sutto, raves and regrets* ».

Janine explique au journaliste que, même si elle a déjà joué le rôle, c'est une nouvelle expérience chaque fois. Puis elle révèle ses problèmes avec le trac qui lui « enlève tous [ses] moyens techniques ». Lorsque ses partenaires s'en aperçoivent, raconte-t-elle, ils prennent une telle assurance, en comparaison, qu'ils la forcent à se ressaisir et à reprendre ses moyens. Janine Sutto reconnaît que certains acteurs n'en éprouvent aucun. C'est le cas de son ami Yves Létourneau, par exemple, qui, la voyant désemparée, la considérait comme une débile. Dans cette entrevue au *Montreal Star*, Janine Sutto affirme qu'elle ne rêve pas de rejoindre les Marie Bell ou les Maria Casarès, les grandes actrices de l'époque, en France, parce qu'il y a trop de bonnes comédiennes là-bas, et que, pour elle, il est trop tard pour commencer une carrière à l'étranger. Elle ajoute, par contre, que son seul regret, c'est de ne pas avoir appris le métier de metteur en scène. Puis elle se lance dans une critique plutôt virulente du théâtre à Montréal, en disant que malgré les progrès des conditions de travail des acteurs et des metteurs en scène, malgré le développement des écoles de théâtre, on en fait moins qu'avant. Le théâtre à Montréal, dit-elle, n'a pas évolué. Il est stationnaire. Pourtant, elle vient de vivre une expérience totalement nouvelle avec *Les Belles-Sœurs*, de Tremblay. « J'essaie de voir le plus grand nombre de pièces en ville, mais je dois avouer que la plupart m'ennuient [...]. Ce n'est pas mieux qu'il y a vingt ans. Pas dans la qualité des pièces ou des acteurs, mais dans les productions elles-mêmes[33]. »

Montréal, selon elle, manque de bons metteurs en scène. Elle évoque un *Tartuffe* monté l'année précédente au TNM en disant que celui qu'avait monté Jean Gascon il y a plusieurs années était bien supérieur, et que personne n'a réussi à le surpasser. Janine vide son cœur, mais pourquoi le fait-elle à ce moment précis ? Qu'a-t-elle en tête vraiment ? En fait, la comédienne ne fait qu'être ce qu'elle a toujours été : un esprit libre, qui n'hésite pas à s'exprimer, au risque de blesser des collègues, et qui recherche presque maladivement, parfois, une forme de perfection. Un défi perpétuel. Un état d'esprit qui ne l'abandonnera jamais.

Alors qu'elle approche la fin de la quarantaine, Janine Sutto est en pleine possession de ses moyens ; elle a ainsi une assurance redoutable qui explique sa liberté de parole. Mais dans sa vie privée, elle s'apprête à vivre une période difficile.

Depuis quelque temps, son mari partage son temps entre le chalet du lac Bec-Scie, à Saint-Sauveur, où il se retire pour écrire, et, de moins en moins souvent, l'appartement de la rue Prince-Albert. Henry travaille toujours à son projet d'histoire du théâtre québécois, même s'il a perdu la plus grande partie du manuscrit dans un incendie, mais sa santé est de plus en plus chancelante. Au fond, sans jamais qu'une scène violente ou qu'un déménagement abrupt ne se produise, la rupture se consomme graduellement entre les époux.

Au début de 1970, Henry Deyglun est hospitalisé d'urgence à l'Hôtel-Dieu de Montréal pour y subir une opération sérieuse : les médecins ont découvert une masse cancéreuse dans un de ses poumons. Pendant son hospitalisation,

---

33. *Montreal Star*, 20 décembre 1969.

la petite famille fait entrer clandestinement Mireille et Catherine par une porte secondaire de l'hôpital, parce que les enfants n'ont pas le droit d'accès.

« Catherine [qui s'ennuyait particulièrement de son père] se jetait sur Henry, et lui faisait mal ! » Lors d'une de ces visites, Mireille est témoin d'une scène qui la traumatise : son père, se réveillant dans la chambre d'hôpital après l'opération, lui demande une cigarette en ouvrant les yeux. Pendant longtemps, elle lui en voudra de se ruiner ainsi, presque délibérément, la santé. Elle en conclura : « Mon père ne nous aime pas. »

La réhabilitation d'Henry est difficile pour tout le monde. Pendant cette période, il écrit une chronique sur sa lutte contre la maladie, « Le journal d'un homme qui veut vivre », qui est publiée dans le *Photo Journal*. Il décide aussi de ne plus rentrer chez lui, rue Prince-Albert, mais de retourner vivre chez sa première femme, Mimi d'Estée, qui habite encore son ancienne maison à Westmount. Janine se résigne facilement au départ d'Henry chez son ex-femme. Elle est même plutôt gênée de voir Mimi se retrouver avec un tel poids sur les épaules. Henry, qui a presque constamment besoin d'oxygène pour respirer, est un convalescent encombrant, auquel il faut apporter beaucoup d'attention. Elle offre ses services pour aider Mimi à s'approvisionner en bonbonnes d'oxygène.

Durant cette période difficile, Serge Deyglun exerce une fois de plus son rôle de médiateur et de protecteur avec une affection sans borne pour Janine : il est un personnage rassurant et solide. Serge aide à arrondir les angles et à assouplir les conséquences des éruptions du caractère de son père, avec lequel il entretient une relation très étroite. Il est aussi très important pour Mireille, qui souffre énormément de la détérioration de la situation familiale. Les week-ends, quand l'horaire de Janine le permet, l'actrice emmène les jumelles à Sainte-Adèle, au chalet d'André Sutto et de Simone, sa femme, où Mireille retrouve une vie de famille normale, enjouée et détendue, dont elle gardera toute sa vie des souvenirs attachants.

Quelque temps après la sortie de l'hôpital de son mari, Janine Sutto s'attelle à une tâche devenue nécessaire ; elle veut vider la maison de Vaudreuil, où le couple ne se rend plus. Même si des souvenirs agréables sont attachés à cette maison, la rupture avec Vaudreuil est aussi une sorte de délivrance. En particulier pour Mireille, qui au cours des dernières années, y a passé plusieurs week-ends peu réjouissants, seule, sans Janine, en compagnie de son père et de sa sœur : « C'était sinistre, raconte-t-elle. Un père alcoolique et une mère absente, quel idéal ! »

Alors qu'elle joue avec Yvette Brind'Amour dans *Quarante Carats*, de Barillet et Grédy, au printemps 1970, le décorateur François Barbeau offre à Janine de l'aider à déménager, avec deux machinistes du Rideau Vert ; mais l'opération se limite à quelques objets familiers et aux souvenirs personnels : livres, tableaux, photos, et surtout les papiers d'Henry. Elle laisse sur place une grande partie du mobilier de la maison qu'elle donne à une famille portugaise attachante, dont le père travaille pour les propriétaires de la maison de Vaudreuil.

Durant l'été 1970, Mireille part pour Paris avec sa grand-mère, Renée Rimbert ; un autre voyage salutaire pour la petite fille de onze ans, qui n'a personne à qui confier ses malheurs. Le séjour en France est une pause rassurante, pleine de tendresse, qui la sort de son quotidien pénible. Mireille adore sa grand-mère et, en même temps, elle lui est très utile durant le voyage. Mémé Renée vieillit et la présence de sa petite-fille, qui l'aide à se déplacer, est, pour elle aussi, sécurisante. Quand elle revient de France, Mireille se rend au chalet du lac Bec-Scie, à Saint-Sauveur, pour voir son père. Elle y retrouve un homme diminué ; cet homme qu'elle a pourtant toujours connu avec une résistance à toute épreuve, qui pouvait nager pendant des heures à Vaudreuil, est maintenant presque incapable de se mouvoir, avec cette cicatrice proéminente sur le thorax.

Pendant le voyage de sa fille Mireille en Europe, Janine Sutto a joué tout l'été au théâtre des Marguerites de ses amis Georges Carrère et Mariette Duval, à Trois-Rivières Ouest. Le théâtre présente une pièce intitulée *Ève et les Jacques*, de

Gabriel Arout, mise en scène par Georges Carrère, avec Janine, en vedette sur l'affiche de la production, Mariette Duval, Gilles Pelletier, Lionel Villeneuve et Pierre Dufresne. Comme cela se produit souvent dans sa vie, la comédienne trouve encore une fois dans le travail avec des camarades le réconfort qui lui permet de passer à travers les difficultés de la vie. Georges Carrère, le propriétaire du théâtre, est un homme affable et généreux, qui ne lésine pas sur les cachets des acteurs et qui fait tout pour rendre l'atmosphère chaleureuse. Tous les samedis, entre les deux représentations – la matinée et la soirée –, il offre à ses comédiens le champagne et les homards. Mais une histoire cocasse se produit cet été-là : à chaque représentation de la pièce, Lionel Villeneuve, qui est pourtant un homme très doux, fait mal à Janine quand, dans une scène qu'ils ont ensemble, il la renverse sur lui. La comédienne, qui a appris son métier à la dure, n'ose pas se plaindre, mais un matin, ayant de la peine à respirer, elle se rend à l'hôpital, où des médecins la reçoivent l'air narquois, en la soupçonnant d'exagérer son mal. Mais en examinant les radiographies, ils constatent, penauds, qu'elle a deux côtes cassées. Le soir suivant, elle remonte sur scène, malgré la douleur, mais demande à son partenaire atterré de prendre davantage de précautions.

Durant tout l'été au théâtre des Marguerites, pendant que Mireille est en Europe avec sa grand-mère, Catherine vit autour de la piscine du chalet que sa mère a loué sur les bords du lac Saint-Pierre. Françoise Gratton passe elle aussi l'été sur place en compagnie de son amoureux Gilles Pelletier. Un jour, en se baignant dans la piscine avec Catherine, elle arrive à peine à reprendre son souffle tellement la fille de Janine s'agrippe à son corps avec force. Kiki, en vieillissant, même si elle a grandi moins vite que Mireille, est de plus en plus forte, au point d'en être difficile à contrôler. Claude, la fille de Gilles Pelletier, qui va souvent la garder, rue Prince-Albert, à l'époque, en a parfois peur lorsque Catherine se met à sauter avec vigueur sur son lit. Un jour, alors que Gilles Pelletier conduit Janine et Kiki dans sa décapotable pour aller faire les courses, Catherine se précipite sur lui et lui fait pratiquement perdre le contrôle du volant. Janine réussit difficilement à la ramener sur son siège. Mais Pelletier se souvient que quelques instants plus tard, son propre chien, qui était dans la voiture, s'est approché à son tour de lui; quand il lui a demandé doucement de rester tranquille, le chien a aussitôt obéi, et Janine, presque la larme à l'œil, a dit: « Il comprend plus que Catherine. »

Après l'été à Trois-Rivières, Janine Sutto joue le rôle d'Amanda, dans *DDT*, une pièce montée par Paul Buissonneau au TNM. Entre les deux représentations du samedi, au théâtre Port-Royal, elle se rend chez Mimi d'Estée pour voir Henry et s'enquérir de son état de santé. Un matin, en plein hiver, elle reçoit un appel de Mimi: Henry est au plus mal, il manque d'oxygène et il doit être transporté d'urgence à l'hôpital. Janine décide de prendre un taxi et de les retrouver là-bas; elle se rappelle de l'attente du taxi sur la rue Sherbrooke, la main dans la main avec Mireille, et du froid de ce matin glacial. Henry Deyglun ne sortira pas vivant de l'hôpital.

Janine dit qu'elle a beaucoup aimé Henry et que sa mort l'a bouleversée.

Mais en plus de la mort de son mari, le début des années 1970 va amener à Janine Sutto une série de malheurs en cascade dont elle se remettra avec peine, mais qui la pousseront à repenser complètement sa vie.

Acte IV. La traversée du désert

Scène 1. Le décès d'Henry

Henry Deyglun meurt le 27 février 1971 des suites d'un cancer du poumon, après un an de souffrances, révèlent les journaux.

Il a soixante-huit ans, l'âge auquel Léopold Sutto, le père de Janine, est décédé vingt-cinq ans plus tôt. Depuis presque deux ans, Janine et Henry vivaient pratiquement séparés. Mireille ne ressent pas de tristesse à l'annonce du décès de son père. Elle ne se souvient pas d'avoir pleuré aux funérailles qui se déroulent à l'église Saint-Léon de Westmount, non loin de l'appartement de la rue Prince-Albert. Janine, elle, au contraire, malgré la séparation des derniers mois, partage avec Serge, le fils d'Henry, une peine énorme.

Durant les derniers jours à l'hôpital, Janine Sutto et Henry Deyglun ont beaucoup parlé. Ils ont fait une sorte de bilan de leur vie ensemble. Ils se sont expliqués. Janine prétend qu'elle a même reconnu ses torts, mais que la vie avec lui était difficile. Les souffrances de son mari se terminent donc en ce mois de février 1971, et la petite famille va dorénavant envisager l'avenir sans cet homme malade qui était devenu un poids. D. n'assiste pas aux funérailles, ce qui est normal, selon Janine, puisqu'il ne fait pas officiellement partie de sa vie.

Le départ d'Henry marque une rupture brutale dans la vie de l'actrice. D'abord, elle prend conscience abruptement de ce qui est pourtant sa réalité depuis plusieurs années : elle est plus que jamais la seule responsable de ses deux enfants.

Elle doit donc, à cinquante ans bientôt, prendre des décisions rapides qui vont changer sa vie.

En premier lieu, la famille va déménager. Janine Sutto décide de quitter le logement de la rue Prince-Albert pour emménager dans un endroit beaucoup plus fonctionnel pour une mère seule avec deux grandes filles, dont une sévèrement handicapée. Elle ne prend pas cette décision d'elle-même ; elle ne sent pas l'urgence de quitter Westmount et cet appartement qu'elle aime beaucoup. C'est plutôt Mireille qui manifeste le besoin de changement. Elle va, presque elle-même, diriger le déménagement, parce que sa mère, encore une fois, est débordée de travail.

La famille emménage dans un appartement beaucoup plus petit au complexe immobilier The Rockhill, dans le quartier de Côte-des-Neiges. Un ensemble modèle à l'époque, composé de six tours d'habitation et de bureaux, construits – ironiquement – sur l'ancien emplacement du consulat de France à Montréal. Quelque temps avant le déménagement, Janine est passée devant le complexe avec sa grande amie Denyse Saint-Pierre, qui l'a incitée à entrer pour visiter un appartement. Elle en est tombée amoureuse instantanément. La luminosité, la sécurité des lieux, l'efficacité de l'endroit. Mireille, elle aussi, est séduite sur le coup.

Le déménagement se fait quelques semaines à peine après la mort d'Henry, et au moment même où Janine fête ses cinquante ans. Comme l'appartement du Rockhill est plus petit, la comédienne confie ses meubles les plus encombrants – le mobilier de la chambre des maîtres, le bureau d'Henry – à Marie-Laure Cabana, la directrice de costumes à Radio-Canada, qu'elle connaît depuis l'époque de L'Équipe, puis à Micheline et Serge, les deux enfants d'Henry. Mais le déménagement se passe tellement vite que Janine, qui revient à la maison entre ses engagements professionnels, doit laisser sur place des objets de valeur dont elle fera le deuil : « Il fallait que je prenne les choses, ou que je les place. Je n'avais pas de temps. J'ai laissé un tas de choses. Le piano en bois d'ébène, avec les chandeliers en cuivre de 1805. C'est effrayant quand j'y pense. Je travaillais, les déménageurs sont arrivés plus tard que prévu. Mireille a tout organisé, et elle allait à l'école.»

Un autre témoignage éloquent de la turbulence de sa vie. Janine Sutto devient donc, à l'âge de cinquante ans, une mère de famille monoparentale avec une fille de douze ans, en pleine adolescence, qui fréquente le collège Villa-Maria, dans le quartier Notre-Dame-de-Grâce, et une autre, pourtant du même âge, mais que Janine, à juste titre peut-être, traite encore comme un bébé : «Je portais Catherine, ce qui était mauvais pour elle. Je la protégeais trop. Mireille aussi l'a portée.»

Scène 2. Symphorien

Pendant cette période de transition difficile dans sa vie privée, Janine Sutto est très présente comme toujours à la télévision de Radio-Canada, en particulier, mais elle fait aussi son entrée en scène dans une nouvelle série à Télé-Métropole, qui va la rendre encore plus connue du grand public. La série *Symphorien*, écrite par Marcel Gamache, un ami de son défunt mari Henry, et par Gilles Latulippe. Après avoir joué dans *Lecoq et fils* avec Janine Sutto, Latulippe lui propose un rôle dans ce nouveau projet de série. Marcel Gamache et Latulippe sont très liés. Ils prennent leurs vacances ensemble et ils écrivent aussi ensemble : Latulippe trouve les idées, Gamache écrit les dialogues.

Quand les deux auteurs imaginent le personnage de Berthe Lespérance, la vieille fille un peu espiègle qui adore les hommes, Latulippe y voit tout de suite un rôle pour Janine Sutto. Il se confie le rôle principal de Symphorien, un personnage qu'il a déjà créé quelques années plus tôt, dans une autre série très populaire de Marcel Gamache à Télé-Métropole, *Cré Basile*, avec Olivier Guimond. Latulippe a trouvé lui-même, dans la réserve de costumes très rudimentaire de Télé-Métropole, la moustache « à la Hitler » qu'il s'est collée sous le nez au moment de la création du personnage et qui le suivra pendant des années. Juliette Huot, une autre comédienne très connue, incarne Mme Sylvain, qui possède la maison de chambres de la série, avec son amie Berthe Lespérance. *Symphorien* comptera deux cent soixante-neuf épisodes et tiendra l'affiche pendant près d'une décennie, du 8 septembre 1970 au 26 avril 1977.

Les premiers enregistrements commencent en août 1970. Dès le début, Janine Sutto adore «faire Symphorien», comme elle le dit, parce que, contrairement à la majorité des productions auxquelles elle a l'habitude de participer, les acteurs prennent des libertés avec le scénario. Les comédiens répètent trois matins par semaine, au restaurant Le Sambo, un endroit populaire, rue Sherbrooke, dans l'est de Montréal. La répétition commence à neuf heures, mais les textes de Marcel Gamache n'arrivent qu'à la dernière minute, par taxi, juste avant neuf heures. Les acteurs découvrent donc l'histoire tous ensemble, à haute voix, en lisant les textes qu'ils bonifient au fur et à mesure que la lecture avance. En répétant, ils ajoutent souvent de nouvelles blagues. Mais Gamache, qui sera toujours réceptif aux améliorations proposées, conserve le droit de regard final sur ce qui va en ondes.

Contrairement aux habitudes aussi, les comédiens de *Symphorien* ne font pas de tables, comme on dit dans le métier: cette première étape des répétitions, où les acteurs lisent d'abord les textes autour d'une table. Ils répètent dès le début debout, en position, mais ils répètent longtemps, ce qui rend Janine Sutto très heureuse. Elle qui aime bien travailler longuement avant de jouer. Et quand vient le moment d'entrer en studio pour enregistrer l'émission, il n'y a plus de place pour l'improvisation: tout est écrit.

Janine elle-même contribue à définir le caractère de son personnage, qu'elle modèle sur celui de Bélise, dans *Les Femmes savantes*, de Molière: «Une autre vieille fille, qui ne s'est jamais mariée, mais qui se croit irrésistible et qui s'invente des soupirants.» Berthe Lespérance en fait devient une Bélise moderne. La comédienne va même jusqu'à choisir la perruque de son personnage: «Je voulais en faire une vieille fille qui avait toutes les audaces. Pas une pincée agressive, mais une femme qui se jetait sur tous les hommes!» Berthe Lespérance allait représenter, selon elle, une nouvelle génération de femmes fortes et autonomes.

Très tôt, le personnage de Mlle Lespérance prend beaucoup plus d'importance que les créateurs ne l'ont prévu. Dès la première année, Marcel Gamache, Gilles Latulippe et Janine Sutto sont même surpris de l'accueil du public à l'endroit de Berthe : « Mlle Lespérance était drôle, raconte la comédienne, et on a conclu que sa popularité venait du fait que toutes les familles ont des demoiselles Lespérance. » Peu à peu, les auteurs vont donc accroître le nombre de situations favorisant sa présence. Janine Sutto, toujours modeste, prétend que son ami Gilles Latulippe lui écrivait des scènes parce qu'il voulait surtout l'aider à mieux boucler ses fins de mois. Parce qu'il savait qu'elle avait besoin d'argent. Mais lorsqu'elle essaie de le remercier de cette générosité, il lui répond : « T'occupe pas de cela, c'est pour le bien de l'émission ! »

Latulippe, lui, confirme plutôt que le personnage de Berthe faisait vendre l'émission, et que les deux auteurs ont vite fait de la mettre en scène dans chacun des épisodes. Gamache, lui aussi très modeste face aux acteurs, s'inspire souvent de leur interprétation. Quand cela fonctionne, il renchérit à son tour. Quand cela ne fonctionne pas, il reprend le contrôle. C'est ainsi, selon Latulippe, que Berthe Lespérance s'est développée en grande partie grâce au talent de Janine Sutto, que les deux auteurs respectaient beaucoup : « Pour elle, dit-il, il n'y a pas de petits rôles. Elle adore jouer, comme au premier jour : ça se sent. »

Entre les deux comédiens se développe une amitié qui ne se démentira jamais : Latulippe admire cette passion du jeu chez la comédienne de plus de dix ans son aînée, mais aussi sa rigueur. Ce qu'elle exige d'elle-même, elle l'exige également de ses partenaires : « Elle connaît son texte et elle a peu de tolérance pour la nonchalance et l'approximation. Elle est sévère, dure même, si vous n'aimez pas ça autant qu'elle ! »

Janine, elle, décrit Latulippe comme un homme attentionné à son endroit, qui joue un rôle de protecteur auprès d'elle. C'est ainsi qu'un jour, devant cette popularité de Mlle Lespérance, Latulippe lui dit : « Tu ferais un argent fou si tu faisais les cabarets. » Il lui propose de transposer son personnage sur scène pour en faire un monologue qui, selon lui, risque de remporter beaucoup de succès à travers le Québec.

Mais Janine Sutto refuse parce qu'elle n'imagine pas comment, avec ses deux filles, elle pourrait consacrer autant de temps en tournée en plus de tous ses autres engagements. Elle rejette l'idée aussi parce qu'elle ne souhaite pas partir seule dans une telle aventure : « Je lui répondais : "Avec toi, oui, mais pas toute seule !" » De toute façon, Latulippe n'est pas plus disponible, à l'époque, pour se lancer dans les cabarets du Québec. En plus de ses activités à la télévision, il gère son théâtre des Variétés, qu'il a ouvert en 1967.

L'actrice a peut-être peur aussi d'être trop identifiée à ce personnage de Berthe Lespérance. Déjà, à l'époque, des collègues la préviennent du danger. Mais elle ne s'en fait pas outre mesure. Certains parmi les meilleurs comédiens du théâtre et de la télévision, comme Jean-Louis Millette et Gérard Poirier, auront eux aussi des rôles importants dans la série. Même des metteurs en scène comme André Brassard, le gourou des *Belles-Sœurs*, trouvent la série très drôle et lui en font part. Pendant toute la période de *Symphorien*, Janine continue à jouer au théâtre et ailleurs à la télévision, où elle incarne une multitude d'autres personnages. Mais parmi tous ceux-là, c'est celui de Berthe qui lui collera le plus à la peau. La télésérie *Symphorien* fera d'elle une vraie vedette du peuple. Ainsi cette anecdote savoureuse où un jour, Janine Sutto, qui se fait un devoir d'avoir toujours de la monnaie dans ses poches à donner aux mendiants, rencontre par hasard à l'entrée d'un grand magasin du centre-ville un de ceux qu'elle a l'habitude de croiser plutôt dans son quartier de la Côte-des-Neiges. En l'apercevant, le mendiant s'écrie : « Je m'excuse, Berthe, j'avais oublié de te dire que j'avais déménagé. »

Étrangement, alors que son personnage de Berthe Lespérance remporte un tel succès populaire, et qu'il lui rapporte des revenus réguliers en même temps que du plaisir, Janine Sutto, elle, ne va pas bien. Après l'épreuve de la mort de son mari, elle a beaucoup de difficulté à s'adapter à sa vie de mère de famille monoparentale. Tous les matins, alors qu'elle doit se rendre au Sambo pour les répétitions, elle est en retard à cause des problèmes de transport de sa fille Catherine. Chaque jour de la semaine, et ce sera le cas pour les décennies qui suivront, Janine envoie sa fille Catherine avec les transports adaptés pour les handicapés dans un atelier où Kiki passe ses journées. Mais les transports sont toujours retardés à cause de conflits d'horaire. L'équipe de *Symphorien* a beau être très compréhensive, l'organisation de la vie matérielle de la petite famille pèse lourd dans la routine de la comédienne.

Au début des années 1970, Janine Sutto commence à boire de plus en plus, et tous les collègues de *Symphorien*, qui savent qu'elle passe une période extrêmement difficile et qui suivent les péripéties de ses amours avec D., restent encore très compréhensifs. Janine ne se confie pas à Gilles Latulippe, pas plus qu'aux autres, sauf peut-être à son amie de longue date, Juliette Huot. Latulippe s'étonne lui-même d'ailleurs du professionnalisme de la comédienne, qui ne laisse rien paraître de ses difficultés personnelles dans l'exercice de son métier. Étrangement, en fait, l'époque de *Symphorien,* aussi prospère soit-elle pour la comédienne, correspondra à la période la plus difficile de sa vie privée.

Scène 3. Réorganiser sa vie

En juin 1971, quelques semaines après son déménagement au Rockhill, Janine Sutto reçoit le prix de la Meilleure Comédienne de l'année au Gala des prix Méritas, des prix du public comparables aux prix Artis d'aujourd'hui. Un baume, sans doute, après une année éprouvante. Le prix comprend un voyage à Montego Bay, en Jamaïque, où Janine se rend avec Mireille et Catherine. Guy Provost et sa femme de l'époque, Denise Vachon, se joignent à elles. Ensemble, ils partagent l'immense villa avec domestiques qui leur est offerte avec le prix.

Durant ce voyage, la comédienne se rend compte à quel point elle commence à devenir dépendante de l'alcool. Un besoin irrésistible de compenser le stress et probablement la dépression qui l'assaille, par une consommation très forte d'alcool et d'un apéritif en particulier, pour lequel elle gardera un attachement nostalgique : le Dry Martini. « Je me suis mise à boire quand tout le monde est mort autour de moi, dit-elle, mais je me suis mise à boire très consciente. »

En Jamaïque, avec les Provost, l'alcool coule à flots. Janine, qui fait chaque jour la liste, avant d'aller faire les courses, inscrit « un quarante onces de scotch, puis un autre quarante onces de gin ». Les Provost réagissent en lui disant : « Tu exagères, on ne boit pas tout ça ! » « Mais certainement, on boit tout cela », répond-elle. Janine sait ce qu'elle fait, mais elle en a besoin. Les enfants – ses deux filles, Mireille et Kiki, ainsi que Sylvie, la fille de Guy Provost et de Denise Vachon –, qui font partie du voyage, assistent à tout cela pendant les deux semaines que durent les vacances dans cette magnifique villa des Caraïbes.

Durant cette période particulièrement éprouvante qui s'amorce pour elle, Janine Sutto bénéficie au moins de l'appui de beaucoup d'amis, comme Guy Provost, ou Georges Carrère et Mariette Duval, qui lui feront passer des étés de répit réconfortants dans leur théâtre des Marguerites; de Gilles Pelletier et Françoise Gratton, qui seront ses alliés discrets et fidèles pendant les décennies à venir; ou d'Andrée Boucher, la comédienne, ex-femme de Serge Deyglun, avec laquelle elle partage ses malheurs.

Mais il y a aussi autre chose qui la tient en vie: en plus de ses propres enfants, il y a la chaleur de la famille Sutto; cette petite famille française tissée serrée, qui poursuit ses aventures en terre d'Amérique. André, son grand frère, est devenu un homme d'affaires prospère, à la tête de l'Office central de Montréal. Avec Simone, sa femme, ils voient leur famille s'agrandir: Claude Sutto, l'aîné, professeur d'histoire à l'Université de Montréal, et sa femme, le Dr Madeleine Biron, ont un deuxième enfant, Dominique, en 1971. Michèle Sutto, la sœur de Claude, et son mari Alain Dudoit, un futur diplomate, ont eu Sandrine durant l'année 1970.

Janine Sutto va se projeter dans cette famille qui grossit, où elle trouvera une vie de clan, animée essentiellement par Simone, la cuisinière et l'organisatrice qui tiendra encore pendant plusieurs années tout ce petit monde uni. Durant cette période, elle se rapproche ainsi de ses neveux, les deux garçons d'André, et en particulier de Jean-Pierre Sutto, un avocat brillant, mais un peu rebelle, comme sa tante, et dont Janine apprécie les conseils et l'esprit. Elle conserve aussi des liens extrêmement chaleureux avec les enfants d'Henry et de Mimi d'Estée, Micheline et surtout Serge, qui a été si près de son père jusqu'à la fin. C'est de cette deuxième famille que vient une aide précieuse qui amène Janine à provoquer un autre changement fondamental dans sa vie. Pour assurer l'avenir de ses deux filles, elle doit résoudre une fois pour toutes sa relation difficile avec l'argent et commencer à mettre de l'ordre dans ses finances : « À la mort d'Henry, avoue-t-elle, j'avais cent dollars devant moi. »

Dans les mois qui suivent son installation au Rockhill, au cours d'une discussion dans le salon de son appartement, devant l'immense fenêtre où, du dix-septième étage de son édifice, elle admire tous les jours le paysage des Laurentides, Sem Holowaty, le mari de sa belle-fille Micheline, la convainc de confier à un tiers la gestion de ses finances, un administrateur à qui elle accepterait de se soumettre. Janine va se faire « administrer ». Elle est donc prise en main par André Charbonneau, un comptable de la firme Charbonneau, Brisson, Guérin et associés. Le « contrat » implique qu'elle ne peut plus, elle-même, dépenser ce qu'elle gagne sans l'accord des comptables, qui lui font des chèques pour chacun de ses besoins : loyer, restaurants, budget de la maison, etc. Dans les premiers mois, chaque semaine, elle les appelle pour leur dire qu'elle n'en peut plus, et chaque fois ils la reçoivent patiemment pour lui rappeler les bienfaits de l'arrangement.

Janine va supporter toute sa vie cette frustration énorme et cette perte d'autonomie au nom de l'avenir de ses deux filles et pour sa propre stabilité. Elle, qui pourtant gagne très bien sa vie et travaille constamment, doit briser de façon définitive sa relation bizarre avec l'argent, qui lui fuit toujours entre les doigts : « Moi, je vivais sur l'avenir. On vivait toujours sur ce qu'on recevrait plus tard », dit-elle en se rappelant la période de sa vie avec Henry, en particulier. Andrée Boucher, qui elle-même se fait « administrer », est témoin de scènes au cours desquelles son amie Janine, regardant son courrier, met de côté les comptes sans même les ouvrir, accumulant ainsi des dettes qu'elle n'ose pas considérer. Mais la mère de famille, comédienne très populaire, qui ne montre rien de ce désarroi en public, va prendre les choses en main. Suivant les conseils de ses administrateurs, elle fonde Mica, sa compagnie, dont Andrée Boucher devient la présidente.

En plus de ses parents et amis qui l'entourent et la rassurent, il y a aussi D., qui est plus important que jamais dans sa vie. Ils se voient beaucoup et il est très généreux avec elle. Il lui achète souvent des bijoux. Janine conserve encore aujourd'hui sur un des lustres de son appartement du Rockhill des branches séchées d'un bouquet de feuilles de gui, que D. lui a apporté le jour de ses cinquante ans, au moment du déménagement.

Mais leurs relations ne sont pas toujours harmonieuses, loin de là, en particulier quand il s'agit du métier qui les passionne tous les deux. À l'automne 1971, D. tient le rôle-titre dans une grosse production du Rideau Vert. Janine se présente au théâtre lors d'une matinée, un samedi après-midi, et à l'entracte, elle se rend dans la loge de son amoureux et lui donne une leçon de théâtre en lui faisant la liste de tout ce qu'elle perçoit comme ses défauts. Les témoins se souviennent que D., qui avait déjà des réserves sur sa performance, en avait les larmes aux yeux, tellement l'attaque avait été virulente. Le soir après la deuxième représentation, il aurait quitté les lieux en disant: «Je ne vais pas au restaurant, je ne le mérite pas.» Monique Miller, qui a été témoin de la scène, est convaincue que D. supportait les sautes d'humeur et les crises de son amoureuse parce qu'il était profondément épris d'elle; leur relation était passionnelle.

Janine Sutto elle-même n'a pas oublié cette scène qu'elle regrette et qui relevait, selon elle, de cette habitude étrange dont elle ne se passera que très tard dans sa vie de critiquer ouvertement ses collègues lorsqu'elle estimait qu'ils jouaient mal. Certains admireront ce courage de l'actrice qui ne retient pas ses jugements; d'autres lui en voudront longtemps. Louise Latraverse raconte comment, jeune actrice se produisant au théâtre des Variétés, où elle s'initie à la comédie, Janine vient la voir à l'entracte et lui dit: «Ça, ma petite fille, on ne fait pas ça!» «Et je m'en suis souvenu pour le restant de mes jours. Je jouais avec Gilles Latulippe, et quand je faisais une blague, je riais de ma blague. J'ai appris là quelque chose en comédie pour le restant de ma vie.»

Gilles Pelletier, lui, était tout simplement hors de lui lorsque sa sœur Denise, Huguette Oligny et Janine Sutto, qui allaient souvent au théâtre ensemble, faisaient la moue toutes les trois ensemble, sans dire un mot à personne, durant l'entracte lorsqu'un spectacle ne leur plaisait pas. «J'avais dit à

Janine : "Je ne vous comprends pas. On se trompe tout le monde dans ce métier-là. Des fois on l'a pas, l'affaire, mais c'est pas à nos camarades qu'il appartient de nous dénigrer." »

Mais quand Janine Sutto s'attaque à D., lors de cette représentation au Rideau Vert, il y a autre chose en jeu : cette passion émotionnelle entre les deux êtres, qui se transforme souvent en querelle. Les collègues de travail et l'entourage de Janine Sutto sont témoins de cette relation tourmentée depuis un bon moment déjà. Gérard Poirier assiste à une scène entre les deux amoureux, rue Dorchester, près de Radio-Canada, où Janine Sutto lance dans la rue un cadeau que D. vient de lui offrir. Même Mireille, l'adolescente, est témoin de discussions tendues entre sa mère et D., sur le balcon de l'appartement familial au Rockhill.

À la fin de juin 1972, Janine Sutto est couronnée pour une deuxième année consécutive lors du Gala annuel des prix Méritas ; cette fois, elle reçoit le titre de Madame Télévision de l'année. Tous les journaux de vedettes rappellent qu'elle obtient ce prix vingt-sept ans après avoir été élue Miss Radio, en 1945. Encore une fois, c'est le triomphe pour la grande artiste qui est en vedette sur les deux grands réseaux de télévision du Québec, Télé-Métropole et Radio-Canada. Son personnage dans la série *Symphorien* – qui est maintenant diffusée en couleurs sur tout le réseau TVA, créé en 1971 – est tellement populaire que Gilles Latulippe et Marcel Gamache présentent une version pour la scène, *Les Aventures de Symphorien*, du 10 avril au 10 mai 1972, dans le théâtre des Variétés du comédien, rue Papineau, à Montréal. Un spectacle qui est repris plus tard au théâtre Saint-Denis et commandité par Bombardier.

Ce soir de gala, l'actrice est au faîte de sa gloire et elle est radieuse, avec ses cheveux courts, châtains légèrement teintés de blond, alors qu'elle partage les projecteurs avec Yvan Ducharme, Monsieur Télévision 1972. Mireille, qui a douze ans, assiste à l'événement au bras de sa mère. Elles sont maintenant toutes les deux presque de la même taille. Dans le cahier « SPEC » de *La Presse* qui suit le gala, on publie une « Lettre aux idoles » adressée à Janine, dans laquelle un admirateur rappelle l'avoir vue à trois reprises dans la production de *Liliom*, montée par L'Équipe, durant les années 1940. Mais c'est franchement l'impact de son rôle de Mlle Lespérance qui attire à Janine Sutto le vote populaire. Le personnage est devenu une sorte de mythe pour le public de Télé-Métropole et pour l'ensemble de la population du Québec. *Le Journal des vedettes* publie, en page de couverture, une photo de Janine Sutto disant, à propos du gala : « Je l'savais, sans trop y croire. » Ironiquement, le journal contient aussi un article sur D., où il confie au journaliste : « J'ai une femme merveilleuse[34]. »

Dès le lendemain du Gala Méritas, la comédienne se retrouve dans le confort du théâtre des Marguerites de ses amis Georges Carrère et Mariette Duval, qui ont accepté de reporter leur première d'une journée, pour laisser place au gala. Le théâtre présente cet été-là *Vacances pour Jessica*, une comédie de Carolyn Greene, adaptée par Michel André. Avec, en plus de Janine Sutto, Gérard Poirier, Yves Létourneau, Georges et Mariette. Les représentations qui vont durer jusqu'au 4 septembre sont à 21 heures en semaine, avec deux spectacles le samedi soir : à 19 h 30 et 22 h 30. Le journal *Télé-Radiomonde* présente deux pages de photos sur le théâtre et la vie quotidienne des comédiens dans ce domaine agréable sur les bords du lac Saint-Pierre, où Janine passera plusieurs étés. Mais malgré les honneurs qu'elle vient de recevoir et la chaleur de l'affection des Carrère-Duval, Janine ne va pas bien. Chaque soir, à l'entracte, Georges Carrère lui apporte le gin tonic dont elle a besoin pour se remonter le moral. Les amours avec D. sont difficiles, les contraintes de leurs vies familiales respectives et cette nécessité de n'en rien laisser paraître en public provoquent des tensions de plus en plus vives. Janine doit en outre s'habituer à une vie plus contraignante financièrement, ce qu'elle accepte mal.

Dans les semaines qui suivent, l'hebdomadaire *Nouvelles illustrées* révèle une des raisons qui justifient l'angoisse que ressent la comédienne : on y voit une photo de Janine

---

34. *Le Journal des vedettes*, 1er juillet 1972.

en première page avec un titre racoleur : « Ce que Janine Sutto n'a jamais révélé. » Le journal nous apprend que l'actrice célèbre a de graves problèmes d'argent « comme tout le monde », mais surtout une dette de trente mille dollars à l'impôt. Une somme colossale pour l'époque. La comédienne se confie : malgré toutes ses occupations – en plus de *Symphorien*, on cite le fait qu'elle vient de tourner dans *Kamouraska*, le dernier film du cinéaste Claude Jutra, qu'elle joue dans *Le Major Plum-Pouding*, à Radio-Canada, et qu'elle enseigne l'art dramatique à la maison –, elle a des problèmes financiers parce qu'elle ne peut rien se refuser. Elle ajoute qu'elle n'est pas une femme d'affaires : « Dernièrement, une grande compagnie m'a demandé de prendre quelques photos publicitaires. Je n'ai pas discuté de prix, j'en suis d'ailleurs incapable. C'est alors qu'un ami s'apercevant de mon incompétence financière a transigé ce contrat pour moi. J'ai été étonnée du résultat. Jamais je n'ai eu un tel montant d'argent aussi rapidement[35]. »

Le journal présente aussi des photos de la vie de la comédienne à son chalet de Pointe-du-Lac, près du théâtre des Marguerites. On y voit Mireille et Catherine, qui auront bientôt quatorze ans. Janine y décrit sa vie de théâtre d'été et surtout le fait que les gens affluent au théâtre dans le but de voir en chair et en os Mlle Lespérance. Il y a déjà à cette époque une convergence entre les journaux populaires et le Canal 10, qui sert très bien la carrière de Janine Sutto. Mireille, elle, raconte au journaliste qu'elle s'ennuie un peu et qu'elle a très hâte au 4 septembre – la fin des représentations au théâtre des Marguerites – pour rentrer à Montréal et retrouver « un garçon aux cheveux blonds » auquel elle tient beaucoup. Elle dit aussi qu'elle veut devenir comédienne. Janine se livre à d'autres révélations sur sa vie familiale : elle dit qu'elle ne veut pas placer Catherine dans une institution, mais qu'elle demande moins à sa fille Mireille de s'en occuper et qu'elle a engagé une dame « d'un certain âge ». En fait, déjà, la comédienne commence à sentir que Mireille

---

35. *Nouvelles illustrées*, 29 juillet 1972.

a besoin d'air, même si elle ne le dit pas ouvertement à sa mère. Enfin, Janine Sutto parle de l'amitié qui la sauve : de ses amies Andrée Boucher, Françoise Lemieux, Denyse Saint-Pierre et Geneviève Bujold.

Après la publication du reportage dans *Nouvelles illustrées*, Janine va trouver, grâce à une idée de génie de son neveu Jean-Pierre Sutto, une façon d'effacer sa dette de trente mille dollars à l'impôt. Jean-Pierre lui suggère en effet de profiter du trésor littéraire d'Henry Deyglun pour renflouer ses finances. La comédienne décide donc de donner aux Archives nationales du Canada tous les manuscrits de son mari, qu'elle a conservés malgré les déménagements successifs, en retour de crédits d'impôts qui couvrent le montant de sa dette. Un jour, elle voit arriver chez elle, au Rockhill, ces « gens d'Ottawa », comme elle les appelle, à qui elle remet, en vrac, des caisses de matériel dans lesquelles elle n'a jamais osé faire un tri : « Je leur ai dit "Prenez les caisses" sans savoir exactement ce qu'elles contenaient. J'ai signé les papiers et leur ai donné la clé du *locker*. Deux ans après, j'ai reçu un catalogue des archives d'Henry. Tout était classé. Je ne sais pas comment ils ont fait[36] ! »

Mais qu'est-ce qui pousse Janine Sutto, durant cet été 1972, à révéler aux journaux ses problèmes financiers et, par le fait même, une partie de sa vie privée ? Pourquoi raconter en public, soudainement, avec une telle candeur, ce qu'elle garde pour elle depuis des mois ? Janine espère-t-elle ainsi attirer la compassion des autorités du fisc ? Des années plus tard, elle reconnaît que le geste est plutôt étonnant. Janine deviendra beaucoup plus discrète en vieillissant. Mais en ce début des années 1970, elle répond certes aux questions des journalistes, mais on a l'impression aussi qu'elle souhaite passer certains messages, révéler une partie des difficultés qu'elle connaît. Dans les années qui vont suivre, elle utilisera souvent ces entrevues avec les journaux pour faire campagne en faveur d'une aide accrue aux gens qui, comme elle, ont la charge d'un enfant handicapé.

---

36. *Idem.* Le fonds Henry Deyglun, aux Archives nationales du Canada, est composé de textes innombrables de séries radiophoniques, de pièces de théâtre, et d'autres essais de l'auteur.

Scène 4. « Il me reste mes deux filles »

Le 19 août 1972, un an et demi après la mort de son mari, pendant que Janine Sutto joue au théâtre des Marguerites, le fils d'Henry Deyglun, Serge, meurt à son tour, victime lui aussi malgré son jeune âge – quarante-quatre ans – d'un cancer du poumon et de l'abus d'alcool. L'hebdomadaire *Télé-Radiomonde* raconte qu'il est mort dans la nuit du 19, « dans les bras de sa mère Mimi d'Estée et de Janine Sutto, sa belle-mère ». Ce n'est pas vrai ; Janine n'est pas à ses côtés au moment de sa mort, mais le départ de Serge est une nouvelle épreuve qui la ramène encore plus à sa solitude. Dans sa peine, elle n'a qu'une mince consolation qui lui prouve que la vie est parfois bien faite. Henry n'aurait jamais supporté, dit-elle, de voir son fils qu'il adorait mourir avant lui.

La mort de Serge est un choc pour elle et pour Mireille aussi, auprès de laquelle Serge, après la mort d'Henry, était devenu l'homme, le pilier de la famille qu'elle admirait. Le coureur des bois qu'elle voyait, enfant, arriver en hydravion dans la baie de Vaudreuil. Une sorte de dieu rassurant qui l'impressionnait. Le jour des funérailles, à l'église de Notre-Dame-de-Grâce, les journaux montrent Mireille en larmes, à la sortie de l'église. On voit aussi Janine, les cheveux en broussaille, en compagnie de Mimi d'Estée, la mère de Serge. Elles sont ensemble durant les obsèques. En bas de vignette d'une photo datant des années 1940, où on voit Serge avec son père Henry, *Télé-Radiomonde* écrit : « Ces deux hommes auront été pour le Canada français des défricheurs. Deyglun junior jouait dans les pièces qu'écrivait son père[37]. »

Serge Deyglun est un homme de grand talent entouré d'amis et d'admirateurs. Chanteur, poète, humoriste à ses heures et surtout grand chroniqueur de chasse et de pêche, domaine où il fait office de pionnier, sa mort est largement couverte pas les médias. Plusieurs de ses proches, l'animateur-vedette Roger Baulu, les chanteurs Marc Gélinas et Raymond Lévesque, les amis d'Henry, comme Paul Dupuis ou Guy Provost, sont aussi présents aux funérailles. Durant l'enterrement qui suit au cimetière, Mireille pleure tellement que Marie-Christine Lussier, la femme de Serge, s'en inquiète auprès de sa mère.

Deux mois plus tard, en octobre 1972, Janine Sutto fait une nouvelle sortie dans les journaux. L'hebdomadaire *Télé-Radiomonde* fait sa couverture avec une photo de la comédienne et de sa fille Catherine, accompagnée d'un autre titre sensationnel : « À cause de sa fille handicapée, Janine Sutto attaque le gouvernement. » On y apprend que, lorsqu'elle doit s'absenter pour travailler, Janine confie sa fille Catherine à une dame Laroche, qui est la tante de l'actrice Françoise Lemieux. Puis Janine ajoute : « Les parents de tels enfants doivent être très courageux, car les gouvernements ne font que très peu de chose pour les handicapés mentaux[38]. »

Pour la comédienne, c'est une des premières interventions publiques en faveur d'une cause qu'elle appuiera durant le reste de sa vie. Depuis quelque temps, elle en parle dès qu'elle en a l'occasion, dans des émissions à la radio, à la télévision ou autrement. Sans aide de l'État, Janine doit elle-même trouver des ressources pour s'occuper de Catherine et lui permettre d'aller gagner sa vie. Après cette dame Laroche, qui doit la quitter pour cause de maladie, Janine Sutto a recours à Lorraine Bernier, une dame qui lui restera toujours fidèle, et qui lui est recommandée par sa femme de ménage. Mais aussi dévouées soient-elles, ces femmes ne peuvent consacrer qu'un nombre limité d'heures à

---

37. *Télé-Radiomonde*, 2 septembre 1972.
38. *Télé-Radiomonde*, 28 octobre 1972.

Catherine. Janine appelle donc à l'aide : « J'avais plus rien, je ne savais plus quoi faire avec Catherine ! »

Comme s'il fallait en rajouter, au début de novembre 1972, après Henry et Serge, Janine perd aussi sa mère, Renée Rimbert-Sutto, qui meurt des suites d'un cancer de l'intestin. Durant l'été précédent, la famille a décidé de déménager Mémé Renée, comme ils l'appellent familièrement, au Rockhill près de sa fille, dans un appartement voisin, pour que Janine puisse avoir un œil sur elle. À quatre-vingt-un ans, Renée Rimbert commence à perdre la notion du temps et elle peut de moins en moins s'occuper seule d'elle-même. Mireille est heureuse de ce déménagement qui la rapproche encore davantage de sa grand-mère. Mais avant même qu'il ne soit terminé, Renée éprouve des malaises soudains qui provoquent son hospitalisation : les médecins diagnostiquent un cancer généralisé. La mère de Janine va passer plusieurs semaines à l'Hôtel-Dieu, où chaque jour, quand elle le peut, sa fille va lui porter un repas chaud qu'elle a elle-même préparé. Mais Renée Rimbert ne sortira pas vivante de l'hôpital.

Les funérailles ont lieu le 6 novembre à l'église Notre-Dame-des-Neiges, en présence d'une foule d'amis de la famille Sutto et de personnalités liées à la comédienne qui se retrouvent, pour la troisième fois en un an et demi, à l'église pour des funérailles : « Mes pauvres camarades, ils n'arrêtaient pas de venir aux enterrements. »

Le journal *Dimanche/Dernière heure* révèle que Renée Rimbert parlait couramment six langues et qu'elle était la critique la plus intransigeante de sa fille ! Ce que Janine reconnaît : un jour, après l'avoir vue dans *Le Malentendu*, de Camus, à la télévision, où la comédienne jouait une sombre meurtrière, sa mère lui avait reproché de ne pas sourire beaucoup ! En page de couverture, on voit Mireille au salon mortuaire, derrière sa maman, une main sur son épaule comme pour la soutenir. Les deux femmes pleurent[39].

Le Journal des vedettes écrit un peu grossièrement : « Notre Madame Télévision est bien déprimée et ça se comprend

---

39. *Dimanche/Dernière heure*, 5 novembre 1972.

facilement. » Le journal rappelle la série noire que la comédienne a vécue depuis le décès de son mari. « Où puise-t-elle le courage de poursuivre ses émissions de télévision pour nous faire rire ? poursuit le journal. Alors qu'au fond, elle n'a que le goût de crier à tout le monde qu'elle a un gros chagrin. »

Janine, citée par le journal, fait une fois de plus le point sur sa vie : « Il me reste maintenant mes deux filles, Mireille et Catherine, et surtout que ma petite Catherine a tellement besoin de moi. Maintenant je ne vis que pour elles. Maman est morte, mais pour nous la vie continue[40]. »

Échos Vedettes consacre aussi deux pages aux funérailles en citant Janine : « Il faut accepter le destin, même si c'est parfois cruel. » Le journal précise que Renée Rimbert est enterrée dans un lot du cimetière de la Côte-des-Neiges réservé à l'Union nationale française[41].

D. n'est pas aux funérailles, mais il s'est présenté la veille au salon mortuaire et il a offert à Janine de passer toute la journée avec elle pour l'aider à traverser cette période difficile. L'amoureux clandestin, faute d'avouer sa passion au grand jour, témoigne une fois de plus, en secret, de sa fidélité et de son affection à l'endroit de la comédienne.

Les collègues de *Symphorien* aussi l'aident beaucoup. Durant l'hiver 1972-1973, une grande partie de l'équipe décide de passer des vacances à Puerto Rico. Juliette Huot, Marcel Gamache et son épouse, Pierre Morin, Gilles Latulippe et sa femme Suzanne se retrouvent tous dans un bel hôtel au bord de la mer. Ils invitent Janine, persuadés que cela va lui faire du bien, après tout ce qu'elle vient de vivre. Janine Sutto laisse donc ses deux filles aux bons soins de sa nouvelle gardienne, Mme Bernier.

Le début des vacances est difficile : « J'étais pas drôle. Je me rappelle qu'avec Juliette on s'écrivait des mots : "Je m'en vais là et je veux pas être dérangée." » Mais très tôt l'humour des camarades – qui se réunissent tous les soirs pour un apéro à la chambre de Marcel Gamache, avant de passer

---

40. *Le Journal des vedettes*, 18 novembre 1972.
41. *Échos Vedettes*, 18 novembre 1972.

la soirée au restaurant – a raison des sentiments dépressifs de Janine et lui fait retrouver son sourire. Au point qu'un jour elle accepte même d'être la complice d'une blague de Gilles Latulippe à l'endroit de sa femme, Suzanne. Depuis le début de leur séjour à Puerto Rico, Suzanne convoite une bague, qu'elle trouve très belle, dans une boutique de l'hôtel. Durant la journée, Latulippe va la lui acheter en cachette et il demande à Janine Sutto de la porter de façon ostentatoire. Pendant tout le dîner, ce soir-là, la comédienne fait tout ce qu'elle peut pour attirer l'attention de l'épouse de Gilles Latulippe jusqu'à ce que celle-ci éclate, furieuse : « Ah, ma bague ! » En riant avec tout le monde autour de la table, les deux complices lui avouent évidemment leur stratagème.

Encore une fois, Janine boit beaucoup durant ce voyage, mais c'est aussi le lot d'un peu tout le monde, sauf Latulippe, qui n'a jamais consommé beaucoup d'alcool. Il faut dire qu'en général tout est prétexte à la fête dans l'équipe de *Symphorien*. Juliette Huot, l'animatrice du groupe, organise souvent à Montréal des réceptions somptueuses ; Marcel Gamache, des *parties* magnifiques qui pouvaient durer toute la nuit, chez lui, à Sainte-Dorothée, où il possède un grand jardin.

Un soir, au cours d'une de ces fêtes chez Béatrice Picard où toutes les femmes ont cuisiné, Gamache fait venir, à onze heures du soir, une quinzaine de poulets de St-Hubert BBQ. Une de ses blagues typiques. Malgré tous les efforts culinaires des femmes de l'équipe, les hommes finissent la nuit en mangeant du poulet St-Hubert, en compagnie du livreur !

En revenant de Puerto Rico, la reprise du travail est pénible. Janine Sutto se sent emportée par la dépression. Avant les enregistrements de *Symphorien* en studio, elle demande à Jean-Louis Millette, qui s'est joint à l'équipe, de lui faire répéter ses textes, parce qu'elle ne va pas bien. Certains jours, elle demande même au réalisateur, par caprice, de jouer en portant ses lunettes fumées, pour cacher ses yeux. Puis elle se résigne à oublier son caprice. Durant cette période, chaque fois qu'elle le peut, elle harcèle Madeleine Biron, la femme de son neveu Claude Sutto, qui fait office de médecin de famille, pour qu'elle lui donne des médicaments qui puissent contrer sa dépression : « C'est effrayant ce que je disais à Madeleine : "C'est pas possible qu'on soit en 1972 et qu'il y ait pas une pilule pour vous remonter !" » Janine a probablement besoin de l'aide d'un médecin, mais dans la tourmente de sa vie intense et perturbée, elle ne prend pas le temps de consulter : « Officiellement, personne ne me soignait, j'avais pas le temps d'être soignée ! »

En plus de consommer beaucoup d'alcool, elle commence à prendre aussi « un tas de pilules », comme elle le dit elle-même. Si Madeleine Biron, plus prudente, ne lui prescrit pas ce qu'elle veut, elle le trouve autrement. Comme à l'époque où elle prenait de la benzédrine : « Pour résister, pour faire ce que j'avais à faire. Je ris quand les gens me disent : "Vous avez dû faire attention à votre santé !" J'ai pas fait attention à ma santé. J'ai fait tout ce qu'il fallait pas faire. C'est un docteur qui nous signait toutes les ordonnances qu'on voulait : des speed, des amphétamines, n'importe quoi ! Je ne sais pas comment je suis sortie de tout cela. »

Pendant plus de dix-huit mois, entre la mort de son mari, celle de Serge et celle de sa mère Renée, la comédienne a l'impression de sombrer dans l'horreur. Mais si elle entame la cinquantaine dans le drame et la solitude, elle saura se reprendre en mains et dominer la dépression qui l'assaille. Andrée Boucher prétend que ce qui la sauvera, c'est l'humour et l'autodérision. Mais la passion de son métier aussi, une fois de plus.

De nouveaux projets se préparent au théâtre. Elle poursuit ses « aventures » avec Gilles Latulippe et les autres dans *Symphorien*. Et, maintenant plus libre, elle pourra peut-être aussi se laisser aller à sa passion pour D.

Mais au-delà de tout, Janine Sutto connaîtra au cours des années suivantes un sentiment exceptionnel : celui de voir sa propre fille Mireille se rapprocher d'elle et suivre ses traces en se lançant elle-même dans ce métier de toutes les passions. Janine va-t-elle tenter de l'en dissuader ? Ou plutôt l'encourager ? Chose certaine, la mère qui arrive à peine à assumer l'intendance auprès de ses filles s'apprête maintenant à se rapprocher d'elles, pour le meilleur et pour le pire.

Scène 5. Le travail qui sauve la vie

Après les dix-huit mois de série noire qu'elle vient de passer au début des années 1970, Janine Sutto continue à prendre d'autres décisions qui changent sa vie. Pour aider à combler le trou sans fond de ses finances, et surtout, se garder un revenu secret qu'elle cache aux comptables qui l'administrent, elle commence à donner chez elle, au Rockhill, des cours privés d'art dramatique. Mireille, qui rêve déjà d'être actrice, voit donc défiler chez elle des jeunes élèves qui vont devenir plus tard des vedettes de la scène : Raymond Legault, Normand Brathwaite, Rachel Verdon, Alexis Martin, qui se présentent dans le petit appartement de quatre pièces, où il faut déplacer les meubles du salon et les dizaines de plantes dont la comédienne raffole, pour aménager un espace de jeu. Tout cela sous l'œil de Catherine, qui malgré sa déficience intellectuelle, éclate de rire à chacun des *punchs* quand les élèves répètent des pièces de Feydeau. « Kiki s'assoyait et riait aux bons endroits. J'ai jamais compris ça, se souvient Janine. Dans *Le Barbier de Séville*, elle riait. Michel Forget et Jean-Bernard Hébert venaient donner des répliques. On avait monté *Un tramway nommé désir*, qui était meilleur que ce qui s'est fait par la suite au théâtre ! »

Janine, qui n'a jamais enseigné son métier – sauf lors d'une expérience d'un an au Conservatoire d'art dramatique du Québec, en septembre 1971, où elle a remplacé à la dernière minute le titulaire de la classe de finissants –, trouve le travail intéressant, mais difficile au début. La comédienne

235

a des réticences – ou de la pudeur – à donner des conseils, même si elle est une critique redoutable des productions de ses collègues et de ses propres performances.

Alexis Martin est étudiant au collège Jean-de-Brébeuf, près du Rockhill, quand, à dix-sept ans, il fait la connaissance de Janine Sutto. Une fois par semaine, pendant un an, il va fréquenter cette femme, qu'il découvre généreuse et consciencieuse, pour préparer avec elle les auditions d'entrée au Conservatoire. La comédienne a, avec lui, un rapport presque maternel. Le trouvant trop maigre, elle lui sert du pain grillé et du fromage avant de commencer à travailler. Avec elle, il s'initie au théâtre de répertoire qu'il ne connaît pas : Racine, Marivaux, Tchekhov. Janine travaille à partir des extraits de grands auteurs. Martin est tout de suite impressionné par sa connaissance intime du répertoire qu'elle a « pratiqué » depuis tant d'années ; il est aussi étonné par la finesse de son approche, sa délicatesse : « Elle n'essayait pas de changer nos personnalités, mais nous amenait à saisir l'intelligence du texte et à comprendre le personnage. C'était un enseignement d'artisan, rien de "formaté". » Aujourd'hui, il dit que ces grands acteurs qui ont transmis ce savoir d'artisan, appris sur les planches, font la richesse du théâtre québécois.

Normand Brathwaite sera son élève en 1976, pour préparer son concours d'entrée au cégep Lionel-Groulx de Sainte-Thérèse. En arrivant au Rockhill, jeune élève formé au théâtre d'improvisation dans les polyvalentes, quand il découvre les murs remplis de livres, il a l'impression de humer, de sentir la culture. D'entrée de jeu, Janine Sutto lui fait lire en entier la pièce de Goldoni, *Arlequin, valet de deux maîtres*. Puis *Poil de carotte*, de Jules Renard, dont sont tirés les extraits devant servir à son audition. Il découvre aussi Mireille, qui lui donne la réplique dans *Arlequin* et dont il est amoureux en secret. Brathwaite gardera toujours des liens avec cette professeure hors du commun.

Janine Sutto investit beaucoup d'énergie dans ce tutorat : elle va jusqu'à assister aux auditions de ses élèves dans les processus d'admission aux écoles. Elle se fait un devoir d'être à leurs côtés jusqu'au bout, de partager leur stress, en dépit de ses occupations diverses et de ses problèmes de gardiennes. « C'est un nouveau métier pour moi », confie-t-elle à Normand Robidoux, dans la courte biographie que celui-ci publie sur Janine Sutto en 1972, aux Éditions Quebecor. « J'ai appris à connaître les jeunes et je pense qu'ils ont beaucoup de talent. Ils sont équipés comme des professionnels et c'est merveilleux ! » Robidoux raconte qu'au cours des dernières années, la comédienne a rencontré des milliers de jeunes dans les cégeps, où elle est invitée souvent à prononcer des conférences. Des rencontres, précise-t-elle, pour lesquelles elle est rémunérée[42].

Mais l'enseignement ne sera jamais une option permanente pour Janine Sutto, même pour assurer sa survie financière. Hormis une autre expérience de deux ans, à Saint-Hyacinthe durant les années 1980, et un passage aussi à l'option théâtre du cégep de Sainte-Thérèse, où elle réalise quelques mises en scène, elle refusera toutes les propositions sur une base permanente. La comédienne veut jouer. C'est ce qui la motive et lui donne l'énergie pour sortir de ses passages les plus éprouvants.

Dans cette biographie de Normand Robidoux, on apprend une foule de détails révélateurs sur l'état d'esprit et la vie quotidienne de Janine au cours de cette période. Par exemple, lorsqu'elle y dévoile qu'elle « n'a pas confiance en elle-même ». Qu'elle est encore d'une timidité surprenante. Ou bien qu'elle affectionne les chevaux et que ses amis se souviennent d'elle comme d'une belle écuyère. Pendant un temps, Janine a fait de l'équitation chez son amie Janine Mignolet, qui possède un centre équestre à Cowansville. On apprend aussi que la comédienne se méfie de l'engagement politique, qui « est parfois de nature à donner des œillères à certaines personnes ». Un leitmotiv qui reviendra fréquemment dans ses propos. Même si elle avoue avoir une sympathie pour le Parti québécois et pour René Lévesque, qu'elle admire, elle dit craindre la période de violence qui a bouleversé la province même si elle « comprend que le

---

42. Normand Robidoux, *Janine Sutto, op. cit.*

Québec ait évolué si brusquement qu'un éclatement fût prévisible ».

Janine est en effet troublée par les changements rapides que connaît le Québec. Après la crise d'octobre 1970, la grève du Front commun dans la fonction publique et l'emprisonnement des chefs syndicaux, elle se demande jusqu'où ira la remise en question de l'autorité traditionnelle. Mais elle n'hésite pas à afficher sa ferveur nationaliste : « Nous sommes chez nous et nous n'avons pas à faire de concessions aux Anglais », dit-elle à Robidoux.

Au début des années 1970, pendant que le Québec subit ces bouleversements qui la préoccupent, Janine Sutto poursuit son projet de remettre à flot ses finances personnelles. Si elle peut compter sur sa participation hebdomadaire à la série *Symphorien* pour s'assurer un revenu régulier, à Radio-Canada, les offres se font plus rares. Après la fin des *Belles Histoires*, en 1970, une rediffusion de la série *Médée*, de Marcel Dubé, du 24 décembre 1970 au 14 janvier 1971, et deux *Soirées au théâtre Alcan*, en 1971 et 1972, il ne lui reste que sa participation régulière à la série pour enfants *Les Carnets du major Plum-Pouding*.

C'est ainsi, pour trouver d'autres occasions de jouer, qu'elle va participer, au début des années 1970, à la renaissance du cinéma québécois en acceptant une série de petits rôles dans des films relevant d'un nouveau genre cinématographique : les films de sexe, qui vont marquer cette période par leur succès au box-office.

En 1970, elle joue dans *Deux femmes en or*, un film de Claude Fournier sur la vie sexuelle débridée de deux femmes de banlieue qui cherchent à se sortir de l'ennui de leur quotidien, Fernande Turcot et Violette Lamoureux, incarnées respectivement par Louise Turcot et Monique Mercure. Les nouveaux développements urbains sont en pleine expansion dans la périphérie des grandes villes du Québec. Janine Sutto joue un rôle minime dans la production, celui de Mme Lalonde dont le mari, incarné par Georges Groulx, meurt d'une crise cardiaque en faisant l'amour avec Fernande Turcot. On la voit surtout en cour, durant le procès intenté par l'État contre les deux femmes en or, qui seront finalement graciées et en tireront gloire.

Quand on l'engage pour l'équivalent d'une journée de tournage dans *Deux femmes en or*, Janine Sutto n'a pas fait de cinéma depuis sa première expérience dans *Le Père Chopin*, en 1944, où le tournage avait duré pratiquement tout l'été, et où la plupart des techniciens étaient américains. Cette fois, le contexte a bien changé : le plateau de tournage est presque familial, très « broche à foin », selon elle.

Malgré ces réserves sur la production, Janine Sutto garde de *Deux femmes en or* un souvenir agréable ; elle dit même avoir été surprise du résultat, lorsqu'elle va voir le film au cinéma avec son amie Denyse Saint-Pierre : « On s'est regardées après la projection et on s'est dit : "Sais-tu qu'ils sont pas mal bons !" » Le film a fait plus d'un million cinq cent mille entrées à l'époque, un record d'assistance qui durera au moins trente ans.

En 1971, on la retrouve dans *L'Initiation*, de Denis Héroux, avec Chantal Renaud et Danielle Ouimet, qui est devenue un sexe-symbole au Québec depuis son rôle de blonde sulfureuse dans *Valérie*, le premier film du genre réalisé par Denis Héroux en 1968. Dans ce tournage de *L'Initiation*, la femme du réalisateur, Justine, qui agit comme productrice pour le tournage, cherche à économiser le plus qu'elle peut, au point que les comédiennes doivent elles-mêmes fournir leurs vêtements : « Il faisait froid, se souvient Janine, j'avais acheté un manteau, puisqu'on n'en avait pas pour moi. Elle ne voulait pas le payer. J'ai dit : "Très bien, je m'en vais !" Finalement, ils m'ont remboursée et je suis restée ! »

Durant une courte période de deux ans, de 1970 à 1972, Janine Sutto va participer à une demi-douzaine de ces films osés et humoristiques qui sont tournés en rafale.

À la suite de *L'Initiation*, elle enchaîne dans *Après-ski*, de Roger Cardinal, le réalisateur qu'elle a connu lors de ses débuts à la télévision de Radio-Canada, avec, entre autres, René Angelil et Céline Lomez : « Ça battait tous les records ! Je me demande comment j'ai pu me mettre dans ce bourbier. » La comédienne joue avec Mariette Lévesque, son mari

Jean Brousseau, Céline Lomez et Daniel Pilon, avec qui elle a beaucoup de plaisir. Mais elle trouve le film d'une bêtise incroyable : « On tournait à Sainte-Adèle à vingt degrés sous zéro. Nul au point de vue direction, pas organisé ; on m'appelait sans savoir où se passait la scène, sans savoir si on avait des vêtements pour moi. Je leur demandais : "Qu'est-ce qu'on apporte comme vêtements ?" Ils me répondaient : "Oh, apportez donc quelque chose de chaud." Je leur disais : "Je ne sais pas encore quelle scène !" Alors ils ajoutaient, par dépit : "Apportez donc plusieurs choses." »

Durant la même année, Janine renoue avec le réalisateur Claude Fournier, dans *Les Chats bottés*, avec Paul Berval, Donald Lautrec, Donald Pilon et Louise Turcot, qui vient de connaître le succès dans *Deux femmes en or*. Fournier l'engage pour incarner le personnage de Mariane Zenaïde, une adepte du spiritisme qui meurt dans une étrange cérémonie funéraire au cours de laquelle quatre hommes nus exécutent une danse autour de son lit de mort. En tournant la scène complètement absurde, elle dit à Fournier : « Mais qu'est-ce que tu me fais faire ? » « C'était ridicule, mais Claude [Fournier] trouvait ça drôle ! » se souvient-elle. Donald Lautrec et Donald Pilon, les deux Chats bottés, forment avec leurs femmes deux couples qui se spécialisent dans les projets farfelus et les coups pendables. Janine, qui trouve le scénario insignifiant, en parle au réalisateur : « Tu pourrais inverser les répliques, ça ne changerait rien ! Tu n'as pas de personnages ! » Étrangement, même si elle déteste la plupart des scénarios de ces films, même si elle dénonce souvent les conditions de tournage, elle avoue qu'elle s'amuse dans les rôles qu'on lui donne.

Janine se retrouve aussi au cinéma avec son camarade Gilles Latulippe, dans un film loufoque, écrit par Marcel Gamache, et réalisé par les frères Héroux, *Pousse, mais pousse égal*. Gilles Latulippe incarne un jeune amoureux, Conrad Lachance, qui impatiente tout le monde par ses gaffes, et en particulier le père de son amoureuse, Gisèle, jouée par Céline Lomez. Janine Sutto est la tante de Gisèle, une vieille fille, encore une fois, qui est amoureuse des hommes, mais qui n'a jamais réussi à en épouser un.

Dans une édition de *Super Vedette* consacrée aux Monsieur et Madame Télévision 1972, Janine Sutto fait un bilan de son expérience mitigée dans l'univers du cinéma québécois. La série de films de sexe dans lesquels elle vient de jouer ne lui plaît pas du tout, leur dit-elle. Pour la comédienne, c'est un genre de cinéma qui ne mène à rien : « Au point de vue technique, tout est parfait. Ce qui nous manque maintenant, ce sont des scripteurs, des écrivains capables de nous permettre un cinéma authentiquement québécois. Il en est de même pour le théâtre, il nous faut d'autres bons hommes comme Tremblay, Buissonneau, Deschamps, Dubé et quelques autres du genre. Ils ne sont pas assez nombreux présentement, et si on leur en demande trop, on risque de les voir s'épuiser, pour ne pas dire se vider. La qualité et la quantité, tant au cinéma qu'au théâtre, ne vont généralement pas de pair[43]. »

Encore une fois, l'actrice au franc-parler tient à dire ce qu'elle pense du monde dans lequel elle évolue, même si elle reconnaît que le cinéma et le théâtre québécois ont droit à une période d'apprentissage. Mais que fait-elle dans cet univers de films osés très populaires, dont elle dit souvent qu'elle ne les a même pas vus à l'écran ? Elle, si critique de ses compagnons, comment accepte-t-elle alors de jouer dans des « navets » au cinéma ?

En rétrospective, la comédienne dit qu'on la payait bien pour ces rôles, qu'elle n'y consacrait, somme toute, que peu de temps, et qu'elle était obligée d'accepter pour gagner sa vie : « Je ne pouvais pas me permettre de refuser ; et puis, tu te dis aussi, bien ça, c'est mauvais, mais plus tard, s'ils font d'autres films, t'es quand même dans le milieu ! »

C'est la loi du métier au Québec : à cause de l'exiguïté du bassin de population francophone au cœur de l'Amérique, les pièces de théâtre ne sont pas à l'affiche plus d'un mois, en moyenne, et les comédiens sont sous-payés. Pour survivre, il faut donc prendre tout ce qui passe ! Pour Janine Sutto, la veuve de qui dépendent deux jumelles dont une handicapée, la diversification, c'était une obligation.

---

43. *Super Vedette*, vol. 1, n° 4, septembre 1972.

Pendant ces années où elle accepte tous ces films un peu vulgaires, il y a toutefois une pause qualitative dont elle parle beaucoup comme d'un moment heureux et stimulant, puisqu'elle travaille avec un réalisateur de cinéma qui représente un espoir.

Scène 6. *Kamouraska*

En 1972, Janine reçoit une offre du réalisateur Claude Jutra pour jouer dans *Kamouraska*, un long-métrage de fiction réalisé en coproduction franco-québécoise, à partir du roman de la grande écrivaine Anne Hébert ; Jutra est un cinéaste à succès au Québec. L'année précédente, son film *Mon oncle Antoine* – qui se déroule dans une petite ville de la région de l'amiante, durant les années 1920, autour du personnage du propriétaire du magasin général, incarné par Jean Duceppe – a été un moment marquant pour le cinéma québécois.

L'histoire de *Kamouraska*, cette fois, se déroule dans le Québec rural du XIXe siècle. La jeune Élisabeth, incarnée par Geneviève Bujold, épouse Antoine Tassy, le seigneur de Kamouraska, mais rapidement le comportement brutal de son mari infidèle l'incite à se réfugier chez ses tantes. Le seigneur de Kamouraska l'y poursuit. Sa domination physique et sexuelle rendent Élisabeth malade. Antoine décide de lui présenter son vieil ami, George Nelson, un médecin américain exilé dans la petite localité. Élisabeth devient aussitôt amoureuse et les deux amants en viennent à comploter pour tuer Antoine. En fin de compte, c'est George qui se rend lui-même à Kamouraska pour commettre le meurtre. Élisabeth est acquittée du crime, mais pour échapper au scandale, elle devra se remarier avec un autre homme.

Pour reconstituer l'atmosphère du roman, Jutra dispose du budget le plus important, jusqu'alors, de toute l'histoire du cinéma québécois. Janine Sutto, habituée aux productions minimalistes des frères Héroux ou de Claude Fournier, et aux conditions de travail difficiles, est ravie. Les lieux de tournage différents et variés sont choisis par son ami François Barbeau. Plusieurs scènes du film sont ainsi tournées dans une vieille maison de pierre, complètement transformée pour les besoins du tournage, sur le mont Royal, près du Belvédère : « Ils venaient me chercher le matin. Six mois avant, c'était les essayages de Barbeau, chaque robe avait quatre jupons. »

Barbeau décide que les comédiennes Janine Sutto, Olivette Thibault et Huguette Oligny, qui vont jouer les trois tantes d'Élisabeth, ne seront pas maquillées et qu'elles conserveront leurs cheveux naturels. Mais Olivette Thibault, une grande actrice que Janine respecte et qui a fait beaucoup d'opérette au Monument national, avec costumes et perruques, fait une crise chaque matin pour être maquillée. Janine, elle, se prête au jeu, comme toujours, parce qu'elle ne recule jamais devant une nouvelle expérience.

La comédienne est heureuse de travailler avec Claude Jutra, son directeur photo, Michel Brault, et toute l'équipe tellement sophistiquée qui les entoure. Elle suggère même à Jutra d'engager son ami Gilles Latulippe, qui va jouer un tout petit rôle dans *Kamouraska*.

Mais elle est aussi heureuse de se retrouver une fois de plus dans une production avec celle qu'elle considère un peu comme sa fille spirituelle dans le métier, Geneviève Bujold, à laquelle elle est très attachée. Les deux femmes, qui se sont connues à la radio durant les années 1960, dans *Barrage contre le Pacifique*, de Marguerite Duras, ont déjà joué plusieurs fois au théâtre ensemble.

Bujold, qui va d'ailleurs gagner en 1973 le prix du meilleur rôle féminin au Festival du film canadien de Toronto pour son rôle dans *Kamouraska*, est déjà une vedette internationale. Mariée au cinéaste canadien Paul Almond, dont elle divorce en 1972, elle a surtout marqué le grand public par son interprétation du personnage d'Anne Boleyn, dans le film d'Almond, *Anne of the Thousand Days*, sorti en 1969, où elle a joué aux côtés de Richard Burton et Irène Papas, et pour lequel elle recevra un Golden Globe Award et une nomination aux Oscars. Janine a assisté à la sortie du film avec Mireille, en 1969. Toute la communauté artistique montréalaise en avait été éblouie.

Mais si l'aventure a été agréable, si elle retrouve sur le plateau de *Kamouraska* des camarades et des amis avec lesquels elle est heureuse, l'appréciation que Janine Sutto fait du produit final est encore une fois redoutable. Quand elle assiste avec sa fille Mireille à la première du film à Montréal en 1973, la soirée est magnifique, en présence des deux acteurs-vedettes, le Français Philippe Léotard, que Mireille trouve tellement beau, et Geneviève Bujold, qui fait maintenant presque partie de leur famille. Mais Janine, elle, trouve le film raté. Elle n'apprécie pas le jeu des comédiens qui incarnent les deux rôles masculins les plus importants, le mari et l'amant, joués par Philippe Léotard et le Canadien anglais Richard Jordan, qui, selon elle, n'ont pas l'envergure des personnages du roman : « Jutra n'avait pas la force et la violence de ce livre, soutient-elle encore aujourd'hui. [Michel] Brault aurait dû le faire. Les deux s'entendaient bien, pas de chicane, mais Geneviève voyait les *rushes* et elle était lucide, elle refaisait beaucoup de scènes. Mais pas de problème, il y avait des moyens. Tout ça se faisait discrètement. Ce n'était pas un plateau de chicanes. Geneviève était magnifique, mais ce n'était pas le livre ! »

En deux ans, la comédienne a fait le tour de la production cinématographique au Québec en allant du pire au meilleur, et elle en sort avec un sentiment mitigé face au métier d'acteur de cinéma auquel elle consacrera peu de temps, dans le reste de sa vie : « Quand on tourne dans un film, on attend beaucoup, dit-elle, changement de plan, changement d'éclairage. Mais quand on arrive pour le faire, il faut que ton personnage soit là, tout de suite et on n'a rien répété. Il y a des metteurs en scène qui font répéter – c'est le bonheur pour les acteurs –, mais c'est tellement rare que j'ai entendu cela une fois peut-être. Mais tu parles ; t'en as des rencontres, il t'explique le personnage. Je trouve que ça va trop vite ; c'est un autre métier. Et puis, quand tu tournes, c'est le grand

mystère : qu'est-ce que ça va être ? Tu es dépendant du réalisateur mille fois plus qu'au théâtre. Mais tu prends le risque.
J'aime ça, pour cette sorte de dépouillement avec la caméra.
Tout doit passer par un regard. Tout doit passer alors que tu
ne fais rien. »

Scène 7. La vie reprend son cours

Au début de 1973, Janine Sutto poursuit sa participation dans *Symphorien*, dont le succès ne se dément pas. On la voit aussi dans *Monsieur Masure*, de Claude Magnier, aux *Beaux Dimanches* de Radio-Canada. Une pièce de boulevard tournée dans un théâtre, à Trois-Rivières, où elle joue le personnage de Jacqueline Giraux. La petite famille du Rockhill a désormais retrouvé une routine, après deux années de deuil et d'adaptation à une nouvelle vie. Mireille, à quatorze ans, poursuit ses études secondaires au collège Villa-Maria; elle aide aussi souvent sa mère en servant de gardienne pour sa sœur Catherine. Parce que, pour assurer le bien-être de sa fille handicapée, Janine Sutto commence à manquer de ressources.

Le 15 mars 1973, la comédienne se joint à une centaine de personnalités pour le lancement d'un nouveau journal, *L'Enfance inadaptée*, dédié aux parents et aux spécialistes, comme le dit l'en-tête. Le premier numéro consacre deux pages au phénomène de l'enfant trisomique, qu'on appelle à l'époque le «mongolien». Le titre de l'article est une citation des propos de Janine: «L'acceptation du mongolien est la solution pour les parents.» Elle lance une fois de plus un appel à l'aide aux gouvernements en faveur des parents d'enfants handicapés[44].

On apprend dans l'article que la Commission des écoles catholiques de Montréal, qui ne possède qu'une seule classe

---

44. *L'Enfance inadaptée*, vol. 1, n° 2, mars 1973.

pour enfants déficients, s'est occupée de Catherine depuis l'âge de dix ans, mais que tout cela s'est terminé brutalement; la comédienne raconte que le directeur de l'école du boulevard Saint-Joseph, un Belge, lui a fait parvenir une lettre lui donnant quinze jours pour trouver un autre endroit, prétextant que Catherine avait passé l'âge admissible. C'est une maison privée, la maison Richard, rue Sainte-Marguerite, à Saint-Henri, qui a pris la relève, mais Janine déplore le «manque de classes spéciales et de spécialistes pour s'intéresser au cas du mongolisme».

Elle est désespérée au moment où elle lance ce nouvel appel à l'aide. Catherine, malgré son âge, a besoin de surveillance presque vingt-quatre heures sur vingt-quatre, et l'actrice, débordée de travail, n'y arrive plus. Pour compenser le manque de ressources, elle doit souvent demander l'aide de Mireille, mais elle a l'impression d'abuser de la présence de sa fille: «Elle ne pouvait pas avancer, la pauvre petite.» Trois mois plus tard, un autre journal confirme le malaise. *Nouvelles illustrées*, qui consacre deux pages aux relations de Mireille avec sa mère, met en exergue une phrase choc de l'adolescente: «Plus jeune, j'aurais voulu que maman soit là plus souvent[45].»

Ce n'est pas la première fois que Mireille s'exprime ainsi: dès l'âge de neuf ans, du haut des marches de l'escalier de l'appartement de la rue Prince-Albert, la petite a lancé à sa mère, au moment où elle quittait la maison pour aller travailler, cette phrase qui a eu l'effet d'un poignard: «Un jour, je serai comédienne, mais moi, je ne jouerai que dans deux ou trois pièces, et après je n'abandonnerai pas mes enfants.» Cette fois, Mireille, l'adolescente, ne parle plus seulement à sa mère. Elle décide de dire haut et fort ce qu'elle retient, sans doute, depuis trop longtemps.

Dans ce même article de *Nouvelles illustrées*, Janine parle de ses relations avec sa fille: «Si Mireille avait un gros problème, elle me le dirait sans crainte. Elle sait que je suis pas le genre de mère à pousser des cris et à m'indigner ou à

---

45. *Nouvelles illustrées*, 23 juin 1973.

m'offusquer. » On découvre, dans les propos de la comédienne sur l'éducation de son adolescente, une ouverture d'esprit remarquable pour l'époque, même si les choses évoluent très rapidement dans la société québécoise du début des années 1970. Sur la drogue et les jeunes, par exemple : « Ils sont à un âge qui les pousse à essayer tout ce qui passe. Notre rôle est d'en être conscient, mais surtout de ne pas faire l'autruche. » Même ouverture sur les relations amoureuses. On y apprend que la famille s'apprête à partir pour le Portugal, en vacances, et que Mireille y emmène son petit ami, Michel : « L'amour libre, ajoute Janine Sutto, ben là aussi, il ne faut pas se dire "Ben non, ma fille, jamais ! Pas elle !" »

Mais Janine Sutto ne laisse pas tout passer ; elle garde le contrôle sur l'essentiel. Ainsi un jour, lorsque Mireille devient follement amoureuse d'un chanteur beaucoup plus vieux qu'elle, Mike Brant, qui lui offre de partir avec lui, la comédienne se rend à la répétition d'une émission de télévision à Radio-Canada animée par Claude Quenneville, le dimanche soir, à laquelle le chanteur doit participer. Suivant Mireille à la trace, Janine apostrophe Mike Brant en lui disant : « Je suis la mère, vous savez ! »

Durant l'été 1973, Janine emmène donc ses deux filles pour un voyage de trois semaines au Portugal. Dans le journal *Dernière heure* qui consacre deux pages à ces « Merveilleuses vacances de Janine Sutto et de ses enfants au Portugal », on découvre pour la première fois le fameux « petit ami » de Mireille, Michel. Le voyage est organisé par une agence fondée par Pierre Nadeau, Richard Garneau et Pierre Paquette, trois vedettes de Radio-Canada que Janine connaît bien. Mais tout commence mal. Partie le 22 juin de Montréal, la petite famille découvre à son arrivée que la villa qui devait leur être réservée ne l'a pas été. La comédienne se met donc en colère : « C'est bien parce que je buvais que j'étais combative, se souvient-elle, je les avais tellement engueulés. » Résultat : elle obtient en compensation pour toute la durée du séjour une villa de dix pièces, plus luxueuse que celle qui avait été réservée.

Au cours de ces vacances, elle se rapproche beaucoup de Lucie Garneau, la femme de Richard, qui deviendra une amie fidèle et une des nombreuses gardiennes de sa fille, Catherine. Janine se lie aussi d'amitié avec France Nadeau, la femme de Pierre.

Pendant qu'ils sont en vacances au Portugal, le *Photo Journal* publie un autre entretien « exclusif » avec Janine Sutto avec un titre sensationnaliste coiffant la photo de famille en page couverture : « La grande épreuve de Janine Sutto. » Puis un autre titre en tête de l'article, en page 2 : « Malgré cette terrible épreuve, Janine Sutto n'a jamais voulu abandonner sa petite fille malade. » Encore une fois, la comédienne cherche par tous les moyens à alerter et à aider les gens qui, comme elle, sont débordés par la garde d'un enfant handicapé[46]. Elle reprend le même discours dans une entrevue au journal *Les Secrets des artistes*, quelques mois plus tard, où elle explique : « Pourquoi je n'ai pas voulu placer ma fille mongole. » « Si c'est possible, je la garderai toujours avec moi », dit-elle dans l'article. Janine raconte qu'elle a fait installer le lit de Catherine dans sa propre chambre, et qu'elle la nourrit sainement pour qu'elle ne prenne pas trop de poids[47].

À cinquante-deux ans, Janine Sutto, la mère de famille monoparentale, maintient sa détermination à garder chez elle cette enfant handicapée de quinze ans et à lui donner toute l'affection dont elle a besoin. Une résolution qu'elle tiendra toute sa vie, jusqu'à l'épuisement de ses propres forces. Mais tout au long de ce parcours, elle n'aura de cesse de se battre pour améliorer l'aide aux parents qui, comme elle, ont choisi ce chemin. Andrée Boucher prétend que de toute façon, Janine n'aurait pas pu se passer de sa fille Catherine, et que d'une certaine manière, la sérénité et l'innocence de Kiki lui ont beaucoup apporté : « Elle dit que Catherine l'a sauvée. »

Faute d'avoir toute l'aide publique qu'elle souhaiterait, Janine Sutto se donnera toute sa vie les moyens d'entourer Catherine d'amour et de sécurité – en payant souvent très

---

46. *Photo Journal*, semaine du 2 au 8 juillet 1973.
47. *Les Secrets des artistes*, vol. 8, n° 3, 19 janvier 1974.

cher les services de gardiennes fidèles et attentionnées – tout en conservant la liberté de se consacrer, elle, à la passion de sa vie, son métier. Louise Latraverse, une autre amie de la comédienne, ajoute : «Janine n'aurait jamais pu rester à la maison pour s'occuper de sa fille. Elle est trop curieuse pour cela, et elle adore travailler avec ses camarades. Quand on lui dit qu'elle est courageuse, elle dit : "Je ne suis pas courageuse. Catherine, ç'a été un cadeau dans ma vie. Elle m'a beaucoup donné. Je n'ai pas de courage."»

Mais, en ce début d'année 1974, les choses s'apprêtent à changer pour le mieux. Grâce à l'intervention d'une travailleuse sociale – et sûrement grâce à la pression des appels publics répétés de sa mère –, Catherine Deyglun est accueillie en garde de jour par l'école Peter Hall, une école bilingue pour enfants déficients, qui accepte de passer outre aux règles touchant les limites d'âge admissibles. Catherine va rester à Peter Hall jusqu'à l'âge de vingt-trois ans.

Janine révèle aussi, dans le même numéro du journal *Les Secrets des artistes*, qu'elle rêve d'ouvrir un restaurant – comme si elle n'avait pas un horaire assez chargé – et qu'elle en a parlé à son amie Juliette Huot. En fait, Janine en parle également à son neveu Jean-Pierre Sutto, son homme de confiance. La comédienne souhaite devenir propriétaire d'un restaurant dans le quartier autour de la nouvelle Maison de Radio-Canada, qui vient d'ouvrir ses portes au 1400, boulevard Dorchester Est – qui deviendra le boulevard René-Lévesque en 1987. Pendant quelques semaines, Jean-Pierre visite même des locaux possibles. Elle en discute aussi longuement avec Juliette Huot, qui publie elle-même des livres de cuisine. Janine s'imagine déjà hôtesse dans le restaurant. Mais Juliette Huot renonce finalement au projet, prétextant qu'elle est trop vieille. Et heureusement pour Janine Sutto, l'idée n'ira pas très loin.

À l'automne 1973, la comédienne et son amoureux, D., se voient encore régulièrement, plusieurs fois par mois, dans des hôtels, surtout. Les amants évitent toujours de sortir ensemble en public, dans les restaurants ou les événements mondains, pour ne pas éveiller les soupçons. Leur hôtel de prédilection est le Windsor, rue Peel, où leurs allées et venues sont tellement connues du personnel que, souvent, les femmes de chambre qui croisent Janine dans l'ascenseur lui disent familièrement : « C'est au cinquième, madame. » En fait, beaucoup de gens sont au courant de leur relation, en particulier dans le milieu des acteurs et des actrices, mais les amoureux ne font pas exprès de s'afficher. Janine, qui est maintenant plus libre, souhaiterait peut-être vivre cette relation amoureuse au grand jour, mais D. veut préserver sa vie familiale. Sans qu'ils en aient jamais vraiment parlé ouvertement, il n'est pas question pour Janine Sutto d'exiger de son amant qu'il quitte sa femme. Mais les relations entre eux vont bientôt se détériorer à cause d'un tournant majeur dans la vie de D.

Au milieu de 1973, il annonce qu'il fonde sa propre compagnie de théâtre. Mais alors qu'avec Janine ils avaient rêvé maintes fois d'un projet de troupe idéale, qui fonctionnerait selon des critères sur lesquels ils s'entendaient tous les deux, cette fois il ne propose pas à son amoureuse de faire partie de son projet, au contraire. La nouvelle compagnie sera gérée par D. avec les membres de sa famille. Ce qui exclut d'office Janine, qui ne sera jamais invitée à y jouer. La nouvelle est un coup dur pour la comédienne ; la source d'un conflit énorme entre eux – c'est le mot qu'elle emploie –, qui va provoquer la fin de leur relation. Dans les mois qui suivent, elle va aussi critiquer ouvertement la production de la nouvelle compagnie de théâtre, qui, à ses débuts, se cherche beaucoup. Les deux amants vont commencer à espacer leurs rencontres.

Durant cette période, la comédienne part de toute façon en tournée à travers le Québec avec *Florence*, une pièce de Marcel Dubé, mise en scène par le réalisateur-vedette de Radio-Canada, Richard Martin, pour le TPQ, le Théâtre populaire du Québec, qui prévoit plus d'une soixantaine de représentations. La tournée est organisée en collaboration avec le gouvernement provincial, qui prête même son avion pour assurer les déplacements de la troupe. Janine joue le personnage de la mère, en compagnie de Louise Turcot, la vedette de *Deux femmes en or*, et de Jean Perraud. Dans cette tournée qui se déroule en plein hiver 1973-1974, Janine Sutto découvre pour la première fois la rivière et l'archipel de Mingan ; elle revoit les Îles-de-la-Madeleine. Elle retrouve surtout le plaisir de la tournée, qui lui permet d'échapper au rythme effréné de sa vie à Montréal et d'oublier les tracas de la maison. Une délivrance pour cette femme débordée, qui peut enfin en profiter pour dormir tard le matin et qui toute sa vie recherchera ce genre de pause salutaire.

En 1974, Janine renoue avec le cinéma en jouant dans *La Pomme, la Queue et les Pépins*, une autre réalisation de Claude Fournier. Un autre « navet » auquel elle accepte de participer pour l'argent, encore une fois, et parce que tout cela lui prend très peu de son temps. Le film est tourné en partie à l'oratoire Saint-Joseph, où Janine, dans son rôle d'Adrienne, va prier pour que le nouveau mari de sa fille, incarnée par Han Masson, puisse retrouver sa virilité. Une occasion pour la comédienne de découvrir ce monument emblématique de Montréal dans lequel elle n'a jamais mis les pieds.

Louise Turcot, Thérèse Morange, Donald Lautrec et Danielle Ouimet composent le reste de la distribution ; une brochette de comédiens populaires avec lesquels Fournier espère réaliser un autre succès au box-office. Cette fois, le réalisateur n'hésite pas à jouer dans la grossièreté pour attirer les foules : dans son rôle d'Adrienne, Janine Sutto vit avec Ti-Bé, un homme vulgaire, incarné par Roméo Pérusse, qui ne cesse de péter et de faire des rots à l'écran, au grand dam de son épouse. « On l'a un peu scandalisée », raconte Claude Fournier, en parlant de cette situation grotesque qu'il impose encore une fois à la comédienne. Mais il se souvient que rien ne transparaissait dans son jeu. Malgré les réticences qu'elle pouvait avoir face au scénario, et surtout au personnage de Pérusse, Janine jouait son rôle à fond. Fournier, qui va renouer avec Janine Sutto en 1999 en lui offrant le rôle de Joséphine dans la série *Juliette Pomerleau*, à TVA, restera fasciné par le professionnalisme de cette actrice qui lui dit constamment : « Dis-moi ce que tu veux, je vais te le faire ! »

Pendant l'été 1974, Janine Sutto joue à nouveau au théâtre des Marguerites, dans *Quand épouserez-vous ma femme ?*, une comédie vaudeville de Jean-Bernard Luc et J.-P. Conty, mise en scène par Georges Carrère. L'affiche du théâtre présente Janine en vedette avec Guy Provost. Dans une autre entrevue à *Nouvelles illustrées,* elle parle pour une rare fois du féminisme, un courant très à la mode au milieu des années 1970, à l'égard duquel la vedette, toujours indépendante d'esprit, prend ses distances : «Je pense finalement que j'ai toujours été une femme libérée, en ce sens que j'ai toujours fait ce que j'ai voulu. C'est pour cela que les mouvements de libération me font bien sourire. Je pense que toutes les femmes ne sont aliénées que parce qu'elles le veulent[48]. »

Au début de 1975, Janine fait un voyage éclair de trois jours à Paris, à l'occasion d'un vol promotionnel sur lequel Air Canada invite toute une brochette de vedettes de la radio et de la télévision, dont le journaliste Pierre Nadeau, l'animateur de radio Michel Desrochers et le chanteur Michel Louvain. La comédienne en profite pour retrouver brièvement ses amies d'enfance, Édith et Christiane, qu'elle n'a pas vues depuis 1961.

Durant cette année 1975, elle poursuit ses participations dans *Symphorien,* mais elle entame aussi une nouvelle série qui durera deux ans à Radio-Canada, *Y a pas de problèmes,* une comédie de mœurs qui se passe dans le monde des routiers, dans laquelle elle joue le rôle de Sophie Brunelle, la femme d'Hervé, un routier, incarné par Lionel Villeneuve. On voit aussi Janine Sutto deux fois au Rideau Vert, cette année-là. Dans un Feydeau, *L'Hôtel du libre-échange,* en septembre, avec son ami Guy Provost. Une pièce que Janine, la passionnée du théâtre de boulevard, aime beaucoup, même si la mise en scène est assurée par le créateur de décors Robert Prévost, qui fait ses premiers pas dans ce nouvel emploi et que la comédienne trouve plutôt mauvais. Mais avant *L'Hôtel du libre-échange,* elle joue d'abord en mars dans *Le Bal des voleurs,* de Jean Anouilh, où elle va subir un choc qui l'amènera à vivre un quatrième deuil.

---

48. *Nouvelles illustrées,* 4 mai 1974.

Scène 8. Un tournant majeur

Un jour, pendant les répétitions de la pièce *Le Bal des voleurs*, de Jean Anouilh, qui doit prendre l'affiche le 6 mars 1975 au théâtre du Rideau Vert, Janine Sutto s'aperçoit avec effroi qu'elle est souvent en retard dans ses répliques parce qu'elle a trop bu : « J'ai eu tellement peur ! Pour moi, c'est une date importante. » Ce jour-là, elle n'en parle à personne ; pas même au metteur en scène Gaétan Labrèche, avec qui elle est pourtant très liée. Mais l'incident marque un tournant dans sa vie. À partir de ce moment, elle décide qu'elle ne boira plus d'alcool.

Le retard dans ses répliques est un déclencheur, mais Janine Sutto a d'autres raisons d'arrêter sa consommation excessive d'alcool. Après des années de dépression et la rupture graduelle de ses amours avec D., la comédienne réalise que, si elle continue à boire, elle risque de perdre le contrôle de sa vie. Ses filles sont encore jeunes et elles ont besoin d'elle. Elle va donc changer sa façon de vivre. Et ce n'est qu'un début.

Depuis sa rencontre avec Henry Deyglun, en particulier, Janine Sutto a toujours vécu dans un monde où l'alcool est omniprésent. À la maison, avec l'alcoolisme de son mari, mais aussi dans l'univers dans lequel elle travaille, celui du théâtre, de la télévision et de la radio. À l'époque des débuts du TNM, les comédiens jouent souvent après avoir bu. Dans *Jules César*, par exemple, il y avait des marches dans le décor, et tout le monde se demandait lequel des comédiens allait

255

y tomber pendant la représentation : Albert Millaire, Jean-Louis Roux, ou Gilles Pelletier, qui ne donnait pas sa place, lui non plus. Toute la direction du TNM buvait. Durant les années 1960, c'est une relation plus festive avec l'alcool au sein du groupe de Louis-Georges Carrier et de Marcel Dubé qui se réunit plusieurs soirs par semaine au restaurant Chez son père. Janine commence toujours la soirée par un ou deux martinis, en compagnie de sa grande amie Denise Pelletier, qui partage, elle aussi, un goût particulier pour cet apéritif de prédilection.

Des soirées agréables, où Marcel Dubé se retrouve entouré de tous ces amis pour lesquels il écrit.

Combien de souvenirs aussi avec son ami Guy Provost, probablement le plus alcoolique de tous. Un jour, il vient la voir en lui disant qu'il veut arrêter de boire. Provost lui raconte qu'il était attendu un soir pour enregistrer une annonce publicitaire, mais qu'il avait oublié d'y aller. Le lendemain, il va voir le réalisateur pour s'excuser de son absence. Et le réalisateur de lui répliquer : « Mais tu es venu, tu l'as fait, le commercial. » Il a compris qu'il devait s'arrêter.

À fréquenter pendant des années un monde où l'alcool prend une place prépondérante, elle en est venue, elle-même, surtout après la mort de son mari, Henry, à développer une dépendance à l'alcool. Elle dit qu'elle s'est mise à boire de façon très consciente ; une sorte de compensation pour supporter la dépression qui l'assaille.

Et les amis qui en sont témoins ne lui en tiennent pas rigueur : Michel Tremblay raconte que le problème d'alcool de Janine était connu. Qu'elle s'endormait dans les lectures de textes, en répétition. Andrée Boucher, qui allait souvent retrouver son amie sur le plateau de tournage de *Symphorien*, la surprenait parfois endormie dans un coin des décors. Épuisée par la vie qu'elle menait, et l'alcool qu'elle buvait. Elle dit l'avoir vue boire parfois à même la bouteille. Sa propre fille Mireille a des souvenirs semblables.

Ensemble, le midi, les deux comédiennes vont souvent, entre deux engagements à Radio-Canada – à l'époque où la maison mère de la société d'État est encore dans l'ouest de

Montréal –, manger chez Pausé, un restaurant de fruits de mer, au centre-ville. Elles prennent chacune deux Dry Martini avant de déguster un homard et de retourner travailler l'après-midi. Tous les midis, se souvient Andrée Boucher, « tu finissais pas un repas sans prendre un digestif. Les gens arrivaient à trois heures de l'après-midi et disaient : "Qu'est-ce que tu bois ?" Être alcoolique à ce moment-là est considéré comme très normal, parce que tout le monde boit ».

Après le choc des répétitions du *Bal des voleurs*, Janine Sutto décide donc de mettre fin à tout cela. Pour elle, le changement draconien ne sera pas difficile. La femme déterminée souffre certainement du manque d'alcool, mais, encore une fois, elle ne s'en plaint pas et elle passe aux actes. Elle dit que la peur l'a motivée. « Mon métier, et aussi mes deux enfants, explique-t-elle. Je ne voulais pas que Mireille ait honte. »

À l'âge de cinquante-quatre ans, elle arrête donc de boire tout d'un coup. Sans faire de gradation. Elle se sent même gênée au début quand elle arrive dans ses restaurants favoris et qu'on lui apporte son Dry sans lui demander son avis et qu'elle doit le retourner. Mais elle va rapidement en sentir les bienfaits : « Moi, l'alcool, ça me rendait agressive, d'abord. J'allais voir des pièces et je disais aux gens ce que je pensais. »

Sans l'influence de l'alcool, et en reprenant totalement le contrôle de sa vie, Janine Sutto va changer de personnalité. S'attendrir avec le temps et ses amis le notent.

L'équipe de *Symphorien* en particulier, où elle continue de travailler régulièrement.

« On a réalisé qu'elle ne buvait plus, se souvient Gilles Latulippe. Forcément qu'elle allait mieux. Ça va mieux, mais on n'en parle jamais ! »

Durant l'été 1975, Janine Sutto emmène ses deux filles à Siesta Key, en Floride, où, le soleil et la mer aidant, sans amis autour d'elle, elle est loin de la tentation de l'alcool.

En septembre 1975, par contre, elle joue dans *L'Hôtel du libre-échange*, au Rideau Vert, avec Guy Provost, Claude Préfontaine et Lise Lasalle. En compagnie de son vieux copain Provost, elle pourrait être tentée de recommencer à boire, mais elle tient le coup et surmonte l'épreuve.

Une page est tournée. Pour éviter les rechutes, elle va opter pour une autre solution qui lui sera présentée par son ami Roger Garceau, une expérience qui atténuera les angoisses qui l'avaient poussée à boire. Mais d'autres priorités font oublier à Janine Sutto le manque d'alcool : Mireille, sa fille, s'apprête à entrer à l'école de théâtre.

Scène 9. Voir sa fille suivre ses traces

Après avoir passé quelque temps avec ses deux filles en
Floride, Janine Sutto vit durant l'été 1975 un autre passage
difficile : elle se sépare de Mireille. À seize ans passés, la
jeune fille réalise un rêve en s'inscrivant à l'option théâtre
du cégep de Saint-Hyacinthe. Janine l'accompagne et encou-
rage même cette décision, parce qu'elle sent qu'il est important que sa fille prenne son envol. Qu'elle se libère du milieu
familial et surtout des contraintes que la vie avec Catherine,
sa sœur trisomique, lui impose, malgré elle. « Instinctive-
ment, je pensais qu'il fallait qu'elle sorte d'ici, se rappelle
la comédienne, que Mireille s'en aille ailleurs, parce que je
comptais sur elle pour tout. Comme elle ne se plaignait pas,
elle gardait souvent Catherine. Son départ a permis à Mireille
de vivre une jeunesse normale. »

À la demande de Janine, Gaétan Labrèche, qui enseigne à
Saint-Hyacinthe, aide Mireille à préparer les auditions qui lui
permettent d'entrer au cégep. Il la prépare surtout pour les
scènes modernes. Janine, elle, s'occupe des scènes classiques.
Mireille quitte donc l'appartement du Rockhill pour aller
s'installer avec des colocataires dans un logement non loin
de l'école. Gilles Latulippe se demande encore aujourd'hui
si la perspective de voir entrer sa fille dans le métier n'in-
quiétait pas un peu Janine : « Tu ne peux pas arrêter Mireille,
explique-t-il, elle l'aurait fait pareil ; mais est-ce qu'elle va faire
la carrière de sa mère, est-ce que les gens vont l'accepter ? Tu
te poses des questions ! »

En voyant sa fille se diriger vers ce métier qu'elle aime tant, Janine Sutto se pose en effet des questions, et elle s'en posera pendant des années. Quels jugements les gens du métier porteront sur sa fille ? Sera-t-elle marquée par le fait que sa propre mère a eu du succès avant elle ? On va constamment faire la comparaison. On dira que sa mère a usé d'influence pour lui obtenir ceci ou cela, alors que Janine est incapable d'une telle chose.

Mais la comédienne n'a pas le choix : elle ne peut s'opposer aux volontés de sa fille, et elle en éprouve une certaine fierté.

Quand Mireille quitte la maison, par contre, le choc est difficile autant pour la mère que pour Catherine, qui a vécu pendant seize ans avec sa jumelle une relation de dépendance sécurisante et qui va s'ennuyer terriblement de sa sœur. Mireille aussi vit tout un bouleversement à l'école de théâtre : l'apprentissage du métier, la rencontre avec des jeunes qui caressent le même rêve qu'elle et qui resteront à jamais des amis fidèles.

Peu de temps après son arrivée à Saint-Hyacinthe, elle rencontre un homme beaucoup plus vieux qu'elle, Gilles Paul, un chanteur de boîtes à chansons, dont elle devient amoureuse. Janine, qui ne l'apprécie pas, va l'ignorer jusqu'à la fin de sa relation avec sa fille. Mais, en mère responsable, elle va tout de même dans les boîtes à chansons rejoindre Mireille, les soirs de spectacle de Gilles Paul, comme cette fois, où, en pleine tempête de neige, elle se rend à Saint-Hyacinthe, avec Luis de Cespedes, le filleul de Mercedes Palomino, qui fait partie de la famille depuis l'époque de Vaudreuil, et qui, souvent, accepte de lui servir de chauffeur et d'accompagnateur. Mireille va passer deux ans au cégep de Saint-Hyacinthe.

Scène 10. La méditation

Le 24 mai 1976, la grande comédienne Denise Pelletier meurt d'une défaillance cardiaque. Mariée à un photographe de la communauté artistique, Basil Zarov, Denise Pelletier est, comme Janine Sutto, un personnage mythique de la télévision après avoir joué des rôles marquants, comme celui de Cécile, dans la fameuse série *La Famille Plouffe*. Elle est aussi une grande comédienne de théâtre dont le rayonnement s'étend même au Canada anglais.

Janine est retenue chez elle, le jour de la mort de son amie Denise Pelletier.

La veille, elle a subi une opération de chirurgie esthétique aux yeux. Elle se présente malgré tout aux funérailles, quelques jours plus tard, les yeux enflés entièrement cachés derrière des lunettes fumées. Pendant la cérémonie, Janine est inconsolable. À tel point qu'on dirait qu'elle a perdu un membre de sa propre famille.

Depuis des années, Denise et Janine sont très proches l'une de l'autre. Jeunes actrices, elles ont été amoureuses du même homme, Denis Drouin. Ensemble, elles ont contribué à la fondation du TNM, participé aux débuts de la télévision. Dans l'entourage de Marcel Dubé, elles ont passé des soirées entières devant leurs Dry Martini à échanger leurs confidences. Denise connaissait tout des amours de Janine avec D. et de la passion sensuelle qui les animait. Gilles Pelletier est aussi dévasté par la mort prématurée de sa sœur. Dans les années qui vont suivre, il va peu à peu compenser l'absence de cette femme en adoptant littéralement Janine Sutto comme sa propre sœur. Janine entretient déjà des relations très étroites avec Gilles et sa femme, Françoise Gratton, mais leurs rapports vont devenir encore plus chaleureux : « Dans mon sentiment d'amitié pour Janine, explique Pelletier, il y a une fraternité. Janine et moi, on s'appelle très, très peu, on se voit de temps en temps, mais elle est toujours là. C'est une présence affective, faite de respect, d'estime, de ce qu'elle fait pour son enfant. »

Après le choc de la mort de Denise Pelletier, Janine Sutto se retrouve une fois de plus, pendant l'été 1976, au théâtre des Marguerites qui présente, pour marquer son dixième anniversaire, *Herminie,* un vaudeville de Claude Magnier, avec Léo Ilial, Roger Garceau, Aubert Pallascio, Jean-Louis Paris, Georges Carrère et Élisabeth Chouvalidzé…

Janine va beaucoup mieux cet été-là. Toutes les semaines, son ami Roger Garceau, qui comme elle a eu à se battre contre l'alcool, apporte une caisse d'eau d'Évian en signe d'appui à la comédienne, qui continue sa cure d'abstinence. C'est l'année des Jeux olympiques de Montréal. Mais pour Janine Sutto, c'est aussi « l'année des Vespa ». Mireille, qui a quitté Saint-Hyacinthe pour venir passer l'été à Trois-Rivières, a fait venir par train la moto que sa mère lui a offerte un an plus tôt. Quand il le peut, Gilles Paul, le chansonnier de Mireille, vient se joindre à la famille Sutto-Deyglun, malgré l'accueil toujours glacial de Janine.

À la fin de l'été 1976, Roger Garceau et sa compagne, Huguette Hirsig, une « astrologue scientifique » très connue dans le milieu des comédiens et des gens d'affaires, conseillent à Janine de s'adonner à la méditation. Garceau, désireux de l'encourager à ne pas retomber dans l'alcool, prétend que la méditation va l'aider à combler un manque dans sa vie. Janine Sutto décide donc de se lancer dans cette nouvelle expérience, comme dans le reste, avec détermination, dans l'espoir d'y trouver une certaine sérénité.

C'est ainsi que, durant l'automne 1976, elle se rend rue Saint-Denis, à un centre de méditation transcendantale. Une affaire à la mode, à l'époque. Mme Hirsig l'a prévenue :

«Vous savez, Janine, il faut passer par-dessus les trois séances d'initiation. Ça va vous paraître enfantin, mais passez par-dessus ça.» Et pour cause : les premiers moments au centre de méditation transcendantale sont étranges. La clientèle est bigarrée – autant de gens de la rue que d'individus très sophistiqués – et le ton moralisant des instructeurs un peu enfantin. Ainsi est-elle plutôt sceptique quand, après la première séance, on leur demande d'apporter, pour la fois suivante, une fleur ou un mouchoir.

Pendant sa période de formation, elle passe une fin de semaine dans un centre de méditation au lac Saint-François dont elle garde, cette fois, un très bon souvenir, parce qu'elle y fait la rencontre de gens intéressants et variés. Dans les semaines qui suivent, Janine Sutto adapte rapidement la méditation à sa routine quotidienne : chaque jour, elle fait deux séances de méditation de vingt minutes chacune, le matin, de sept heures trente à sept heures cinquante, et le soir, quand elle le peut. Dans l'appartement du Rockhill, elle ferme la porte de sa chambre en disant à sa fille Catherine : «Là, tu ne rentres pas !» Et très vite, Kiki comprend qu'elle ne doit pas entrer. Chaque fois, elle laisse la porte entre-bâillée pendant quelques secondes pour vérifier ce que sa mère fait, puis, rassurée, elle la referme doucement.

Jean-Pierre Sutto, son neveu, lui raconte comment, à la même époque, même les grands bureaux d'avocats de Montréal encouragent la méditation sous prétexte qu'elle favorise la productivité. La méditation est à la mode : les entreprises organisent la tenue de séances de méditation au travail pour motiver leurs troupes. D'autres vedettes du monde du spectacle partagent publiquement leur passion pour la méditation. Janine elle-même fera des témoignages en faveur de la méditation transcendantale, jusqu'à ce que le mouvement cherche à se transformer en parti politique. Elle dira que la méditation l'a sauvée : «Comme tout est dans la tête, bien sûr ; tu es beaucoup plus sereine. Tu dis non beaucoup plus facilement, au point de vue métier. J'ai toujours eu de la difficulté à dire non. Moi, ça m'a beaucoup aidée.»

Janine Sutto, en 1971, à son arrivée au nouvel appartement, dans le complexe The Rockhill.

Dans *Journal d'un curé de campagne* de Georges Bernanos, téléthéâtre réalisé par André Bousquet.

Avec Gilles Pelletier dans le téléthéâtre *Le Bateau pour Lipaïa* d'Alexei N. Arbuzov, réalisé par Paul Blouin, en 1980.

Catherine et Mireille Deyglun au début des années 1980.

La fille et la mère dans leurs premières années au Rockhill.

Les débuts de *Symphorien*. En haut : Georges Carrère, Janine Sutto, Suzanne Lévesque et Marc Favreau. En bas : Janine Mignolet, Gilles Latulippe et Juliette Huot.

Avec Gaston Lepage dans *Folie douce* de Roger Dumas, dans une mise en scène de Gaétan Labrèche au Théâtre de la Marjolaine, en 1977.

Dans *Poivre et Sel*, un téléroman de Gilles Richer diffusé à Radio-Canada, avec Gilles Latulippe.

Avec Benoît Vermeulen dans *Harold et Maude* de Colin Higgins, en 1992, dans une mise en scène de Jacques Rossi, au centre culturel de Belœil.

Le 29 avril 1987, Janine Sutto reçoit l'Ordre du Canada des mains de Jeanne Sauvé.

En 1991, avec Michel Tremblay à l'occasion de son 70ᵉ anniversaire.

Janine Sutto avec son frère, André, lors de ce 70ᵉ anniversaire.

Avec sa fille Mireille et ses petits-enfants : Sophie et Félix.

En avril 1988, arrivée surprise de Mireille lors d'un repas d'anniversaire avec Antonine Maillet et Mercedes Palomino.

Des amis de Janine Sutto lors de son 70ᵉ anniversaire : Camille Goodwin et Donald Pilon.

Luis de Cespedes, le « presque frère » de Catherine et de Mireille, lors du même anniversaire.

Dans *Le Pays dans la gorge* de Simon Fortin au théâtre du Rideau Vert, dans une mise en scène de Serge Denoncourt, en 1991.

En 2005 à l'Usine C, dans *Tout comme elle* de Louise Dupré, pièce réunissant 50 actrices dans une mise en scène de Brigitte Haentjens.

À l'été 2001, dans *Le Mal de mère*, une pièce de Pierre-Olivier Scotto et de Martine Feldman, avec Roger La Rue, dans une mise en scène de Daniel Roussel.

Dans *Rumeurs*, téléroman de Radio-Canada réalisé par Pierre Rivard, où elle incarne Rose, la mère de Michèle Lauzon : « Quand on voit la mère, on comprend la fille. »

Dans *Chez Jules*, une série web télé de Geneviève Lefebvre, où elle incarne Yvonne, une intrépide blogueuse à succès, propriétaire d'un bar.

En 2010, dans *Les Belles-Sœurs*, la version musicale de la pièce de Michel Tremblay, mise en scène par René-Richard Cyr et mise en musique par Daniel Bélanger.

Scène 11. Mireille entre sous les projecteurs

Dans son édition du samedi 9 octobre 1976, le quotidien *La Presse* publie un cahier sur les vingt-cinq ans du TNM : aucune mention n'y est faite de Janine Sutto, même si elle a pourtant fait partie des fondateurs et qu'elle s'apprête, une fois de plus, à renouer avec la troupe. Son ami Jean Gascon, qui est revenu à Montréal après des années passées à Stratford, en Ontario, l'invite à jouer dans *Les Rivaux*, de Richard Sheridan, un texte adapté par Jean-Louis Roux. Gascon est revenu en mauvais état, il boit encore énormément, et il est plein d'amertume. En revenant au TNM, il pensait que Jean-Louis Roux, qui l'a remplacé à la direction, allait l'accueillir à bras ouverts, mais ce n'est pas le cas. Bien des choses ont changé et Gascon a aussi perdu beaucoup de son acuité en tant que metteur en scène.

La pièce, qui se passe dans la haute bourgeoisie britannique, est modifiée par Jean-Louis Roux, qui transporte l'action en Nouvelle-France. Janine joue le rôle de Mme Pataquès, qu'elle aime beaucoup. Le metteur en scène, Jean Gascon, a repris tout son monde pour monter cette pièce : François Rozet, Georges Groulx, Sophie Clément. Mais il n'a plus la même autorité ; il cherche trop, selon Janine, à faire plaisir à tout le monde et le résultat est mauvais. Les critiques de théâtre, qui attendaient le retour de l'ancien patron, sont très durs : « Jean s'en rendait très bien compte, raconte Janine, c'était trop long ! Je lui disais : "Il faut que tu coupes." Mais il répondait : "Je ne peux pas faire cela à M. Rozet." »

Du 19 janvier au 6 février 1977, Janine Sutto part en France, où elle fait partie de la distribution d'une pièce de Pierre Perrault, *Au cœur de la rose*, qu'elle a déjà jouée en 1974 avec le TPQ et qui est présentée, cette fois, dans le cadre d'un événement consacré à l'auteur et cinéaste québécois, au musée des Arts et Traditions populaires de Paris.

Au cœur de la rose est une allégorie sur le thème de l'indépendance du Québec pour laquelle, ironiquement, Perrault se verra décerner le Prix du Gouverneur général du Canada. C'est l'histoire d'une jeune fille (le Québec) dont les parents (le Canada) sont gardiens de phare sur une île au milieu du fleuve Saint-Laurent. Un boiteux, joué par Reynald Bouchard, la courtise. Mais elle est plutôt éprise d'un marin qui arrive au phare après que son bateau a connu des avaries. La jeune fille rêve de quitter l'île avec lui. Janine Sutto joue, comme la première fois en 1974, le rôle de la mère.

L'événement qui s'intitule *Un pays sans bon sens*, du titre d'une série documentaire de Perrault, diffuse dans l'après-midi des documentaires du cinéaste et la pièce en soirée. Mais le public met plusieurs jours avant de s'intéresser à la présentation de la soirée et pour cause : le musée, situé au cœur du Bois de Boulogne, est très achalandé durant la journée, mais plutôt déserté le soir par la clientèle habituelle du milieu théâtral de Paris. Janine Sutto, qui a encore une fois des réticences sur la mise en scène réalisée par Jean-Guy Sabourin, garde malgré tout un bon souvenir de cette escapade parisienne ; la seule fois de sa vie, en fait, où elle a joué en dehors du Canada. Elle développera un lien d'amitié avec Pierre Perrault et sa femme Yolande, qu'elle reverra dans leur maison de Montréal, où on lui fera goûter de la queue de castor.

En rentrant à Montréal, début février, la comédienne assiste, bien malgré elle, à la fin d'une grande aventure de télévision. Lors d'un enregistrement régulier de *Symphorien*, les comédiens apprennent, avant même la fin de leur journée de tournage, qu'il n'y aura pas d'autre épisode. C'est donc brutalement que TVA annonce à ses artisans la fin d'une saga qui leur a pourtant rapporté des fortunes pendant des années. Aucune préparation qui puisse permettre aux comédiens de se trouver du travail ailleurs ; aucune fête pour marquer la fin de la série et remercier les troupes. L'aventure, qui a duré sept ans, prend fin sans que personne ait pu préparer la fin. « Donc t'as pas le temps de t'organiser, ni dans la peine, ni dans autre chose », se souvient le héros de la série, Gilles Latulippe.

Berthe Lespérance meurt abruptement le 26 avril 1977, date de la diffusion du dernier épisode de la série culte, mais elle marquera longtemps l'imaginaire du public et le personnage restera collé à la peau de Janine Sutto pendant des décennies.

Après la fin de *Symphorien*, le 5 mai 1977, Janine se réfugie une fois de plus, comme elle le fait depuis tant d'années, dans ses beaux rôles au théâtre qu'elle alterne avec ses productions plus populaires : c'est la première de *L'Impresario de Smyrne*, de Carlo Goldoni, au théâtre du Rideau Vert, une mise en scène de Robert Prévost, où elle joue avec André Montmorency, Élisabeth Lesieur, Lénie Scoffié, Jacques Zouvi, Hubert Noël et André Cailloux. La comédienne est encore une fois déçue de Robert Prévost, avec qui elle a travaillé dans *L'Hôtel du libre-échange*, deux ans plus tôt. Le créateur des décors du Rideau Vert et son collègue costumier, François Barbeau, ont convaincu les deux propriétaires du théâtre, Mercedes Palomino et Yvette Brind'Amour, de leur permettre de faire de la mise en scène, mais le résultat n'est pas probant. « Un très mauvais souvenir de théâtre. Mais de beaux costumes ! » se souvient la comédienne, qui n'accepte pas qu'on confie une mise en scène à des gens qui n'en ont pas la formation. Pendant des années encore, tout en jouant pour elles, Janine aura des différends avec les propriétaires du Rideau Vert dont elle conteste souvent les choix artistiques. Mais pendant toutes ces années, Metcha et Yvette continueront à l'engager et à l'apprécier, malgré ses critiques.

Durant l'été 1977, Janine Sutto joue pour la première fois au théâtre de la Marjolaine, de son amie Marjolaine Hébert, à Eastman dans les Cantons-de-l'Est, dans *Folie douce*, de Roger Dumas. Mais comme rien n'est jamais parfait, le texte de la pièce est tellement mauvais que le metteur en scène, Gaétan Labrèche, doit tout réécrire.

La production est finalement réussie et l'été s'annonce bien pour la comédienne qui partage la scène avec son amie Andrée Boucher, les comédiennes Dorothée Berryman, Lorraine Pintal et Christiane Pasquier, et le comédien Gaston Lepage.

Or, dès les premières représentations, Janine se déchire un ménisque en descendant une pente menant au théâtre. Ce soir-là elle décide de jouer tout de même, mais le lendemain, le mal s'est tellement aggravé qu'elle doit, pour la première fois de sa vie, rater une représentation. Gaétan Labrèche lui-même décide de la remplacer parce qu'il est le seul à connaître le texte et les mouvements sur scène. Labrèche endosse une robe prêtée par Marjolaine Hébert, et se lance dans l'aventure avec un courage digne des circonstances. Modeste, il avoue en blague à la fin de la soirée à la comédienne éclopée qui a assisté à la performance : « Tu sais, Janine, tu es bien meilleure que ce que j'ai donné. »

Janine Sutto, qui a horreur de se plaindre, remonte sur scène dès le lendemain, malgré la douleur qui persiste, et elle jouera le reste de l'été en se mettant de la glace sur le genou avant les représentations et en se faisant donner des injections. Durant cet été 1977, Christiane Jacquot, sa grande amie d'enfance, est venue de France pour passer ses vacances au Québec avec son mari Jean-Jacques Haeffner, et elle habite la belle maison avec piscine louée par Janine à Eastman. Mireille, qui vient de terminer sa deuxième année à l'option théâtre de Saint-Hyacinthe, à dix-huit ans, habite là aussi. Le soir, elle travaille au théâtre où elle vend des programmes avec Marc Labrèche, le fils de Gaétan, de quelques années son cadet, et elle donne un coup de main au bar après le spectacle.

Un été de bonheur, malgré tout, pour la comédienne qui a arrêté de boire et à qui la méditation fait du bien. Janine va de mieux en mieux, et le théâtre de la Marjolaine, en dépit de tous ses défauts, est un endroit attachant : « La Marjolaine, c'était infernal, se souvient-elle, parce qu'il n'y avait pas de climatisation. Le maquillage coulait, les spectateurs avaient les vêtements collés au corps. En rentrant au printemps, ça sentait mauvais : des animaux morts sous le plancher. Pas de cave. Mais pour Marjolaine, son théâtre, c'était Versailles ! Un théâtre où les gens aimaient aller. C'était aussi un théâtre familial. »

À la fin de la saison, comme cela se fait souvent à la Marjolaine, Marc Labrèche, Mireille et un groupe d'enfants présentent devant leurs parents une parodie de la pièce de l'été en imitant les comédiens de la production qui en prennent pour leur rhume. La performance des jeunes est tellement drôle que les actrices et acteurs en rient à chaudes larmes même si la caricature est parfois cruelle.

Il faut dire que les enfants ont du talent. Au début de l'été, Mireille a remporté les auditions du Rideau Vert et s'est vue confier un premier rôle dans *Gigi*, de Colette, qui doit être montée à l'automne 1977. Sa première performance publique en tant que comédienne, dans un premier rôle ! Mireille a annoncé la nouvelle en juin à un groupe réuni autour de sa mère au restaurant Le Paris, rue Sainte-Catherine. Janine, qui a pourtant aidé sa fille à préparer l'audition et lui a prêté une de ses robes pour l'occasion, ne fait pas preuve d'un grand débordement d'enthousiasme en apprenant la nouvelle.

La comédienne, qui a appris son métier à la dure, a peur que sa fille, en jouant un premier rôle dès sa première apparition sur les planches, ne prenne pas la juste mesure de la difficulté du métier qui l'attend. Une sorte de réflexe puritain – phénomène propre à sa génération – de la mère qui ne veut pas que sa fille se réjouisse trop facilement : « Moi, je ne voulais pas que Mireille devienne prétentieuse, elle me l'a souvent reproché. J'étais contente – c'était un rôle pour elle – mais un peu craintive. Un premier rôle ! Moi, j'avais commencé en disant quelques phrases. Je me disais, tant mieux, mais comment est-ce qu'elle va gérer cela ? »

En plus d'obtenir son rôle dans *Gigi*, Mireille reçoit la confirmation qu'elle jouera le premier rôle féminin dans une autre production du Rideau Vert, *Un otage*, de Brendan

Behan, dans laquelle sa mère jouera aussi. Janine Sutto voit donc beaucoup de changements se produire dans sa vie une fois de plus, dans un très court laps de temps, et surtout, sans qu'elle en contrôle le déroulement.

Quelques jours avant la première de *Gigi* au théâtre du Rideau Vert, Mireille et Janine accordent une entrevue à Minou Petrowski dans le cadre de l'émission *Femme d'aujourd'hui*, une grande émission d'information de Radio-Canada destinée surtout à un public féminin. L'entrevue, qui se déroule dans l'appartement du Rockhill, prend l'allure d'une thérapie en public entre la mère et la fille.

On y retrouve beaucoup des tensions et des non-dits qui subsistent entre les deux femmes.

Janine déclare d'entrée de jeu à l'animatrice en parlant du choix de sa fille de devenir comédienne: «Je pense que c'est très difficile d'être un enfant de comédien. Ils savent que, nerveusement, c'est une vie très dure. Ils s'en rendent compte très bien, donc s'ils le veulent quand même, c'est vraiment parce que c'est leur vocation. Parce qu'ils en connaissent vraiment les inconvénients.»

L'animatrice, se tournant vers Mireille, lui demande alors: «Pourquoi tu as choisi ce métier?» Mireille, qui vient d'avoir 19 ans et qui a une voix de très jeune fille et un léger accent français, répond qu'elle y a toujours pensé, et qu'elle a beaucoup aimé voir sa mère jouer. «J'adorais être dans la salle», dit-elle. Janine ajoute que déjà, enfant, elle était un très bon public, puis elle cite cette fameuse réflexion de Mireille à l'âge de neuf ans qu'elle n'a jamais oubliée: «Un jour, je serai comédienne, mais moi, je ne jouerai que dans deux ou trois pièces, et après je n'abandonnerai pas mes enfants!»

L'animatrice saute aussitôt sur l'occasion: «Est-ce que tu penses la même chose aujourd'hui, à dix-neuf ans?» Mais c'est Janine qui intervient avant même que sa fille ne réponde: «J'espère que tu n'emploieras pas ce mot-là: abandonner.»

Et Mireille d'ajouter: «C'est difficile de pouvoir faire les deux, parce que ça occupe tellement, être comédienne. C'est tellement un métier accaparant et c'est vrai que les enfants en souffrent.» Réaction de Janine : «Alors là, je vais avoir des remords toute ma vie !» « Non !» dit Mireille. « Mais je suis d'accord avec toi, ajoute Janine, maintenant je suis beaucoup plus lucide ; à ce moment-là je ne voyais rien et, surtout, je ne voulais pas m'avouer que c'était difficile pour un enfant d'avoir une mère comédienne[49]. »

En écoutant la scène, on a l'impression d'assister à une séance de confession en public. Une candeur exceptionnelle des deux femmes à la veille d'un événement aussi stressant.

Le 3 novembre 1977, c'est la première de *Gigi*, de Colette, mise en scène de Danièle Suissa, avec en vedette Françoise Faucher, Lénie Scoffié, Michel Dumont et Mireille, dans le rôle de Gigi. Janine Sutto arrive à cet événement unique, dans sa vie de mère et de comédienne, avec beaucoup d'appréhension : «J'avais tellement peur. J'avais l'air d'un fantôme, d'une ombre. Tous mes camarades étaient là. Je vois [André] Bousquet. Je vois tous mes camarades, autant acteurs que réalisateurs. Tu as l'impression que tu livres tes enfants aux lions et que tu es absolument impuissante. Tu ne peux rien faire pour les aider. »

La salle est comble : des amis de Mireille, mais surtout de sa mère. Et tous les curieux que ce genre de manifestation médiatique attire. Mireille reçoit tellement de fleurs, ce soir-là, qu'il faut deux loges pour les contenir. Un record dans l'histoire du Rideau Vert.

Et la jeune comédienne rapidement déjoue les craintes de sa mère : «Au début, elle s'est trompée dans quelque chose, mais elle a tellement bien rattrapé ça. Tu ne pouvais pas avoir un personnage qui ressemblait plus à Gigi. Et portée par Françoise Faucher (la tante), Lénie Scoffié (la mère) ; par Dumont ! »

Encore une fois, malgré elle, Janine Sutto a perdu le contrôle de la situation, et cela l'affole. Mais, à la fin de la pièce, c'est le triomphe. La soirée se termine par une grande fête chez Danièle Suissa. La mère de la jeune actrice est rassurée et heureuse : «Ç'a été une soirée formidable. Mireille

---

49. *Femme d'aujourd'hui*, société Radio-Canada, télévision, novembre 1977.

est rentrée dans ce personnage comme dans du beurre. Un superbe texte, des personnages magnifiques. Suissa, qui a souvent gâté une pièce, a été très bonne. Puis, une bonne distribution. C'était vraiment les personnages de Colette. C'était vraiment très bon ! »

Après *Gigi*, Danièle Suissa décide d'ouvrir une classe de théâtre et propose à Mireille d'en faire partie. La jeune actrice, qui hésite à s'impliquer dans cette expérience, mais qui ne veut pas offusquer la metteure en scène qui lui a accordé sa première chance, consulte sa mère qui lui donne un rare conseil, dont elle se souviendra toute sa vie : « Il faut que tu suives ce que toi, tu penses. Moi, je ne pense pas que Suissa puisse t'apporter quelque chose. »

À la suite de sa performance dans *Gigi*, la carrière de Mireille s'envole très rapidement : comme prévu, elle joue quelques mois plus tard, au printemps 1978, dans *Un otage*, de Brendan Behan, avec sa mère. Mais les deux actrices, mère et fille, ne passent que quelques secondes ensemble sur scène où, dans le scénario de la pièce, elles exécutent une courte danse, sans échanger un mot. Janine, qui a joué le même rôle dans une représentation de la pièce en 1964, où Geneviève Bujold incarnait le personnage joué par Mireille, n'accepte pas la façon dont, cette fois, Danièle Suissa fait la mise en scène. Elle trouve que la pièce, qui est essentiellement une charge antimilitariste, est mal comprise par Suissa, qui insiste pour faire chanter par les comédiens, à la toute fin du spectacle, un chant patriotique. Mais sa fille tire une fois de plus son épingle du jeu, malgré les déficiences de la mise en scène.

Mireille joue aussi dans son premier théâtre d'été, en 1978 : *Un simple mariage double*, à Eastman, au théâtre de la Marjolaine, avec Robert Marien, Jean-Louis Millette et Normand Lévesque. À l'automne 1978, elle entame sa première télésérie : *Race de monde*, de Victor-Lévy Beaulieu, à Radio-Canada et elle joue au TNM, avec entre autres Denis Bouchard, dans *Les Rustres*, de Carlo Goldoni, mise en scène d'Olivier Reichenbach. Une production magnifique dont la mère, Janine Sutto, se souvient encore aujourd'hui : « C'était très bon. J'étais archi-heureuse. Une fois que c'était parti, j'étais rassurée, parce que Mireille était très, très bonne.»

Avec la consécration de sa propre fille dans ce métier qu'elle chérit plus que tout au monde, Janine Sutto, à cinquante-sept ans, peut faire une pause, regarder en arrière et se dire que les temps difficiles sont terminés. Mireille a vingt ans en 1978 ; elle mord dans sa nouvelle vie professionnelle avec passion et elle est amoureuse d'Yvan Ponton, un autre comédien, que sa mère, cette fois, apprécie. L'esprit en paix, sereine, Janine Sutto peut envisager la vie différemment. Se consacrer pleinement à Catherine et à son métier. Elle va même prendre de nouveaux risques dans ce domaine qui vont en faire une artiste encore plus riche et plus humaine.

Acte V. Le bonheur de vivre

Scène 1. Une première mise en scène

Quelques jours après la fin des représentations de *Gigi*, dans laquelle sa fille a triomphé, Janine Sutto elle aussi se retrouve au Rideau Vert, dans une pièce d'Antonine Maillet, mise en scène par Yvette Brind'Amour, *La Veuve enragée*, que l'auteure acadienne a écrite à partir de son roman *Les Cordes de bois*. La distribution comprend, en plus de Janine, Viola Léger, Denise Filiatrault, Kim Yarochevskaya et Benoît Marleau. Antonine Maillet et sa comédienne fétiche, Viola Léger, ont remporté un succès phénoménal quelques années plus tôt avec *La Sagouine*, mais cette fois, Janine Sutto n'est plus d'accord : la pièce frise le ridicule, selon elle, parce qu'elle manque de trame dramatique. Mais personne au Rideau Vert n'ose contester le choix des pièces d'Antonine Maillet, surtout après l'exploit de *La Sagouine*. « Antonine est une excellente conteuse, mais ce n'est pas une dramaturge ! Metcha s'en rendait compte, parce qu'elle m'avait dit : "Parle à Antonine !" »

Janine tentera d'intervenir auprès d'Antonine Maillet, pour faire des changements dans le texte, mais sans grand succès. La critique reçoit d'ailleurs mal la pièce et en particulier les accents acadiens très peu naturels des comédiens. C'est du moins l'opinion de Pascale Perreault, la chroniqueuse de théâtre de l'émission *L'Heure de pointe*, à la télévision de Radio-Canada, et de son animateur Winston McQuade, qui a visiblement détesté la pièce. Même si la chroniqueuse reconnaît le talent de Janine Sutto, en particulier, elle ne peut s'empêcher de relever le contraste saisissant entre l'accent de Viola Léger et les prononciations bigarrées des autres comédiens. Denise Filiatrault, qui est rapidement excédée par la pièce, va jouer son rôle tellement vite, un soir, que la représentation durera dix minutes de moins. Dans *Nouvelles illustrées*, quelques semaines avant les représentations, Janine Sutto parle des répétitions de *La Veuve enragée* en disant qu'elle-même a dû travailler dur pour apprivoiser la phonétique de la langue acadienne : « C'est un chant, avec quelques points de repère sûrs : les i sont jolis, les a sont a. Mais c'est pas facile à faire. Moi, j'ai bien aimé[50]. » Encore une fois, elle n'a pas aimé la pièce, mais elle a apprécié le travail qu'elle a dû faire pour maîtriser l'accent acadien.

Dans la même entrevue à *Nouvelles illustrées*, qui se déroule presqu'un an après l'arrivée au pouvoir de René Lévesque, elle avoue son penchant pour le Parti québécois mais elle dit du même souffle qu'elle s'oppose à l'utilisation du théâtre pour véhiculer des messages politiques : « On ne doit pas embarquer le public en se servant d'un spectacle. »

Un peu comme elle l'avait fait à l'époque pour la pièce *Les Beaux Dimanches*, de Marcel Dubé, la comédienne fait une nouvelle sortie pour exprimer une réelle préoccupation de sa part : depuis *Les Belles-Sœurs*, de Michel Tremblay, qui décrivait une certaine forme d'aliénation des milieux populaires – l'engouement pour les timbres-primes et les bingos –, d'autres auteurs présentent durant les années qui suivent des textes à saveur purement politique : *Médium saignant*, de Françoise Loranger, sur le thème des tensions entre anglophones et francophones, *Les fées ont soif*, de Denise Boucher, sur le féminisme, ou *La Saga des poules mouillées*, de Jovette Marchesseau plus tard en 1981. Janine Sutto n'accepte pas qu'on se serve du théâtre pour diffuser des messages politiques, même si, comme le remarque son amie Monique Miller, elle a beaucoup aimé et enseigné Anouilh, un auteur français très patriotique et militant. Puis elle n'est pas tendre en général à propos du théâtre qui est présenté sur les scènes

---

50. *Nouvelles illustrées*, octobre 1977.

québécoises : « Je trouve que depuis quelques années, on a négligé la qualité des textes parfois pour donner la chance à des auteurs québécois débutants ou pour satisfaire les exigences du ministère des Affaires Culturelles. » Elle reproche aux jeunes auteurs de vouloir imiter le style de Tremblay, parce que c'est la mode, sans avoir le même talent pour la dramaturgie : « Dans Tremblay, il y a un rythme. Ce n'est pas que du joual. Tu peux tout faire au théâtre, si tu le fais bien. Il faut apporter un texte aux gens. C'est pas une conversation dans la cuisine avec une tasse de café ou au téléphone ! Quand tu écris une pièce, il faut que tu aies quelque chose à dire, un texte, une situation. »

Dans le même numéro du journal, on annonce l'ouverture officielle du théâtre Denise-Pelletier, l'ancien cinéma Granada rénové qui abritera la NCT de Gilles Pelletier, Françoise Gratton et Georges Groulx. Janine apprécie en particulier le fait que Gilles et Françoise aient ouvert en même temps une petite salle, la salle Alfred-Barry, qui servira de théâtre expérimental. Encore une fois, la comédienne pense à la relève, à la nouveauté, à ouvrir de nouvelles voies.

Un mois plus tard, Janine se lance elle-même dans une nouvelle voie qu'elle n'a jamais explorée, la mise en scène : elle monte *Sonnez les matines*, de Félix Leclerc, dont la première a lieu le 27 avril 1978, soit sept jours après son cinquante-septième anniversaire, avec en vedette, entre autres, Edgar Fruitier, Juliette Huot, Richard Niquette et Jean-Pierre Chartrand. Elle reçoit cette commande du Rideau Vert un peu par accident. Yvette Brind'Amour, qui devait faire la mise en scène, est trop épuisée et doit déclarer forfait. Janine Sutto connaît bien la pièce depuis l'époque de sa vie à Vaudreuil, durant les années 1950, où Félix Leclerc leur avait fait lire le texte en primeur. À l'époque, elle avait eu un coup de foudre immédiat pour la pièce ; Henry Deyglun avait tellement ri en la lisant qu'il s'était cassé une dent. C'est donc un heureux hasard, et même, pour elle, un honneur de se voir confier cette mise en scène qu'elle accepte avec enthousiasme et qu'elle va mener avec beaucoup d'énergie : « Une des choses, avoue-t-elle des années plus tard, que j'ai faites de mieux. »

Metcha et Yvette Brind'Amour ont elles-mêmes créé la pièce durant les années 1950 avec Guy Beaulne et Juliette Béliveau. Janine avait même vendu des billets par téléphone, pour aider ses amies. Mais elle n'avait pas aimé la production. Cette fois, elle est déterminée à faire mieux.

Sonnez les matines, c'est l'histoire d'un curé qui fait toujours des sermons moralistes sur la famille, mais qui un jour se trouve confronté à cette réalité lorsqu'un homme, qui vient de perdre sa femme, se présente à son presbytère pour y déposer ses enfants.

Le curé est désemparé par l'arrivée impromptue de trois petits diables qui vont lui mener la vie dure et mettre à l'épreuve son discours moralisateur sur la famille. Le vicaire de la paroisse viendra à sa rescousse. Janine choisit Edgar Fruitier pour jouer le curé. Puis elle offre à son ami Gilles Latulippe le rôle très important du vicaire. Latulippe est flatté par l'offre et surtout par la perspective de jouer au Rideau Vert. À l'exception de son rôle dans *Bousille et les Justes*, de Gratien Gélinas, où il a créé le personnage du frère Nolasque, en février 1959, à la Comédie canadienne, c'est la première fois qu'on lui offre de jouer ailleurs qu'aux Variétés. Encore une fois, une combinaison de fidélité et d'intuition de la part de Janine. Cependant, Latulippe doit décliner justement parce qu'il est pris aux Variétés.

Janine opte donc pour Jean-Pierre Chartrand, un acteur excellent qui va briller dans le rôle du vicaire. Elle offre aussi le rôle de la servante à sa grande complice de *Symphorien*, Juliette Huot, et à Bertrand Gagnon, un comédien très populaire de l'époque, le rôle du monseigneur qui visite le presbytère et découvre ses nouveaux occupants. Dans le Québec anticlérical de l'époque, l'évêque exerce encore une fascination chaque fois qu'il fait son entrée en scène sous les applaudissements : « Il y a eu du monde debout à toutes les représentations ! »

Janine Sutto est heureuse dans cette nouvelle expérience de mise en scène, où elle a pour la première fois une vision d'ensemble de la production et où elle doit penser à tout. Elle ajoute même des chansons de Félix dans le scénario.

Ainsi, lorsque le curé, au moment de quitter la paroisse à la suite d'une décision de l'évêque, découvre une petite chaussette, on entend quelques mesures de *C'était un petit bonheur*. Mais la metteure en scène est elle-même débordée par la gestion complexe des enfants qui jouent dans la pièce, en particulier à cause de la présence envahissante de leurs parents : « L'horreur ! Les parents qui ne voient que leur enfant : "Pourquoi est-ce que ce n'est pas lui qui parle ?" "Parce que ce n'est pas ça dans la pièce, madame !" » Mais elle raffole de cette pièce drôle et touchante où toutes sortes de choses se produisent, comme lorsque le monseigneur, en visite au presbytère, reçoit un ballon dans la figure.

La présentation de *Sonnez les matines* est un succès. Même le quotidien anglophone *The Gazette* publie une critique dithyrambique. Mais au-delà de la joie de réaliser une première mise en scène avec un texte qu'elle aime, c'est aussi le bonheur de retrouver l'univers de Félix Leclerc qui lui plaît. Pourtant l'auteur, qu'elle n'a vu qu'occasionnellement depuis qu'elle a quitté Vaudreuil au début des années 1960, n'assistera pas à la présentation de sa pièce, malgré les invitations répétées qui lui sont lancées. Janine Sutto est certes peinée, mais ne s'en formalise pas outre mesure. Elle connaît bien le chanteur bohème, qui ne donnait souvent pas signe de vie pendant des semaines, alors qu'ils vivaient côte à côte à Vaudreuil. Félix Leclerc a rompu quelques années plus tôt avec sa femme Andrée Viens pour aller vivre à l'île d'Orléans, avec sa nouvelle compagne, Gaëtane Morin. Un passage difficile dont Janine a été témoin, et où elle a vu deux êtres qu'elle aime se déchirer dans une relation minée par l'alcool.

Quelques jours après la première de *Sonnez les matines* au Rideau Vert, le magazine *TV Hebdo* publie une entrevue avec Janine Sutto dans lequel elle dit : « La mise en scène, c'est à la fois passionnant, effrayant et absorbant. » Tous les comédiens, ajoute-t-elle, ont envie, même quand c'est inconscient, de s'essayer à la mise en scène. Elle explique qu'Yvette Brind'Amour lui a offert de mettre en scène *Sonnez les matines* au bon moment. « Au moment où j'étais prête [...] à tenter l'aventure. » Dans la même entrevue, le journaliste Joseph

Rudel-Tessier lui fait parler de Catherine : « C'est elle qui me porte, depuis sa naissance. Elle est ma force. »

Janine Sutto, toujours avec la même candeur, quand elle se confie à un journaliste, révèle aussi à Rudel-Tessier les secrets de sa forme retrouvée : « J'ai passé de mauvais moments ! Oui, quand je regarde derrière moi, je me dis que j'ai passé près de tout gâcher. Rassurez-vous, mon cher Tessier, ça va mieux, beaucoup mieux ! Mais j'ai réussi aussi à ne pas devenir trop sage. Je suis encore capable d'avoir de la peine. Et puis j'ai mes trucs à moi. Je travaille beaucoup, et toujours dans la joie, et puis je médite ! Quarante minutes tous les jours[51]. »

Janine parle aussi de sa passion pour la lecture, du fait qu'elle ne dort que six heures par nuit, et qu'elle a la même taille que lorsqu'elle jouait Tessa, durant les années 1940, parce qu'elle surveille sa ligne en évitant les gâteaux et les pâtes (*sic*) !

Cette thérapie par le travail qui lui permet de retrouver sa forme, Janine Sutto la doit en partie à Metcha et à Yvette, les deux directrices du Rideau Vert, qui lui offrent beaucoup d'opportunités intéressantes. Dans la seule année 1977-1978, elle joue dans la création de *La Veuve enragée*, d'Antonine Maillet, puis dans *Un otage*, de Brendan Behan, avec Mireille, en mars 1978, avant de présenter sa mise en scène de *Sonnez les matines*, en avril 1978. Puis elle joue à nouveau en novembre 1978, dans *Les Dames du jeudi*, une très belle pièce de Loleh Bellon, avec ses amies Marjolaine Hébert et Yvette Brind'Amour. La première pièce à être jouée sans entracte au Québec, selon Janine, au grand bonheur des acteurs et du public.

Mais même si elle est reconnaissante à l'endroit des propriétaires du Rideau Vert pour la confiance qu'elles lui portent, Janine Sutto tient malgré tout à garder une certaine distance face à elles. Se permettant, par exemple – comme elle le fait dans les loges après chaque nouvelle pièce –, de commenter souvent sévèrement leurs productions : « Au point de vue métier, ce que je pouvais leur reprocher, c'était

---

51. *TV Hebdo*, mai 1978.

de ne pas aller voir ailleurs. Elles n'allaient pas au théâtre, et il fallait que ce soit elles qui découvrent les acteurs intéressants. Je leur avais parlé d'Yves Jacques, que j'avais vu à Saint-Hyacinthe, mais ça leur passait par-dessus la tête. Puis un jour elles l'ont vu quelque part. Je leur disais : "Allez chercher des metteurs en scène ailleurs, des jeunes qui montent." Pour elles, il n'y avait que le Rideau Vert. »

Janine évoque avec une certaine dérision le Rideau Vert de cette époque, en parlant de « la nef des sorcières », décrivant deux camps de femmes qui s'opposaient au sein de la direction : Metcha et Antonine Maillet contre Yvette Brind'Amour et Danièle Suissa. C'est ainsi qu'après le triomphe de *Sonnez les matines* Metcha et Antonine jubilaient, parce que cette réussite portait ombrage aux productions de Suissa.

Durant cette année 1978, en plus du Rideau Vert, Janine Sutto est aussi très présente à la télévision de Radio-Canada : le 9 avril 1978, dans *Les Dames de l'estuaire*, une pièce très anglaise de Reginald Denham et Edward Percy, réalisée par Paul Blouin dans le cadre des *Beaux Dimanches*, avec Denise Proulx, Jean Leclerc, Josée La Bossière, Marjolaine Hébert et Olivette Thibault. Pour la deuxième fois de sa vie, depuis *Le Malentendu*, monté par Louis-Georges Carrier, elle joue un rôle de meurtrière. Dans certaines scènes de la pièce, elle doit s'asseoir sur un canapé de l'époque victorienne, raide et sans coussin, entre les deux autres comédiennes qui sont plus grandes qu'elle. « J'avais l'air d'un portemanteau ! » se souvient-elle. Janine insiste donc auprès de Paul Blouin, le réalisateur, pour qu'il lui ajoute un coussin pour se rehausser par rapport aux deux autres. Blouin, ne voulant pas dénaturer l'allure du canapé a donc résolu le problème autrement : les costumiers ont cousu un coussin dans la robe de Janine ! La performance de la comédienne a été un tel succès qu'après sa dernière prestation, seule en scène, tous les techniciens en studio l'ont applaudie.

Le 9 juin 1978, cinq ans après la naissance de Yolaine, la deuxième fille de Michèle, le noyau des Sutto s'agrandit à nouveau. Cette fois, c'est le neveu de Janine Jean-Pierre Sutto qui fonde une famille. Après un divorce difficile avec sa première femme, Jocelyne, une hôtesse de l'air que toute la famille adorait, l'avocat rebelle a épousé une Française d'origine bretonne, Alexandrine, qui donne naissance à une petite fille que le couple nomme Alexandra. Quand elle rencontre Jean-Pierre Sutto, Alexandrine a déjà une fille née d'un premier mariage, Cristelle, que Jean-Pierre adopte immédiatement. Mais sa propre mère, Simone Rossion, qui n'a pas encore digéré la rupture de son fils avec Jocelyne, voit les choses autrement. Jamais elle ne reconnaîtra vraiment Cristelle comme faisant partie de la famille, ce que sa belle-sœur Janine lui reprochera toujours :

« J'avais dit dans une entrevue : "J'ai six neveux et nièces." Elle m'avait dit : "Tu n'oublies personne, toi !" Simone n'a jamais voulu mettre la photo de Cristelle sur sa cheminée. Elle avait des principes de dame patronnesse, et moi j'avais de la misère avec ça. »

Mais la comédienne, tout en exprimant ouvertement son indépendance d'esprit et sa façon de penser, se pose de plus en plus en médiateur dans cette petite famille française à laquelle elle est si attachée. Dans les années qui viennent, elle va toujours chercher à atténuer les différends et à raffermir les liens entre toutes ces personnalités souvent tellement différentes. Alexandrine, la Bretonne exubérante, Jean-Pierre le rebelle, Simone, la conservatrice, Claude, l'intellectuel qu'elle admire, Madeleine, la seule Québécoise de la famille. Janine aime cette diversité d'où se dégage une vivacité dont elle ne peut que se réjouir. La comédienne va de mieux en mieux et elle en devient plus tolérante, plus ouverte. Mais elle est encore loin d'avoir terminé sa transformation.

Scène 2. Le jeûne

Après une première moitié d'année mouvementée, Janine Sutto s'envole à la mi-juillet 1978 pour Marbella, en Espagne. Elle part seule, sans ses enfants, pour tenter une nouvelle expérience : après la méditation, le jeûne. Une autre avenue pour l'aider à laisser derrière elle, définitivement, sa dépendance à l'alcool et pour compléter la reconstruction qu'elle a entreprise depuis quelques années.

L'idée du jeûne lui vient de Juliette Huot. Depuis quelques années, son amie fréquente les cliniques fondées par un médecin allemand, Otto Buchinger, qui a développé, après la Première Guerre mondiale, une thérapie basée sur un jeûne modifié à base de bouillons de légumes, de jus de fruits, de miel et d'une abondance de tisanes et d'eau. Un concept original, très à la mode à l'époque, que les cliniques Buchinger vendent à prix d'or aux gens célèbres. Durant un de ses séjours dans une clinique Buchinger en Allemagne, Juliette Huot y a rencontré le pianiste Arthur Rubinstein.

À son arrivée à l'aéroport en Espagne, Jacques Normand l'attend sur place, rayonnant de santé. Il termine lui-même un séjour à Marbella et il est très fier de montrer à Janine, en arrivant à la clinique, que son dos, qui d'habitude le fait souffrir horriblement, ne l'empêche plus de porter les valises de la comédienne jusqu'à l'étage.

L'endroit est merveilleux. Construite dans cette petite ville d'Espagne qui est le rendez-vous des richissimes d'Europe, la clinique de Marbella est entourée d'un grand parc avec des courts de tennis et une piscine énorme. Les chambres ont des terrasses magnifiques. Les journées sont faites d'exercice physique, de séances de massage et de lecture. Le soir, on présente des spectacles de flamenco ou même des défilés de mode pour les femmes. Janine participe aussi à des sorties organisées dans un village voisin pour une dégustation de thé. En marchant dans les rues du village, les clients de la clinique sont tentés par des odeurs de cuisine qui sortent des fenêtres des maisons, mais la comédienne résiste bien. Elle ne souffre pas du jeûne, même quand tout le monde autour de la piscine ne parle que de nourriture ; au contraire, elle y trouve une énergie nouvelle : « Moi, je n'ai pas eu de choc. Je crois qu'en jeûnant tu peux te désintoxiquer d'une affaire grave. »

La clinique de Marbella utilise justement le jeûne comme thérapie pour provoquer chez les patients une sorte de désintoxication progressive. Mais un jeûne particulier à cause du miel et des bouillons de légumes. Avant d'être acceptée à Marbella, Janine a dû envoyer son dossier médical. Sur place, en arrivant, les clients sont examinés par une équipe espagnole qui les suit tout au long du processus pour observer leur réaction : « C'est une désintoxication et après un certain temps, on ne maigrit plus. J'ai fait mon journal, et je ne l'ai jamais relu ! Un endroit qui est une sorte d'oasis dans le désert. Et où on se dit, si un jour je vais très, très mal, j'irai là. Un refuge pour beaucoup de gens ! »

En revenant de Marbella, de passage à Paris, elle revoit son amie Christiane Jacquot, qui connaît bien le Québec depuis qu'elle est venue l'année précédente en vacances à Eastman. Christiane lui annonce que, quelques jours plus tôt, une tragédie routière s'est produite au lac d'Argent, près d'Eastman, faisant des dizaines de morts. Janine, incrédule, lui répond qu'il y a des tonnes de lacs d'Argent au Québec et qu'il ne peut pas s'agir du même lac. Elle nie peut-être ainsi parce qu'elle craint pour sa propre fille. Mireille cet été-là joue dans *Un simple mariage double*, de Georges d'Or et Louis-Georges Carrier. Elle a loué avec des amis le premier chalet, le Gémini, dans la côte qui mène au lac d'Argent, voisin du théâtre.

À son arrivée à Montréal, le lendemain, Janine revoit avec soulagement sa fille qui lui confirme en l'accueillant à l'aéroport le drame qui s'est produit : un bus, rempli d'handicapés revenant d'une représentation au théâtre de la Marjolaine, a plongé dans les eaux du lac. Quarante et un des occupants sont morts de noyade ; la plus grande tragédie routière de l'histoire du Québec. Les comédiens du théâtre, qui ont été témoins du drame, sont dévastés. Certains d'entre eux, dont Marcel Lebœuf en particulier, ont participé aux secours pour tenter de libérer les handicapés prisonniers dans l'autobus.

Au début de l'automne 1978, en plus de jouer dans *Les Dames du jeudi* au Rideau Vert, Janine Sutto accepte un peu à reculons de partager la scène avec son ami Gilles Pelletier, dans *Encore un peu*, une pièce de Serge Mercier mise en scène par de Jean-Luc Bastien à la NCT, la troupe fondée par Gilles Pelletier et Françoise Gratton, dans le nouveau théâtre Denise-Pelletier, qu'ils viennent de restaurer. Janine n'aime pas cette nouvelle salle qu'elle trouve trop longue et étroite, ce qui brise la chaleur du contact entre la scène et les spectateurs. Mais malgré ces réticences, elle accepte encore une fois de participer, « parce que j'avais envie de faire du théâtre », dit-elle ; ce besoin de jouer, qui la pousse à faire des choses dont elle n'est pas toujours contente.

Encore un peu est une pièce à deux personnages. Deux vieux qui vivent ensemble dans la maison familiale. Elle, se tient à la fenêtre et commente les événements. Lui, répète : « On est vieux. » Elle fait une crise. Le gronde parce qu'il laisse tomber du tabac. C'est un portrait cru d'une relation entre deux personnes âgées que Gilles Pelletier considère comme une sorte de chef-d'œuvre, mais que Janine n'aime pas : « Je n'aimais pas cette pièce à deux, intime, dans ce bateau énorme du NCT, et ça ne pouvait pas intéresser le public jeune de la Nouvelle Compagnie théâtrale. » Pelletier, qui sent sa compagne de scène malheureuse dans cette production, se demande à l'époque si ses réticences ne viennent pas du fait qu'elle refuse de vieillir. Si elle n'a pas peur de la mort, surtout à cause de Kiki, sa fille handicapée. Un jour, pendant qu'ils jouent la pièce, Pelletier se rappelle lui avoir dit: «Je trouve ça bon, Janine, j'aime ça faire ça!» Elle lui répond: «Ah oui, criss!» «J'ai dit: "Écoute, c'est l'occasion de jouer avec toi"; et elle a répondu: "Ah c'est fin ça, Pelletier."»

Dans la pièce, il y a une scène de rare tendresse entre les deux personnages, et entre les deux acteurs aussi, où Gilles prend Janine sur ses genoux. «Janine n'aime pas beaucoup la tendresse, raconte Pelletier, c'est un diamant. Une personne qui a quelque chose de dur en elle. Pas dur dans le mauvais sens. Dur dans le sens: elle est faite pour couper, pas pour être coupée.» «C'est pour cela, ajoute Françoise Gratton, qu'elle a réussi à faire tout ce qu'elle a fait, tout en gardant la petite.»

Les trois amis ont développé entre eux une amitié qui ne se dément pas. Ils se fréquentent régulièrement et Pelletier et Gratton entourent Janine d'une compréhension et d'une protection dont elle a encore beaucoup besoin. Ils connaissent aussi ses sautes d'humeur: à l'occasion, quand Gilles Pelletier sait que la NCT produit une pièce que la comédienne trouvera trop longue ou trop cérébrale, il la prévient: «Ne viens pas.» «Ils ne voulaient pas que je fasse d'esclandre, précise Janine, c'était encore l'époque où je faisais des scènes en coulisses. Ils se disaient: "C'est aussi bien qu'elle ne vienne pas, elle!"»

Au début de 1979, après avoir joué avec sa fille Mireille dans *Drôle de monde*, une série de Marcel Gamache, à TVA, Janine Sutto incarne le personnage de Mme Boisclair, dans *Loto-Nomie*, une comédie de Jean-Pierre Plante, réalisée par son ami André Bousquet, à Radio-Canada. «Une série qui tourne à la catastrophe parce que l'auteur ne s'entend pas avec le réalisateur, révèle la comédienne, qui ironise en racontant: Les gens me disent "Vous avez joué dans de grands succès!"» Pourtant, elle qui a encore du mal à refuser une proposition sait à quel point le métier lui a réservé de mauvaises surprises.

Le 8 avril 1979, elle joue son propre rôle dans *Chez Denise*, une série de Denise Filiatrault réalisée par Pierre Gauvreau, où Filiatrault incarne une tenancière de restaurant, avec les comédiens qui ont fait le succès de *Moi et l'autre*: Roger Joubert, Denis Marleau, Normand Brathwaite et Louisette Dussault. Dans l'histoire, ce jour-là, deux comédiennes célèbres, Janine Sutto et Andrée Lachapelle, créent tout un émoi en venant manger au restaurant. Janine, à la veille de ses cinquante-huit ans, a un air pétillant dans cette apparition. Pourtant, dans la longue transformation qu'elle s'impose, elle s'apprête à se rajeunir davantage.

Dans les jours qui suivent, elle se lance dans une nouvelle aventure qui fait partie de cette volonté de changer sa vie, une sorte de thérapie globale, après la méditation et le jeûne. Elle se fait faire une chirurgie esthétique globale du visage par un chirurgien en qui elle a confiance, le Dr Jacques Papillon.

Janine a approché le Dr Papillon au printemps l'année précédente pour lui parler d'un «lifting facial» complet. Mais lorsqu'elle lui a dit qu'elle allait à Marbella pour jeûner, durant l'été, il l'a convaincue d'attendre: «Le Dr Papillon m'avait dit: "C'est pas un pique-nique, ma petite fille! C'est la dernière chose à faire. D'abord, on ne se met pas au soleil. Et puis, c'est un choc!"»

Encore une fois, c'est son ami Roger Garceau qui la pousse dans cette aventure, «à un âge, dit-elle, où on a envie de limiter les dégâts. Pas parce qu'on veut jouer des rôles de jeunes, mais pour moi et pour les autres». Et elle ne le regrette pas, même si les premiers mois après l'opération sont difficiles, le temps que le visage reprenne une forme normale. C'est ainsi qu'elle doit participer aux répétitions d'une pièce qu'elle s'apprête à jouer au théâtre du Bois-de-Coulonge à Québec, avec le visage boursouflé, une casquette et des lunettes fumées. La réhabilitation sera somme toute rapide, mais l'été lui réserve encore une mauvaise surprise.

Scène 3. Un été désastreux

Après sa chirurgie esthétique, Janine Sutto se retrouve au théâtre du Bois-de-Coulonge, à Québec, dans *Chat en poche*, une pièce de Feydeau montée par Jean-Marie Lemieux. Elle va y passer un été qu'elle n'oubliera jamais, au cours duquel sa fille Catherine a failli mourir d'une méningite. Et tout commence avant même la première représentation de la pièce.

Pendant que les comédiens sont en générale à Québec, Rachel, la femme de Jean-Marie Lemieux, reçoit un appel de Simone Rossion, la belle-sœur de Janine, qui lui demande de la rappeler au plus tôt. Quand elle la joint, au téléphone, Simone lui annonce que Catherine est très malade et qu'ils s'apprêtent à aller la voir à l'hôpital. La comédienne est persuadée qu'il est déjà trop tard : « À 22 h 30 à l'hôpital, elle est morte ! » Tout de suite après la générale, ce soir-là, Jean-Marie Lemieux la conduit à Montréal. En arrivant à l'hôpital Sacré-Cœur, Janine Sutto découvre sa fille dans le coma et Mireille en état de choc, furieuse à l'endroit du personnel infirmier qu'elle juge inapte à s'occuper d'une enfant ayant un tel handicap : « Mireille était féroce ; elle renvoyait les gardes. »

Pendant les dix jours que dure le coma, Janine Sutto fait l'aller-retour entre Québec et Montréal, partant à minuit, en autobus, après la soirée au Bois-de-Coulonge, et reprenant l'autobus le lendemain à quatre heures pour Québec de façon à être à temps pour la représentation. Pendant dix jours, elle dort à l'hôpital, dans la chambre, à côté du lit où repose sa fille. Tout cela jusqu'à ce qu'elle puisse finalement se remettre de sa crise de méningite. Quand Catherine se porte mieux, sa mère va la chercher à l'hôpital avec son fidèle compagnon, Roger Garceau, pour la ramener à la maison. Aussitôt sortie de son coma, Catherine a recommencé à siffler, ainsi qu'elle le fait constamment à l'époque, comme si rien ne s'était passé. À la sortie de l'hôpital, elle refuse la chaise roulante qu'on lui propose. Elle veut à tout prix marcher, mais il faut la soutenir pour qu'elle ne s'écroule pas.

La comédienne sort de cette mésaventure pratiquement plus épuisée que sa propre fille.

La navette entre Québec et Montréal, les mauvaises nuits passées au chevet de Kiki à l'hôpital ont eu raison de la femme coriace qui ne se plaint jamais. À tel point que Roger Garceau lui fait cette mauvaise blague : « Imagine si tu n'avais pas eu ton lifting : de quoi aurais-tu l'air maintenant ? »

Le reste de l'été est malgré tout un souvenir agréable pour Janine, qui profite de l'hospitalité et de la générosité du metteur en scène Jean-Marie Lemieux et de sa femme Rachel. Lemieux est un bon vivant qui adore bien manger et boire. Parfois il invite ses comédiens chez lui pour une soirée au caviar et au Dom Perignon ; un soir, il propose même à la troupe d'aller dîner, après la représentation, à Chicoutimi, chez Amato, un excellent restaurant de cette région.

Au début des années 1980, Janine Sutto fait son entrée à Radio-Québec, l'autre télévision publique créée par le gouvernement provincial, dans *Au jour le jour*, une série écrite par plusieurs auteurs, une étude de mœurs autour d'un immeuble, où elle incarne le rôle de Simone Dubreuil. Elle fait aussi ses débuts comme *coach* (entraîneur) à la Ligue nationale d'improvisation (LNI), la grande idée lancée par Robert Gravel et Yvon Leduc en octobre 1977, et qui connaît un succès impressionnant. En mai 1980, on retrouve Janine Sutto encore au Rideau Vert, dans *Apprends-moi Céline*, une pièce de Maria Pacôme, mise en scène par Danièle Suissa, avec son amie Catherine Bégin et la comédienne Louise Deschâtelets.

Durant l'été 1980, Mireille et sa mère Janine travaillent ensemble sur scène au théâtre des Marguerites, dans

Poutoulik, un texte pratiquement oublié d'Henry Deyglun, mais que Georges Carrère a retrouvé, et qui l'emballe. Guy Provost, Claudine Chatel, Yvan Ponton, le nouvel amoureux de Mireille, et Georges Carrère lui-même font partie de la distribution.

Quand Carrère parle pour la première fois de *Poutoulik* à Janine, elle ne se souvient pas de l'existence de ce texte, que le propriétaire du théâtre des Marguerites a retrouvé aux Archives nationales du Canada. Neuf ans après sa mort, Mireille joue donc le rôle d'une jeune amérindienne dans une pièce que son père a écrite. Et Janine, elle, en profite pour se renflouer financièrement, grâce à la générosité de Georges Carrère. Chaque été, le théâtre des Marguerites reçoit une subvention de quinze mille dollars de la compagnie de cigarettes Du Maurier pour sa saison estivale. Carrère décide de verser à Janine la totalité du montant en plus de lui payer les droits de la pièce ; un cadeau inespéré pour la comédienne qui éprouve encore des problèmes d'argent. Quelque temps auparavant, une compagnie de shamping a offert à Mireille et à Janine de faire une publicité mère-fille. Une proposition très payante que Mireille refuse pourtant, parce qu'elle ne veut pas être trop identifiée à sa mère. Janine, déçue, se demande si sa fille aurait réagi autrement si elle avait été au courant de la situation des finances de sa mère : « Je pense que je ne lui ai jamais laissé voir qu'il fallait que je fasse de l'argent. »

Scène 4. La Comédie nationale

Après avoir contribué, dans sa vie, à la naissance de deux troupes de théâtre – L'Équipe en 1938 et le TNM en 1951 –, Janine Sutto accepte pour la première fois, en 1980, de se lancer dans une aventure de gestion d'entreprise théâtrale. Elle répond à une demande d'Yves Blais, un promoteur de spectacles, propriétaire d'une boîte à chansons populaire, Le Patriote, à Sainte-Agathe ; avec son associé Percival Broomfield, Blais vient d'acquérir un ancien bureau de poste, rue Sainte-Catherine, angle Plessis, dans l'est de Montréal, pour le transformer en théâtre. Il offre à Janine Sutto d'assumer la direction artistique du lieu qu'ils vont baptiser Comédie nationale.

Janine connaît peu Yves Blais qui lui est par ailleurs sympathique. Blais et Broomfield ont eu un grand succès quelques années plus tôt en présentant dans la métropole un spectacle permanent très populaire, *Les Girls*, écrit par Clémence Desrochers, avec Chantal Renaud, Diane Dufresne et Louise Latraverse. En faisant l'acquisition du vieux bureau de poste de la rue Sainte-Catherine, ils obtiennent d'importantes subventions pour le transformer en théâtre – dont quatre cent mille dollars du gouvernement de René Lévesque, un ami de Blais –, et leur projet est ambitieux. La comédienne décide de s'engager dans l'affaire en proposant d'abord à son ami Gaétan Labrèche de se lancer avec elle. Labrèche n'étant pas disponible, Gérard Poirier accepte d'embarquer dans l'aventure. Yvan Ponton se joint à eux.

Yves Blais a des idées géniales pour lancer la programmation de la Comédie nationale. C'est ainsi qu'il démarre la première saison avec la production à Montréal de *Starmania*, la comédie musicale de Luc Plamondon, qui a été créée avec un succès phénoménal à Paris. *Starmania* va jouer deux fois par jour pendant des semaines à la Comédie nationale et ainsi faire la fortune des débuts du théâtre, mais des problèmes surgissent rapidement.

Le bureau de poste est un bel édifice, mais tout est à réaménager pour en faire un théâtre. Dès le début des rénovations, des différends naissent entre les propriétaires, qui gèrent les fonds reçus en catimini, et la direction artistique, qui découvre souvent avec surprise ce qu'on en fait : l'importance accordée aux bureaux de la direction, par exemple, le rideau de scène extravagant, pour lequel ils ont reçu une subvention spécifique de quinze mille dollars, mais qui convient davantage à un music-hall qu'à un théâtre. Rapidement, un malaise s'installe. Avant même le début des travaux de rénovation, Janine Sutto se trouve très dépourvue devant les membres du conseil d'administration, qui s'adressent à elle pour savoir ce qu'il advient des fonds publics alors que les travaux tardent à démarrer. Janine, qui n'est au courant d'absolument rien, répond, les mains jointes sur la grande table du conseil : « Nous les avons fait fructifier ! » La comédienne constate brutalement qu'elle ne peut s'entendre avec Blais et Broomfield, qui n'ont selon elle aucun sens de la gestion, encore moins du répertoire théâtral. En désespoir de cause, elle incite les deux propriétaires à rencontrer son ami Gilles Pelletier, qui a mené à bien, quelques années plus tôt, la rénovation du théâtre Denise-Pelletier.

Malgré toutes les péripéties qui la précèdent, la première saison de la Comédie nationale est un succès marquant pour le monde artistique de Montréal.

La salle du théâtre elle-même est finalement réussie ; la scène est bien proportionnée. Et la présentation, en première montréalaise, de *Starmania* attire les foules, avec France Castel, Martine St-Clair, Louise Forestier et Johanne Blouin, sous la direction d'Olivier Reichenbach.

Durant les premiers mois de son aventure de directrice artistique, Janine Sutto demande à l'auteur à succès de la télévision, Janette Bertrand, de lui écrire une pièce. Le théâtre cherche un nouveau répertoire local. Les deux femmes se lancent ainsi dans une première aventure commune en créant : *Moi Tarzan, toi Jane*, un texte de Janette Bertrand mis en scène par Janine Sutto, dont Luc Plamondon écrit la chanson thème.

« Elle m'a demandé d'écrire une pièce probablement parce qu'elle aimait ce que j'écrivais à la télévision », se rappelle Janette Bertrand, qui n'est pas une amie intime de Janine Sutto à l'époque. Mais quand elle apporte le texte pour la première fois à sa metteure en scène, celle-ci est d'abord très déçue. La pièce devait être l'histoire d'un couple aboutissant au divorce ; la perspective de voir sur scène un couple qui se défait l'intéressait. Mais en recevant le premier manuscrit, Janine sent que l'auteure s'est perdue dans son histoire en y ajoutant une nouvelle donne : l'homme, en fait, découvre son homosexualité. La pièce devient une forme d'essai cherchant à démystifier les stéréotypes sexuels. Mais tout cela, à son avis, est mal amené. Il y a, selon elle, un manque flagrant de dramaturgie dans le texte. « Je ne savais pas encore comment écrire pour le théâtre, reconnaît elle-même Janette Bertrand, je mettais trop de choses. Je voulais tout dire. » L'auteure – les critiques le confirmeront – se disperse, néglige les liens dramatiques. Mais Janine Sutto n'a pas non plus assez de métier, à l'époque, comme dramaturge ou metteure en scène pour y apporter des améliorations.

Dans ses mémoires, Janette Bertrand raconte que Janine Sutto l'a beaucoup aidée malgré tout[52]. La metteure en scène va même permettre que Janette assiste aux répétitions. Une expérience extraordinaire pour l'auteure qui dit aujourd'hui qu'elle y a appris les rudiments de la direction d'acteurs, un métier qu'elle pratiquera elle-même avec brio par la suite. Les deux femmes se rapprochent beaucoup l'une de l'autre à l'occasion de cette aventure de *Moi Tarzan, toi Jane*.

---

52. Janette Bertrand, *Ma vie en trois actes*, Montréal, Libre Expression, 2004.

Mais Janette trouve certains passages difficiles, en particulier quand la metteure en scène, qui ne mâche pas ses mots, excédée, lui arrache son texte des mains en disant : « C'est assez, les corrections. »

Pour incarner le couple, la production choisit Louise Turcot, l'ancienne vedette de *Deux femmes en or*, et Raymond Legault, un ancien élève de Janine. La première de *Moi Tarzan, toi Jane*, le 22 avril 1981, à la Comédie nationale, est désastreuse. Pendant le spectacle, les deux collaboratrices commencent à s'inquiéter du manque d'enthousiasme et des bruits du public dans la salle. Au point que Janine Sutto doit aller remonter le moral des troupes à l'entracte. Après la représentation, les deux femmes voient leurs craintes se confirmer en rencontrant les spectateurs, dans le grand hall de la Comédie nationale : « On est arrivées toutes les deux dans un silence de mort, personne ne nous parlait. »

Un groupe de femmes très pincées d'Outremont, dirigé par l'animatrice Nicole Germain, constitue la majeure partie de l'assistance lors de cette soirée de première et elles n'apprécient pas le langage parfois cru, et les allusions à l'homosexualité et même à l'inceste, contenues dans la pièce. La critique est elle aussi très mauvaise : un propos vulgaire, écrit par une auteure de télévision qui manque d'expérience en dramaturgie. La pièce est pourtant un grand succès, au point que la direction la reprend durant l'été au Patriote de Sainte-Agathe. Janette Bertrand y verra une confirmation de la pertinence de son propos et de l'audace de la metteure en scène qui y a cru. « On a vécu beaucoup de choses, elle et moi, se rappelle Janine Sutto. On était novices comme auteure de théâtre et comme metteure en scène. Janette dans *Quelle famille !* avait raison d'aborder des choses comme les menstruations, la ménopause, l'homosexualité ; elle avait raison d'aborder ces thèmes, mais dans une pièce de théâtre, il faut une construction dramatique. C'est comme Antonine [Maillet], qui est une bonne conteuse, mais pas de construction dramatique encore une fois. »

Au cours de cette première expérience ensemble, les deux femmes développent un lien d'amitié qui ne se démentira jamais. Janette Bertrand, qui vient de se séparer de son mari, est encore fragile et, une fois de plus, Janine Sutto offre généreusement son appui et son oreille : « J'allais la reconduire, après les représentations de la pièce, se souvient Janette Bertrand, et je restais avec elle à parler et elle m'écoutait. Elle m'écoutait. Elle m'a-tu écoutée, et j'ai pleuré. Une fois je lui avais dit : "Ah, je t'aime !" et elle m'avait dit : "Arrête avec ça !" Janine n'aime pas beaucoup la tendresse. Mais elle me faisait tellement de bien. »

Après le succès de *Moi Tarzan, toi Jane,* Janine Sutto invite Janette Bertrand à faire partie de son équipe de la LNI. Mais ce ne sera pas une très bonne idée. Janette Bertrand elle-même garde un souvenir mitigé de cette expérience d'une saison à la LNI, où elle n'est pas convaincue d'avoir les talents qu'il faut pour briller. Elle cède à la demande de Janine, mais elle va vivre des moments difficiles : « Une fois où j'avais été tellement mauvaise, je manque mon coup, je perds le point, et Janine est fâchée contre moi et je me mets à pleurer. Et elle me dit : "Tu vas pas pleurer en plus !" [rires] »

Après avoir présenté trois pièces, dont celle de Janette Bertrand, et la comédie musicale *Starmania*, l'expérience de la Comédie nationale commence à avoir du plomb dans l'aile. Les trois comédiens qui se partagent la direction artistique se sentent de moins en moins impliqués ; lors d'une des réunions du conseil d'administration, à laquelle Mireille, qui accompagne Yvan Ponton, assiste, Janine Sutto s'endort en plein exposé d'Yves Blais qui trône au bout de la table. Entre-temps, Blais lui-même a été élu député du Parti québécois en avril 1981. Le malaise grandit entre la direction artistique et les deux propriétaires, qui prennent les choses trop à la légère à leur goût. « Tout à coup, ils décidaient de partir quinze jours au soleil, sans prévenir », raconte Janine. Un jour, pendant une de ces absences, les trois directeurs artistiques décident de donner leur démission. Peu de temps après, l'entreprise de la Comédie nationale se termine et le théâtre se transformera en cabaret. Pour la comédienne, c'est un échec dans une vie professionnelle qui a connu jusqu'alors tant de succès. Mais elle ne se souvient pas d'en avoir été très touchée. Comme elle dit souvent en pareilles circonstances : les affaires lui glissent facilement sur le dos. La mort de la Comédie nationale ne la touche pas beaucoup, mais elle en sort convaincue qu'elle n'est pas faite pour diriger un théâtre.

Janine Sutto et Janette Bertrand renouent néanmoins peu de temps après avec leurs aventures de théâtre. Dès l'année suivante, en 1983, elles montent *Dis-moi le si je dérange*, une nouvelle pièce de Janette Bertrand, mettant en vedette Juliette Huot, avec une fois de plus une chanson thème écrite par Luc Plamondon, sur une musique de Diane Juster, *J'ai besoin de parler*, qui sera chantée par Ginette Reno.

Cette fois, c'est Janette Bertrand qui a pris l'initiative en proposant à Janine et au producteur, Luc Phaneuf, un nouveau texte, mieux structuré que le premier, et que la comédienne apprécie davantage. La pièce raconte l'histoire d'une épouse désespérée, dont le mari est parti avec une jeune femme. Toute l'action se déroule au téléphone. Contrairement à *Moi Tarzan, toi Jane*, le nouveau texte, que Janine Sutto découvre avec bonheur, est doté d'une structure théâtrale. Mais le problème, cette fois, réside dans le choix de l'actrice qui porte seule la pièce : le texte et le poids du rôle sont trop lourds pour Juliette Huot qui, seule en scène, à soixante-dix ans, a beaucoup de problèmes de mémoire et s'épuise rapidement. Les premiers signes d'inquiétude sont perceptibles dès le début des répétitions lorsque Janine dit à Juliette : « Tu vois, à la fin de cette phrase, tu remontes la voix. » Juliette Huot, déjà découragée, lui dit : « Mais c'est du ballet tout ça, de la chorégraphie ! » Elle reproche à la metteure en scène, qui est pourtant son amie intime, de prendre des notes durant les répétitions : « Ça m'énerve que tu prennes des notes ! » Pourtant, Dieu sait combien Juliette en a besoin ! Pour l'aider à passer à travers la pièce sans trous de mémoire, comme elle est toujours au téléphone sur scène, l'assistante de Janine, Francine Émond, sera constamment au bout de la ligne, pour lui souffler le texte. « Ç'a été très dur. On allait en coulisses toutes les deux, Janette et moi, et on se disait : "Comment on va lui dire telle affaire ?" Il fallait pas la décourager entièrement. »

La première de *Dis-moi le si je dérange* se déroule au Grand Théâtre de Québec, le 14 avril 1983. Luc Phaneuf, qui s'attend, après la réussite de *Moi Tarzan, toi Jane* auprès du public, à une répétition de l'exploit, ne lésine pas sur les moyens : il réserve ensuite le théâtre Maisonneuve à Montréal, et une salle à Ottawa. Le soir de la première à Québec, Félix Leclerc, qui habite l'île d'Orléans, est dans la salle et il est révolté, lui qui a un vieux fond conservateur, quand il découvre à la fin que la pièce se termine par un suicide. « Êtes-vous folles, les filles ? » leur dit-il après la représentation. Mais encore une fois, malgré toutes ces difficultés qui ont entouré sa gestation, la pièce remporte un succès auprès du public. Déjà la prévente avait été exceptionnelle, sans doute à cause de la combinaison des trois femmes dans le projet, l'auteure, la metteure en scène et l'actrice. Trois personnages mythiques du monde québécois du spectacle qui attirent les foules. Après Québec, Montréal et Ottawa, la pièce est aussi jouée en tournée, et les représentations ne s'arrêteront que lorsque Juliette Huot elle-même, trop épuisée pour continuer, décidera de s'arrêter.

Encore une fois, durant cette deuxième aventure de théâtre ensemble, Janette Bertrand, de son propre aveu, apprend beaucoup de Janine Sutto. Elle apprécie en particulier la capacité de la comédienne d'aller chercher les émotions de Juliette Huot, de l'encourager. Cette sensibilité de la grande actrice, devenue metteure en scène, qui ne peut s'expliquer que par cet amour inconditionnel que Janine Sutto éprouve pour son métier et pour ceux qui, comme elle, en assument les risques.

Scène 5. Mère et fille en vedette

Au début des années 1980, en plus de ses activités de gestion à la Comédie nationale et sa mise en scène de *Moi Tarzan, toi Jane,* Janine Sutto continue à faire son métier de comédienne. Elle joue ainsi, en 1980, dans une pièce qui représente pour elle un des plus beaux moments de théâtre de sa vie : *Le Bateau pour Lipaïa.* Une pièce créée en 1975 à Paris par Alexei N. Arbuzov et qu'elle découvre grâce à son coiffeur et ami, Michel Bazinet, qui rapporte le texte de Paris en lui disant : « C'est une magnifique pièce pour toi ! » *Le Bateau pour Lipaïa,* c'est la rencontre d'une femme et d'un homme aux abords de la soixantaine ; un huis clos rempli d'émotion et de tendresse, qui va de l'affrontement à la naissance d'une passion. Et pour la première fois depuis l'époque de L'Équipe, Janine Sutto prend le texte et décide d'aller le proposer à un réalisateur – celui en qui elle a le plus confiance –, Paul Blouin.

Après des négociations ardues avec les producteurs français pour l'achat des droits, il est décidé que la pièce sera d'abord montée à la télévision de Radio-Canada et ensuite en tournée avec le Théâtre populaire du Québec (TPQ) et que Gilles Pelletier partagera la scène avec Janine. Pendant les répétitions à Radio-Canada, en mai 1980, il doit s'absenter une journée pour participer à un pèlerinage d'artistes pour la souveraineté, qui part du théâtre Denise-Pelletier à Montréal et qui longe le chemin du Roy jusqu'à Québec, où les attend le premier ministre René Lévesque. C'est un des temps forts de la campagne du «oui» en vue du référendum du 20 mai. Mais Janine Sutto ne participe pas à cette manifestation souverainiste. Fidèle à ses convictions, elle refuse de s'afficher politiquement.

Quelques semaines après le tournage du téléthéâtre pour Radio-Canada, et avant même la diffusion de la pièce à la télévision, qui aura lieu en janvier 1981, la comédienne s'attaque, avec le metteur en scène Daniel Roussel, à une autre version du *Bateau pour Lipaïa* pour la tournée du Théâtre populaire du Québec. Cette fois, Gilles Pelletier, qui est trop pris, est remplacé par Jean Lajeunesse; il lui demande, connaissant son amitié avec sa femme Janette, qu'il vient de quitter: «Vas-tu me traîner pendant deux mois?» Janine Sutto éprouve beaucoup de tendresse pour cet homme qu'elle connaît depuis leurs débuts à l'Arcade et surtout à L'Équipe, comme Jean-Pierre Masson, qu'elle croise aussi souvent dans le métier. Ils peuvent tout se dire, sans pudeur, parce qu'ils ont appris à la dure; c'est ainsi qu'avec le metteur en scène Daniel Roussel, ils vont convaincre Jean Lajeunesse de jouer dans la pièce sans sa perruque caractéristique, avec laquelle le public l'a toujours connu. Le comédien-vedette accepte à reculons, mais la remet instantanément aussitôt les représentations terminées.

La tournée avec le TPQ réjouit Janine. Les deux metteurs en scène, Paul Blouin et Daniel Roussel, ont la même compréhension des personnages et même si les décors sont plus sommaires au théâtre, c'est la première fois que Janine Sutto joue dans deux mises en scènes différentes de la même pièce dans un si court laps de temps.

Elle profite de la tournée, une fois de plus, pour s'évader de sa routine quotidienne. Prendre le temps de goûter la vie entre les longues matinées de repos, les représentations du soir et les repas tardifs si chaleureux, où toute l'équipe célèbre une journée bien remplie. Au cours de la tournée, elle fait la connaissance de Jacques Calvé, le frère du chanteur Pierre Calvé, qui est le chauffeur de l'autobus de l'équipe et qu'elle retrouvera souvent en tournée. Elle en profite aussi pour revoir les paysages magnifiques du Québec, comme cette région du Saguenay–Lac-Saint-Jean, qui lui rappelle ses premières amours avec D.

Au début de 1981, elle se retrouve de nouveau dans la famille du Rideau Vert, où elle accepte encore, malgré ses réticences, un rôle dans une autre création de l'incontournable Antonine Maillet: *La Contrebandière*, avec Louise Marleau, Gilles Pelletier, Guy Provost et Michel Dumont. Un jour, alors qu'ils sont en tournée à Québec, Gilles Pelletier surprend Janine en conversation avec une sœur d'Antonine qui habite la Vieille Capitale et à laquelle elle dit sans ménagement: «Bon! Il serait temps qu'Antonine, elle les travaille un peu plus, ses pièces!» Même si elle est plus sereine dans la vie, l'actrice conserve son sens critique. Il faut dire qu'à la même époque, le journaliste Robert Lévesque, dont elle apprécie le jugement, parle lui-même avec dérision de «l'inévitable Antonine Maillet de saison». Janine a décidément un rapport particulier avec cette famille du Rideau Vert, à laquelle elle ne peut rien refuser, mais qu'elle critique souvent sans retenue. En cette même période, elle retrouve au Rideau Vert Luis de Cespedes, le filleul de Mercedes Palomino, qu'elle a vu grandir à Vaudreuil durant les années 1950, et auquel elle est restée très attachée. Luis a appris le métier de comédien sur le tas, au Rideau Vert, dans cette même famille où on lui confie des rôles. Janine a du mal à accepter cette situation, alors qu'elle voit arriver dans le métier avec tellement de bonheur les nouvelles générations d'acteurs qui sortent, bien formés, des écoles. Mais elle apprécie la modestie et la présence d'esprit de Luis, qui refuse des rôles quand il ne se sent pas prêt à les jouer.

Janine Sutto va avoir soixante ans. Par rapport au début de la décennie précédente, c'est le jour et la nuit. La Janine Sutto de la cinquantaine et des grandes souffrances existentielles a bien changé. L'actrice est seule dans la vie avec ses deux filles, depuis qu'elle ne fréquente plus D., mais elle travaille comme jamais auparavant, dans beaucoup de projets qui la passionnent. Elle vit une quiétude qui lui fait du bien et elle est en pleine possession de ses moyens.

Dans sa vie familiale aussi les choses vont de mieux en mieux. À l'automne de 1981, Janine Sutto fait son entrée au conseil d'administration de l'association de Montréal pour les Déficients mentaux, l'AMDM, une vieille organisation, fondée en 1935, à l'époque sous le nom d'association de Montréal pour Enfants arriérés, et à laquelle elle doit beaucoup.

Quelques mois plus tôt, Catherine, à vingt-trois ans, a dû quitter l'école Peter Hall, qui l'accueillait malgré son âge avancé tous les jours de la semaine dans une classe spécialisée. Grâce à l'AMDM, Janine a découvert un atelier, rue Sauvé, à Montréal, en face du Théâtre populaire du Québec, où une pédagogue exceptionnelle a constitué un groupe de déficients intellectuels du même niveau que Catherine, en marge du système officiel, où elle les traite avec un respect et une imagination admirables, les emmenant même à l'occasion à des concerts de l'OSM. Pour remercier l'AMDM de l'avoir si bien dépannée, Janine a donc décidé de donner un peu de son temps à la cause de la déficience intellectuelle, et elle prend dès le début ses nouvelles fonctions au sérieux.

Denise Tonelli, une bénévole qui commence elle aussi à travailler pour l'organisation à la même époque, est impressionnée par la ponctualité de la comédienne, qui arrive aux réunions avant tout le monde et qui participe avec beaucoup d'énergie, après avoir travaillé souvent toute la journée. Après les réunions, elle la raccompagne en voiture au Rockhill. Janine Sutto profite aussi de toutes les tribunes pour faire la promotion des activités de levée de fonds de l'AMDM.

Mireille, pour sa part, voit sa carrière atteindre de nouveaux sommets. En 1982, à vingt-quatre ans, la fille de Janine obtient le premier rôle dans un film qui a marqué une génération de Québécois: *Bonheur d'occasion*, un film réalisé par Claude Fournier à partir du célèbre roman qui avait valu le prix Femina à l'écrivaine Gabrielle Roy. Mireille ira présenter son film jusqu'à Moscou, et une version pour la télévision, en cinq épisodes d'une heure, connaîtra un succès monstre en français comme en anglais.

Durant l'année 1982, Janine Sutto commence une nouvelle série à Radio-Canada: *Monsieur le ministre*. Une série de télévision écrite par Michèle Bazin et Solange Chaput-Rolland, dont l'action se passe dans les coulisses de la vie politique d'un ministre de la Famille. Michel Dumont personnifie le ministre Alain Robert, Janine, qui incarne le personnage de Micheline Rougier, et Émile Genest, qui joue son mari, Charles Rougier, sont les beaux-parents du ministre.

La comédienne apprécie en particulier, dans la série, le travail de la réalisatrice, Raymonde Boucher, qui dirige bien les acteurs. Mais elle peste encore une fois contre les auteures. Michel Dumont est témoin de ces sautes d'humeur où Janine, excédée, jure comme un charretier: «Elle avait des répliques impossibles à dire et elle criait: "Est-ce qu'on est obligés de dire ce criss de texte-là: 'L'amour en cheveux blancs est un doux contentement.' Dis-moi pas de dire ça, tabarnak!"» Ensemble, les comédiens retravaillent souvent les textes.

Le 29 avril 1982, le Rideau Vert présente la première de *Acapulco Madame*, d'Yves Jamiaque, une mise en scène de Jean Dalmain, avec entre autres Janine Sutto et son ami Pierre Thériault. La comédienne, qui vient de fêter son soixante et unième anniversaire de naissance, subit un choc lors des répétitions de la pièce lorsque son vieil ami, François Barbeau lui dit sans ménagement, en l'observant: «Là, Janine, je pense que ça serait le temps de cacher les coudes.» Le dessinateur de costumes fait allusion au vieillissement de la peau qui commence à se voir en particulier près des articulations. «François, il avait l'œil, parce que ça commençait à être laid.» Le créateur est souvent brutal, mais Janine, qui n'est jamais très tendre avec elle-même, apprécie sa franchise. Barbeau, que les comédiennes respectent, est une terreur, en particulier pour les débutantes. Janine raconte qu'un jour une jeune actrice qui devait porter un costume d'époque lui a dit: «On ne peut pas marcher dans cette robe!» François Barbeau avait répondu: «C'est parce que tu sais pas marcher.» Dans *Acapulco Madame*, il dessine donc des robes pour Janine Sutto avec des manches qui, pour la première fois, lui recouvrent les coudes.

Quelque temps après, l'actrice rend visite au Dr Papillon, son chirurgien esthétique qui l'a déjà opérée avec succès.

Elle lui demande de lui resserrer la peau des bras, mais le médecin refuse en lui disant : «Je pense que ma couture va se voir plus que ce que vous avez là ! » Janine, qui est impressionnée par la conscience professionnelle de Papillon, se résigne donc à se cacher les coudes. Mais, malgré ces quelques signes de vieillissement apparents, la comédienne est dans une forme resplendissante en ce début de soixantaine. À cette époque, elle renoue avec son amoureux des années 1940, François Bertrand, avec qui elle aime toujours sortir le soir avec des amis. Entre eux, une affection et une tendresse renaissent chaque fois qu'ils se revoient. Ils se retrouvent souvent avec Gilles Pelletier et Françoise Gratton. La comédienne est plus occupée que jamais ; à un âge où beaucoup de gens actifs envisagent de ralentir leur rythme de travail, Janine, elle, accélère la cadence : «Jamais j'ai parlé de la retraite, dit-elle, au contraire, à cet âge-là, des fois il y a de maudits beaux rôles. »

En plus de ses engagements au théâtre et à la télévision, elle poursuit son expérience de *coach* à la LNI, où elle dirige l'équipe des Verts, qui regroupe des acteurs exceptionnels, Normand Brathwaite, Rémy Girard, Julie Vincent, Francine Ruel et Robert Gravel. À la fin d'une saison d'impro, l'équipe gagne le championnat et reçoit un prix de neuf cents dollars. Robert Gravel, qui a toujours des idées saugrenues, suggère, après avoir payé le champagne pour célébrer la victoire, d'utiliser le reste de la somme pour acheter des billets de loterie. Il mène l'opération de façon méticuleuse : pour augmenter les chances de gagner, les membres de l'équipe achètent les billets dans des endroits différents, selon un rituel minutieux auquel Gravel a réfléchi : «Il adorait ce genre d'affaire-là, Robert. On a rêvé pour huit cents piastres comme il faut. Puis on n'a rien gagné, mais maudit qu'on a eu du plaisir à s'imaginer ce qu'on allait faire si on gagnait ! »

Le 18 mars 1983, Janine Sutto est engagée par son amie Janette Bertrand dans *SOS, j'écoute*, une série que l'auteure produit pour Radio-Québec. Janine joue une vieille femme, Yolande, qui a retrouvé après quarante-cinq ans de séparation son fils Jean, incarné par Jacques Godin. Une fois la partie dramatique de l'émission terminée, des experts commentent en studio les enjeux de la scène exécutée par les comédiens. Un concept original à la télévision, que Janette Bertrand développera avec succès pendant plusieurs années.

Janine commence aussi à enseigner à l'option théâtre de Saint-Hyacinthe, où Claude Grisé, le directeur de l'école, lui propose de monter la production annuelle des finissants. La comédienne, qui manque toujours d'argent, ne peut pas refuser cette offre, même si elle implique de longues randonnées en autobus de Montréal à Saint-Hyacinthe, en particulier durant les mois d'hiver. Ses propres étudiants, la voyant descendre de l'autobus, se demandent comment elle fait à son âge pour agencer tous ces horaires complexes.

Scène 6. *Poivre et Sel*

En avril 1983, Janine Sutto se lance dans une nouvelle aventure, qui va durer plusieurs années, avec son ami Gilles Latulippe. C'est le début de *Poivre et Sel*, à Radio-Canada ; une série humoristique, écrite par l'auteur populaire Gilles Richer. *Poivre et Sel*, c'est l'histoire de deux septuagénaires qui deviennent amoureux et qui décident de vivre leur relation au grand jour, sans être mariés, ce qui fait d'eux des êtres un peu provocateurs. Gilles Richer en a d'abord fait une pièce qui a été montée, deux ans auparavant, au théâtre de Saint-Sauveur, où Janine a joué le rôle de Marie-Rose Séguin qu'on lui propose maintenant d'incarner à la télévision. Cet été-là, Marc Legault jouait son amoureux, Hector Potvin, mais il n'est pas disponible pour la série à la télévision.

Radio-Canada, qui rêve de reproduire à la télévision d'État le succès de *Symphorien*, propose donc à Gilles Latulippe d'assurer le rôle. Mais le comédien-vedette hésite. Quand Gilles Richer l'appelle pour lui offrir le rôle, il téléphone aussitôt à Janine pour la consulter. Il craint, à quarante-cinq ans, d'être trop jeune pour incarner un personnage de soixante-douze ans. « Au théâtre, c'est plus facile, à la télévision, c'est plus dur », estime-t-il. Latulippe a peur d'un *miscast*. Janine, qui a joué des rôles plus vieux que son âge depuis des années, le rassure en lui disant que la maquilleuse engagée pour la série, Norma Ungaro, est excellente, et Latulippe finit par accepter. « Si elle avait dit non, je ne l'aurais pas fait, avoue-t-il des années plus tard. Moi, j'ai toujours appelé Janine

"Notre-Dame du Théâtre". » « Norma, elle nous soignait, raconte Janine. Elle prenait autant de temps à m'enlever la perruque, parce que c'est elle, et non la coiffeuse, qui voulait faire cela. Les réalisateurs la haïssaient parce qu'elle était dans le contrôle et elle disait : "Non ! Donne-moi un spot ; mon maquillage, c'est pas ça !" C'était son maquillage qu'elle regardait, et elle avait raison. Elle était allée chercher ma perruque à New York, envoyée par Radio-Canada ! »

Le premier enregistrement de *Poivre et Sel* a lieu le 12 avril 1983. La distribution comprend, entre autres, Edgar Fruitier, Louise Latraverse, Véronique Le Flaguais, Jean-Louis Paris, Denise Proulx et Robert Rivard. Gilles Richer consulte Janine Sutto pour le choix des comédiens plus jeunes ; c'est ainsi qu'elle propose qu'Yves Jacques fasse partie de la série. Elle a déjà joué sur scène avec le jeune acteur qu'elle a connu à l'option théâtre du cégep de Saint-Hyacinthe, et pour lequel elle nourrit beaucoup d'espoir. Un jour, Gilles Richer lui dit qu'il cherche un autre acteur pouvant incarner ce qu'il décrit comme une sorte de « chenille à poil » : « Je lui ai suggéré René Richard Cyr, raconte la comédienne. Il était tordant. Tellement maigre. Quand il arrivait le matin, on avait l'impression qu'il était en pyjama. Des petits pantalons fleuris. Une vraie chenille à poil ! » Janine Sutto révèle ainsi une fois de plus son attachement pour la relève et sa capacité de déceler les talents avant qu'ils arrivent à maturité : Yves Jacques et René Richard Cyr deviendront les vedettes que l'on sait. Elle propose aussi à Gilles Richer une jeune actrice noire, Nefertari Bélizaire, dont elle s'occupera pendant des années.

Janine Sutto et Gilles Latulippe développent une complicité encore plus étroite à partir de *Poivre et Sel*. Et cette complicité se manifeste surtout lors de deux incidents au cours desquels ils affrontent la direction de Radio-Canada. Peu habitué aux façons de faire de la société d'État, Gilles Latulippe découvre un jour qu'un des réalisateurs de la série arrive aux répétitions en ouvrant devant les comédiens une enveloppe scellée contenant les scénarios. Il arrive en fait sans préparation, ce qui provoque des pertes de temps incroyables et des malaises avec les comédiens. « Il était pas équipé pour diriger en cinq minutes, celui-là. T'es bien mieux de savoir où tu vas si tu veux diriger Janine Sutto ! » se rappelle-t-il. La comédienne, qui adore être dirigée par les réalisateurs, se révolte rapidement. Elle prend les choses en main et répète souvent : « Ça se tient pas deboute ! » en parlant de la direction des comédiens. Latulippe, qui s'attendait à plus de compétence de la part de Radio-Canada, n'en revient pas.

Un jour, après s'être plaints d'avoir à travailler une semaine sur deux avec ce réalisateur incompétent, les deux comédiens décident d'aller voir la directrice des émissions dramatiques de l'époque, Hélène Roberge, et Gilles Latulippe lance la conversation en disant qu'ils ne travailleront dorénavant qu'avec l'autre réalisateur, Claude Maher, qu'ils aiment beaucoup. « Il dit : "On vous prévient", puis il me prend la main et on s'en va ! » se souvient Janine. La directrice des dramatiques part à la course derrière eux dans le corridor, les rejoint à l'ascenseur et les supplie de revenir à son bureau pour reprendre la discussion. Latulippe lui répond : « On vous a dit l'essentiel, et c'est comme ça ! » Et il ne lui laisse pas le temps de répliquer. « Quand on s'est plaint la première fois, raconte Janine, on lui a dit : "Allez sur le plateau, madame, et demandez aux techniciens. Parce que nous, les acteurs, naturellement on est vaniteux, comme vous pensez sûrement. Alors demandez aux techniciens." » La direction a finalement cédé aux pressions et le réalisateur en question a été remplacé.

Gilles Latulippe va aussi prêter main-forte à sa collègue dans la négociation de ses cachets. À l'époque, très peu d'acteurs ont des agents pour les représenter.

« On venait nous voir en studio, raconte Latulippe, et on nous disait : "Quelqu'un vous attend pour négocier votre cachet." » Janine Sutto, qui a horreur de discuter d'argent, s'entend avec Gilles Latulippe pour qu'il la représente auprès de la direction de Radio-Canada. Elle lui dit : « Vas-y donc ; moi, ce que tu vas prendre, ça va être correct. »

En arrivant devant son interlocuteur, Latulippe le prévient d'emblée qu'il négocie aussi pour sa collègue : « C'est toujours plus facile, explique-t-il, de négocier pour un autre !» Il découvre, dès le premier entretien, que Janine Sutto est moins bien payée que lui et il réussit à mettre fin à cette injustice. C'est donc grâce à la générosité de son ami Gilles Latulippe que la comédienne en arrive à briser pour la première fois de sa vie cette tradition honteuse du milieu qui veut, et cela pour des années encore, que les femmes soient moins bien traitées que les hommes.

Scène 7. *Harold et Maude*

Durant l'été 1983, à peine après avoir commencé les enregistrements de *Poivre et Sel*, Janine Sutto joue dans une nouvelle pièce de Gilles Richer à Saint-Sauveur : *Fou de la reine*.
Un souvenir très mitigé où elle revoit encore aujourd'hui
Edgar Fruitier dans un rôle de tombeur de femmes, qui,
selon elle, ne lui convenait pas. Benoît Marleau et son amie
Françoise Lemieux font aussi partie de la distribution. Mais
très tôt après le début de la saison, un accident se produit
qui force Gilles Richer à modifier la pièce. Durant une représentation, Janine rate une marche et tombe assise sur un
spectateur. Après la soirée, l'équipe s'en va au restaurant,
comme tous les soirs, mais à la fin du repas elle s'aperçoit
qu'elle ne peut plus se lever de table. Les amis l'emmènent
à l'hôpital où l'on constate qu'elle s'est fracturée la cheville.
Le lendemain, Janine se présente au théâtre avec un plâtre.
Richer, qui a été prévenu, lui dit en souriant : « On va jouer
ce soir, mais il faut apporter des modifications à la mise en
scène. » Résultat : l'escalier est transformé en pente pour lui
permettre de monter sur scène... en chaise roulante. « J'ai
joué d'abord dans un fauteuil roulant et en pantalon, et peu
à peu, j'ai pu marcher. Mais c'était un bel été au point de
vue camaraderie. »

Cet été-là, Mireille, sa fille, joue au théâtre voisin de Sainte-
Adèle. Les comédiens des deux théâtres se fréquentent souvent. Janine a loué à son amie Lucie Garneau une maison
avec piscine à Piedmont, en haut de la montagne, qui devient

rapidement le lieu où se déroulent les fêtes. C'est là qu'elle invite tout le monde, à la fin de la saison, pour marquer cet été agréable, en servant à plus de vingt-cinq personnes sa fameuse choucroute, dont la recette lui a été transmise par sa mère alsacienne. Janine adore recevoir quand elle en a le temps ; elle cuisine très bien et elle a un sens inné de la fête.

Quelques jours à peine après la fin du théâtre d'été, on la retrouve, le 15 septembre 1983, dans *N'écoutez pas, mesdames !* de Sacha Guitry, mise en scène par Yvette Brind'Amour. La comédienne joue un rôle en or, dans ce théâtre de boulevard qu'elle chérit tant. La pièce met en scène un antiquaire, Daniel Bachelet, qui voit arriver dans sa boutique Valentine, une femme caricaturale, habillée comme dans un tableau qu'elle vient lui vendre. Les deux personnes ont été amants il y a longtemps. Elle lui fait des réflexions merveilleuses sur l'inconscience des hommes et sur leur passé. Une scène formidable, où Janine, qui adore jouer les séductrices, excelle.

Durant la période des fêtes, après des mois de travail ininterrompus, Janine Sutto part pour l'Europe en vacances. Elle va rejoindre à Paris son amie Monique Miller et le metteur en scène Gilbert Lepage ; sur place, ils rencontrent par hasard Claude Michaud, sa femme Michèle qui se joint à eux, et Jean-Marie Lemieux, qui habite le même hôtel réservé par Monique Miller, à l'angle des rues Jacob et Bonaparte.

La plupart d'entre eux se retrouvent ensuite pour une semaine à Londres, où Monique Miller, grâce à ses relations, leur obtient des places dans les théâtres. Janine et Monique restent ensemble une semaine de plus, seules, après le départ des autres. Elles passent le réveillon du nouvel An chez Pierre Castonguay, un réalisateur de Radio-Canada qui travaille au bureau de Londres. Durant toute la semaine, Monique Miller organise un horaire culturel et gastronomique intense auquel son amie se soumet avec plaisir. Un jour, Monique Miller s'intéresse à un magnifique Shetland dans une boutique chic d'Oxford Circus, où elles magasinent toutes les deux. Mais le foulard est trop cher pour ses moyens. Au moment où elles s'apprêtent à quitter le magasin, Janine s'approche de Monique et lui dit : « Ne crie pas, je te l'offre ! » Et Miller de crier encore plus fort! Le dernier soir, elles vont à Covent Garden, où Janine traîne dans son sac une bouteille de champagne qu'elles se promettent de boire après le spectacle, pour marquer la fin de leur séjour. La comédienne, comme par miracle, passe tous les contrôles de sécurité de Covent Garden, très courants à l'époque à Londres, sans qu'on fouille son sac qui contient pourtant cet objet énorme. Tout cela grâce à son air angélique. Le lendemain, elles rentrent toutes les deux à Montréal, où François Bertrand les accueille à l'aéroport avec Catherine et sa gardienne.

Au printemps 1984, un an après le début des enregistrements de *Poivre et Sel*, *La Presse* publie une entrevue avec Janine Sutto intitulée : « La popularité du téléroman *Poivre et Sel*, Janine Sutto y est pour beaucoup. » Le journaliste Raymond Bernatchez note que la série a un auditoire, à l'échelle de la province, de plus d'un million et demi de téléspectateurs. Janine Sutto y raconte qu'elle consacre trois matinées par semaine et toute sa journée du vendredi à son rôle de Marie-Rose. Elle trouve l'expérience fascinante, ajoute-t-elle, parce que pour la première fois elle se sent impliquée dans une production. On n'hésite pas à la consulter. Puis elle annonce qu'elle rêve de faire partie de la distribution de la version cinématographique du roman *Le Matou*, et qu'elle compte en parler à Jean Beaudin, le réalisateur du projet[53]. Si elle fait état de cette possibilité, c'est que l'auteur du roman à succès, Yves Beauchemin, a évoqué devant elle sa participation probable au film, mais Janine Sutto n'en parlera jamais à Jean Beaudin ; ce n'est pas son genre de solliciter les réalisateurs et, comme elle n'a pas d'agent non plus pour faire la démarche à sa place, elle ne jouera pas dans le film.

De toute façon, la comédienne est déjà débordée, et elle a accepté de travailler, durant l'été qui suit, avec quelqu'un qui l'intéresse, Alexandre Hausvater, un metteur en scène d'origine roumaine, qui est connu comme un bourreau de travail. Hausvater monte au théâtre du Bois-de-Coulonge, à Québec, *Trois chansons d'amour*, avec Rémy Girard et Denis

---

53. *La Presse*, 15 avril 1984.

Bernard. Cette pièce de Harvey Fierstein a eu beaucoup de succès à New York.

Le metteur en scène n'est pas très aimé dans le milieu, où on lui reproche d'être trop exigeant, ce qui ne peut que plaire à la comédienne. Et très tôt, les premières répétitions donnent le ton : « Il oubliait l'heure et il fallait le supplier pour aller faire pipi. Mais il a bien fallu qu'on se rende à l'évidence qu'il avait du talent. »

Janine joue une mère juive dont le fils est incarné par Rémy Girard, un autre jeune comédien qu'elle admire. À la première lecture, elle pleure en interprétant une réplique. Hausvater la corrige tout de suite en lui disant : « C'est tout le contraire, une mère juive ne pleure pas. » À un certain moment dans le déroulement de la pièce, il souhaite qu'elle descende du plafond par une colonne de pompiers. Janine, qui est terrorisée par ce qu'il lui demande, et qui trouve la fantaisie du metteur en scène inutile, lui tient tête jusqu'à la fin. Elle ne descendra jamais cette colonne qui la terrorise. Encore une fois, elle trouve du génie dans un homme qu'elle critique pourtant beaucoup ; parce qu'elle trouve qu'il est un bon directeur d'acteurs et qu'elle a le sentiment d'apprendre même à soixante-trois ans.

Une autre chose la lie à Alexandre Hausvater : il a une fille très malade et elle partage avec lui sa souffrance. Il lui dit même un jour : « Moi, je n'accepte pas, je ne suis pas comme toi. » Comme toujours, l'été, Catherine suit sa mère dans ses déplacements. Janine a sous-loué un magnifique appartement d'un ancien ministre libéral de la Gaspésie, Bona Arsenault, rue Marguerite-Bourgeoys. Et elle a aussi engagé une monitrice de sa fille à Montréal, Josée Berardelli, qui vient vivre avec elles à Québec. Chaque jour, la jeune femme pousse Kiki à accomplir toutes sortes de choses qui ne font pas partie de ses habitudes ; elle l'emmène nager à la piscine de l'édifice, lui fait faire son lit le matin. Janine Sutto passe ainsi un autre été agréable tout en faisant le métier qu'elle aime.

En revenant à Montréal, à l'automne 1984, l'actrice enchaîne aussitôt un autre défi de taille. Elle joue avec Serge

Denoncourt, un jeune comédien fraîchement sorti de l'école, dans *Harold et Maude*, de Colin Higgins ; le metteur en scène Jean-Luc Bastien lui propose le rôle à la Nouvelle Compagnie théâtrale. Janine considère cette production comme une autre étape importante de sa carrière : une pièce cadeau, dit-elle.

Harold et Maude est tirée d'un film américain qui a connu un grand succès en 1971. L'auteur du scénario du film, Colin Higgins, en a fait un roman puis une pièce de théâtre qui a déjà été produite avec beaucoup de succès en France par Jean-Louis Barrault, avec sa femme, Madeleine Renaud, que Janine elle-même a vue dans son rôle de Maude.

C'est l'histoire d'une femme de quatre-vingts ans, anticonformiste militante, qui est amoureuse d'un jeune homme de vingt ans, Harold, issu d'une famille de la haute bourgeoisie, qui a l'intention de s'enlever la vie. Dans la pièce, Maude va lui transmettre sa conception du bonheur et de l'amour, ce que le jeune homme n'a pas pu apprendre auprès d'une mère froide et stricte. Progressivement, on apprend que Maude a un passé terrible, en particulier lorsque Harold découvre des chiffres tatoués sur un de ses bras, qui témoignent de son passage dans les camps de concentration nazis.

« En somme, les choses terribles de sa vie ne s'installent pas, explique Janine, qui a elle-même réussi à se sortir d'une période extrêmement dure. Elle le dit, elle en est sortie. Elle voit toujours les beautés de la vie. Elle lui apprend à planter un arbre. Alors que lui fait de fausses tentatives de suicide pour embêter sa mère. »

La mère de Harold est jouée merveilleusement par son amie Catherine Bégin. Janine propose à Jean-Luc Bastien d'offrir le rôle de Harold à Denis Bouchard, qu'elle vient de découvrir au théâtre. Encore une fois, elle veut mettre en valeur quelqu'un qu'elle apprécie. Mais Bouchard rejette l'offre. Bastien va donc tenir des auditions auxquelles il convoque deux de ses propres élèves du cégep de Sainte-Thérèse : Francis Reddy et Serge Denoncourt. Janine, qui assiste aux auditions, contribue donc au choix de Denoncourt.

Au début, le metteur en scène propose de transformer l'adaptation française de la pièce pour lui donner un ton québécois. Janine s'y oppose catégoriquement : « Ne me parle pas de ça, je débarque tout de suite ! lui dit-elle. Ce texte est très beau. Et ce n'est pas trop parisien quand la pièce est belle. » Elle est convaincue que certaines pièces, comme celle-là, passent à travers le temps et qu'il faut les jouer telles quelles. Comme *Marius* et *Fanny*, qu'elle a jouées avec tant de succès durant les années 1940. Jean-Luc Bastien renonce donc à son projet pour ne pas perdre son actrice principale à qui il confirme : « C'est toi que je veux et personne d'autre. » Une fois de plus, Janine Sutto s'impose par son indépendance d'esprit et son talent.

Le rôle de Maude est un des plus beaux qu'elle ait joué jusqu'alors. Chaque fois, le public en majorité composé d'étudiants de la NCT est émerveillé quand elle fait son entrée en scène. Quelques années plus tôt, Janine Sutto a proposé aux « dames » du Rideau Vert de monter *Harold et Maude* avec Gaétan Labrèche à la mise en scène, une offre qu'elles avaient rejetée pour, finalement, la monter deux ans plus tard sans elle. Janine Sutto en a tiré une leçon qu'elle aime transmettre à ses élèves : « Il ne faut pas investir dans le désir de jouer tel personnage au point que si ça ne marche pas tu es broyée par le désespoir. J'ai évité ce genre de coups, parce que je crois profondément que tout le monde est remplaçable. Je dis ça aux élèves. Parce que dans les écoles, ils sont en serre chaude : ils deviennent vedettes, jouent de grands rôles. Mais quand ils sortent, on leur confie de petits rôles. Il faut les faire. Il n'y a pas de petits rôles. Moi, j'ai commencé par de petits rôles à l'Arcade. Et j'aimais ça. Ça peut aussi être le contraire : par une chance incroyable, on peut se faire proposer des choses extraordinaires. »

Scène 8. Au sommet de l'art

Après le succès de *Harold et Maude,* Janine Sutto atterrit à l'aéroport Charles-de-Gaulle le 17 décembre. Pour la deuxième
année consécutive, elle va passer les fêtes à Paris. Mireille, qui
a quitté son amoureux, le comédien Yvan Ponton, l'accompagne. Une rupture difficile pour tout le monde. Elles habitent cette fois l'appartement de fonction d'Alain Dudoit, le
mari de Michèle Sutto, qui vient d'obtenir un poste important à l'ambassade du Canada à Paris. Un magnifique appartement, avenue Vion-Whitcomb, dans le 16e arrondissement.
Monique Miller est à Paris aussi. Elle habite avec son fils à
l'hôtel des Grands-Balcons, près de l'Odéon. Tout un groupe
se retrouve pour passer le réveillon du nouvel An à la bras-
serie Chez Bofinger.

À son retour de France, Janine Sutto poursuit sa participation dans ses deux séries télévisées, *Poivre et Sel* et *Monsieur
le ministre.* Durant l'été 1985, elle joue dans *Les Mensonges de
papa,* au théâtre de l'Escale, à Saint-Marc-sur-Richelieu, une
pièce de Jean-Raymond Marcoux, mise en scène par Gilbert
Lepage, avec Mireille, Vincent Bilodeau et Richard Blaimert,
un autre jeune comédien talentueux qui va devenir plus tard
un auteur à succès. Aux premières répétitions, la pièce dure
quatre heures, mais les comédiens s'amusent et rient beaucoup en la faisant. Gilbert Lepage réussit, en faisant des coupures importantes, à maintenir la qualité de la pièce. Comme
elle en a pris l'habitude depuis qu'elle va beaucoup mieux, la
comédienne s'occupe bien de ses collègues de travail durant

l'été : elle a loué une maison juste en face du théâtre. Une maison « canadienne » avec un jardin, un potager et une piscine creusée où chaque soir, après la pièce, elle accueille toute la troupe. « On achetait du champagne et on cueillait nos légumes dans le potager. Mais Mireille n'allait pas bien. J'étais inquiète pour ma fille. »

Depuis sa rupture avec Yvan Ponton, Mireille rêve de prendre ses distances avec le Québec, et une première occasion lui est offerte à l'automne lorsqu'elle part tourner pendant plusieurs semaines en Turquie, dans une série de télévision écrite par le fondateur de Médecin Sans Frontières, Bernard Kouchner, dont l'action se passe en pleine guerre en Afghanistan. La mère et la fille se retrouvent une nouvelle fois pour passer Noël à Paris, où Mireille s'arrête en revenant de son tournage. Le 5 janvier 1986, elles rentrent ensemble à Montréal.

Quelques jours plus tard, l'association de Montréal pour les Déficients mentaux tient pour la première fois une soirée bénéfice officiellement parrainée par la comédienne : la Soirée-Théâtre Janine Sutto. L'AMDM a initié ce genre d'événement bénéfice deux ans plus tôt, mais c'est la première fois que le conseil d'administration demande à Janine d'y prêter son nom ; pour la première fois aussi, l'événement se déroule au théâtre Port-Royal, où se produit la Compagnie Jean-Duceppe.

Pour amasser des fonds, l'AMDM achète un spectacle de la Compagnie Jean-Duceppe – ce premier soir du 12 février 1986, on présente *Haute Définition* –, et elle vend les billets à un prix plus élevé. En ajoutant, plus tard, un cocktail dînatoire à la fin de la soirée, l'événement permettra à l'AMDM, qui deviendra l'AMDI – l'Association de Montréal pour la déficience intellectuelle –, d'amasser jusqu'à cinquante mille dollars. Chaque année, Janine va ainsi accueillir elle-même, en leur serrant la main, tous les spectateurs qui contribuent par leur présence à la levée de fonds.

Durant l'année 1986, Janette Bertrand fait appel une fois de plus à son amie Janine dans une nouvelle émission qu'elle produit à Radio-Québec, *Avec un grand A*, une dramatique d'une heure où l'auteure explore encore plus en profondeur le mystère des relations humaines. Le 12 mars, l'épisode s'intitule *Marie, Martine, Martin*, avec entre autres Andrée Boucher et Donald Pilon. C'est l'histoire de deux sœurs jumelles qui s'adorent, mais dont le bonheur mutuel est terni lorsqu'une d'entre elles, Martine, épouse Martin ! Janine tient un rôle mineur dans cet épisode, mais Janette Bertrand lui donne la vedette un an plus tard, le 20 février 1987, dans un autre *Grand A* intitulé *Élisabeth et Étienne*, où la comédienne, qui se retrouve avec un ancien collègue, Émile Genest, incarne Élisabeth, une femme qui revoit un amour d'adolescence à l'occasion d'une visite dans un salon mortuaire. Janine est heureuse d'être avec Genest sur un plateau de télévision, même si celui-ci sort constamment de son texte : « Genest disait un peu n'importe quoi, se souvient-elle, mais Janette n'était pas très à cheval sur son texte. »

À soixante-cinq ans, la comédienne est-elle en train de s'assouplir ; d'abandonner la rigueur qui l'a caractérisée jusqu'à ce jour et qui a parfois indisposé ses camarades ? Probablement pas, mais chose certaine, au travail comme dans sa vie de tous les jours, Janine Sutto est plus détendue, plus sereine. Elle vient aussi de prendre une autre décision qui va contribuer à régler, en partie du moins, ses rapports presque schizophréniques avec l'argent.

Un jour, on l'appelle pour lui offrir un nouveau concept de publicité qui implique des tournages sur le terrain, des textes à livrer et, comme toujours, elle se demande, vue l'ampleur de la tâche, quel cachet elle doit exiger : « Je ne savais pas discuter de cachet. C'est tout juste si je ne leur offrais pas de les payer. » Elle décide donc, pour la première fois de sa vie, de contacter un agent pour la représenter. À l'époque, les agents d'artistes ne sont pas encore très nombreux au Québec. L'auteur Michel Tremblay est représenté depuis des années par Camille Goodwin, qui a d'abord géré avec brio sa compagnie de production, la Compagnie des deux chefs. Après la mort de son mari, au début des années 1980, Camille Goodwin a repris son entreprise, l'agence Goodwin, et commencé à l'ouvrir de plus en plus aux acteurs. Janine

Sutto, qui a déjà remis la gestion de ses finances entre les mains d'un administrateur au début des années 1970, va donc confier cette fois la négociation de ses contrats et la gestion de ses horaires compliqués à Camille Goodwin, qui devient une sorte de deuxième mère pour la comédienne, et une grande amie.

Pendant la saison estivale, la pièce *Les Mensonges de papa*, qui a connu un grand succès à l'Escale l'été précédent, est présentée au théâtre de Paul Hébert à l'île d'Orléans. Vincent Bilodeau, qui fait encore partie de la distribution, raconte comment la comédienne lui a donné cet été-là une leçon qu'il n'a jamais oubliée : arrivé tôt au théâtre, un après-midi de canicule, il croise Janine qui est déjà sur place avant tout le monde, comme toujours, et il commence à se plaindre de la chaleur en disant avec impatience qu'il aurait ce jour-là fait bien autre chose que de venir jouer. Janine lui réplique aussitôt : « Plains-toi pas ! Il y a tellement de comédiens qui aimeraient jouer. » Bilodeau se souviendra toute sa vie de cette « remontrance » amicale, qui témoigne encore de l'amour de l'actrice pour son métier et pour ce privilège qu'elle valorise chaque fois qu'on lui offre l'occasion de l'exercer.

Au printemps suivant, Janine Sutto reçoit justement des mains d'une femme qu'elle admire un honneur qui la conforte davantage dans son acharnement au travail. Le 29 avril 1987, elle se voit décerner le titre d'officier de l'Ordre du Canada par la gouverneure générale, Jeanne Sauvé. Le communiqué officiel qui annonce la nomination quelques mois plus tôt mentionne que Janine Sutto, « en plus de ses succès à la télé et au théâtre, contribue à l'émergence de nouveaux talents en donnant des cours d'art dramatique, et en s'associant périodiquement aux activités de jeunes compagnies théâtrales ». « Notre-Dame du Théâtre », comme l'appelle familièrement son ami Gilles Latulippe, est pour la première fois reconnue non pas seulement par ses pairs, comme cela s'est produit souvent dans le passé, mais par une institution qui représente la société dans son ensemble.

La comédienne accepte l'honneur avec joie, même si, sans l'avoir étalé en public, elle sympathise de plus en plus avec les souverainistes québécois. Mais elle ne se sent pas en contradiction avec ses convictions : « Si mes concitoyens n'ont pas voté pour avoir un pays, explique-t-elle, quand on lui pose la question, moi, je fais toujours partie du Canada, je suis toujours canadienne ! » Jeanne Sauvé, qui la reçoit à Rideau Hall, est une amie de longue date. Les deux femmes se connaissent depuis les débuts de la télévision, où la gouverneure générale a fait carrière, avant de se lancer en politique.

Elles se sont aussi croisées pendant des années dans les réunions de l'Union des artistes, où Jeanne Sauvé a été très impliquée avec le comédien Pierre Boucher. Quand Janine Sutto reçoit la médaille de ses mains, on sent une tendresse très intime entre les deux femmes.

Janine s'est rendue à Rideau Hall avec son frère André. Mireille, qui est établie à Paris, ne peut être de la fête. La soirée qui suit la remise officielle très protocolaire est une fête magnifique. Pendant le dîner somptueux, André est assis à côté de l'artiste Madeleine Arbour, une femme adorable. Janine revoit sur place le premier pédiatre de sa fille, Richard Goldbloom, qui reçoit lui aussi la distinction. Vers la fin du dîner, les gens commencent à se lever pour circuler de table en table, et la fête devient tellement débridée que même la gouverneure générale décide à un moment de desserrer sa ceinture.

Quand elle reçoit cet honneur, l'actrice est au sommet de sa carrière. Elle a une maîtrise exceptionnelle de son métier, dans lequel elle a fait preuve d'audace sans jamais hésiter à se lancer dans des aventures nouvelles, à se mettre elle-même à l'épreuve. Elle a participé à la naissance des plus grandes troupes de théâtre du Québec, de la télévision, de l'expression théâtrale d'avant-garde et du cinéma québécois. Elle a surtout tracé la voie à des générations de jeunes qui lui vouent un culte infini. Elle-même le leur rend bien, il faut le dire ; elle suit tous ces jeunes qu'elle forme chez elle avec une assiduité remarquable, elle assiste à toutes les nouvelles productions, même les plus farfelues.

Janine prend ainsi l'habitude, à cette époque, d'assister aux auditions du Quat'Sous. L'événement, parrainé au début par Andrée Lachapelle, permet à de jeunes acteurs de démontrer leurs talents devant les metteurs en scène et les producteurs de théâtre. Janine assiste à ce rituel chaque année pour suivre ses propres élèves, mais aussi par pure curiosité. Elle qui adore aller voir le théâtre expérimental dans les plus petites salles, découvrir de nouveaux univers.

Un mois après avoir été décorée par la gouverneure générale pour l'importance de sa vie artistique, Janine Sutto en subit une fois de plus les aléas. Le 25 mai 1987, Radio-Canada diffuse le dernier épisode de *Poivre et Sel*. Après un succès foudroyant, la série se termine, un peu comme *Symphorien* quelques années plus tôt, en queue de poisson. Depuis quelques mois, l'auteur Gilles Richer prépare une suite à la série, qui doit changer de nom, pour lui donner un second souffle. *Poivre et Sel* va devenir *L'Auberge Inn*, et mettre en scène les deux mêmes personnages, qui laissent leur magasin de fleurs pour ouvrir une auberge. Mais, alors qu'il commence déjà à scénariser sa nouvelle série, Richer n'arrive plus à terminer les derniers épisodes de *Poivre et Sel*. L'auteur est victime des premiers symptômes de la maladie d'Alzheimer qui va ruiner sa vie. Gilles Latulippe écrit lui-même les derniers épisodes de *Poivre et Sel*, jusqu'à ce que Radio-Canada décide de mettre fin à l'aventure. Janine et Gilles, qui apprécient le talent de Gilles Richer, sont très affectés par la maladie de cet homme avec lequel ils chercheront ensemble à rester en contact.

Quelques semaines après la fin abrupte de *Poivre et Sel*, Janine participe à un autre succès de Jean-Raymond Marcoux, l'auteur des *Mensonges de papa*: *Les Pingouins*, au théâtre l'Escale. Janine joue le rôle-vedette de Thérèse Lessard, une gérante adjointe de Valleyfield, mariée à Armand, un garagiste ennuyeux, qui décide d'accepter une promotion à Québec pour se libérer d'une vie de couple de « pingouins », dépourvue de plaisir amoureux.

Avant même le début des représentations, la comédienne vante dans *La Presse* les mérites de l'auteur, Jean-Raymond Marcoux: « C'est le meilleur auteur de pièces de théâtre d'été que je connaisse ! » Dans un article intitulé « Janine Sutto, l'anti-routine. Janine Sutto n'a rien perdu de son amour pour le théâtre et pour la vie », on apprend que l'Escale a investi un montant record de trois cent mille dollars dans la production des *Pingouins*. Pour une fois, elle parle en bien de la production théâtrale au Québec, en disant qu'elle a fait des pas de géant. Elle en attribue le crédit à la relève qu'elle admire : René Richard Cyr, Robert Lepage, Normand Chouinard, Rémy Girard, avec qui elle a joué au Bois-de-Coulonge, et Denis Bouchard. Le journaliste décrit bien le personnage qui juge son entourage, du haut de son nid du 17e étage du Rockhill : « Très haut perchée dans un petit appartement d'une immense tour à logements vit une comédienne passionnée par la vie. Janine Sutto règne noblement sur son univers de livres, de plantes et de souvenirs. Un univers à son image. Celui d'une femme simple, chaleureuse, qui n'a jamais cessé de s'ouvrir aux autres, que ce soit sur la scène ou avec son entourage. » Puis il cite Gilbert Lepage, le metteur en scène des *Pingouins*, parlant de Janine : « Noble de cœur mais aussi très mystérieuse. Sa vie est le témoignage d'une philosophie empreinte de générosité[54]. »

En conclusion de l'article, la comédienne parle de ses projets et surtout d'une nouvelle série, *L'Aubergine* (*sic*), que prépare Gilles Richer. Elle ne sait pas encore que la série ne verra jamais le jour.

---

54. *La Presse*, 20 juin 1987.

En 1946, tout juste avant de partir étudier à Paris.

Janine Sutto en 1954.

En 1955, au théâtre Orpheum, dans la pièce *Huit Femmes* de Robert Thomas.

Janine Sutto en 1970.

En 1972, lors d'une séance de maquillage.

Janine Sutto dans *Les Dames du jeudi* de Loleh Bellon, en 1978 au théâtre du Rideau Vert.

En 1983, metteure en scène de la pièce *Dis-moi le si je dérange* de Janette Bertrand.

En 2008, lors d'une conférence à Sherbrooke par l'organisme Baluchon Alzheimer ;
Janine Sutto en est la marraine.

Scène 9 : Janine marie sa fille

En 1988, Mireille, la fille de Janine, connaît un changement dans sa vie qui va bouleverser aussi l'existence de sa mère. Cette dernière l'apprend d'une façon très surprenante, le 20 avril, chez ses amies Mercedes Palomino et Antonine Maillet, qui l'ont invitée pour fêter son soixante-septième anniversaire. À peine installée pour le champagne – la seule boisson qu'elle consomme à l'occasion, avec parcimonie –, la sonnerie de la porte retentit et son cœur s'arrête brusquement quand sa fille fait son entrée dans la maison. Mireille l'a appelée le matin même de Paris, pour la confondre, avant de monter dans l'avion. Elle a obtenu un contrat de tournage intéressant à Montréal, et elle a décidé de lui faire la surprise en arrivant le jour de son anniversaire. Mais sa fille a aussi quelque chose d'important à lui annoncer : depuis quelque temps, elle est amoureuse d'un homme avec lequel elle songe s'établir à Jérusalem. Un mois plus tard, Janine Sutto fait sa connaissance quand lui-même se rend en visite à Montréal. Les amoureux se sont connus à Paris, où ils vivent tous les deux. Le bonheur de Mireille rassure la mère, qui entretient avec sa fille des relations en dents de scie depuis un certain temps.

Après sa rupture avec Yvan Ponton, dès son arrivée à Paris, Mireille a entrepris une thérapie qui l'amène à retourner dans son enfance, à remettre en question des comportements passés de sa mère, lui reprochant l'abandon dont, enfant, elle a été souvent victime. Alors qu'elle a pourtant plus que jamais besoin de sa mère, dans cette période difficile qu'elle traverse, Mireille est souvent très dure et très critique envers elle : « Je recevais cela de façon étonnée, se souvient Janine. La thérapeute, je me disais, je ne suis pas contre. Si elle fait cela, c'est qu'elle en a besoin. J'étais ouverte, mais j'avais beaucoup de misère à comprendre. Mireille était très agressive. » L'arrivée d'un nouvel homme dans la vie de sa fille va changer tout cela. Pour quelque temps du moins.

Les deux femmes – la mère et la fille – passent donc plusieurs semaines ensemble au printemps 1988, après deux années de séparation physique, où elles n'ont pu que se parler à distance. Pendant la saison 1987-1988, Janine Sutto a renoué avec le TNM après dix ans d'absence, où on lui a offert un rôle dans *Bonjour là, bonjour*, de Michel Tremblay, montée par René Richard Cyr, le jeune comédien prometteur – la « chenille à poil » de *Poivre et Sel* –, qui travaille avec elle pour la première fois en tant que metteur en scène. Janine présente aussi avec le TPQ, au théâtre Centaur, une mise en scène de *Faisons un rêve*, de Sacha Guitry, avec Gérard Poirier et Christiane Pasquier, qui est un succès. Mais elle va connaître, à compter de l'été qui s'annonce, un autre contretemps dans sa vie d'actrice.

Après la fin abrupte de *Poivre et Sel*, Hélène Roberge, la directrice des dramatiques de Radio-Canada, lui propose le rôle-titre dans une nouvelle série écrite par Marcel Gamache, l'auteur de *Symphorien*, qui s'intitule *Ma tante Alice*. Janine va jouer le rôle d'Alice Lapensée, une veuve qui hérite de son mari Joseph une agence immobilière qu'elle gère avec efficacité, malgré de multiples péripéties. Pierrette Robitaille, Jean-Pierre Chartrand et Patrice L'Écuyer font aussi partie de la distribution. Radio-Canada espère sans doute, avec Marcel Gamache comme auteur, Janine Sutto comme personnage central, et une brochette de comédiens très populaires, rééditer les succès de *Symphorien* et de *Poivre et Sel*.

Mais la production commence mal. Au moment où débute le tournage de la série, durant l'été 1988, Janine Sutto se rend à Carleton, dans un spa qu'elle fréquente depuis quelques années et où elle jeûne pendant plusieurs jours. Une journée, au cours d'une randonnée dans la montagne, derrière Carleton, elle se blesse au talon en tentant de freiner sa descente au point qu'elle ne peut plus marcher. Or, en revenant à Montréal, elle doit enregistrer les annonces publicitaires de *Ma tante Alice*. Le réalisateur Claude Maher doit faire preuve d'imagination pour que rien ne paraisse : il fait rouler la comédienne dans une décapotable, comme dans les vieilles séries américaines, avec des robes magnifiques.

Le premier épisode de *Ma tante Alice* est diffusé le 5 septembre 1988, mais très tôt la série bat de l'aile. Janine Sutto elle-même s'ennuie dans son rôle ; elle se plaint que l'émission tourne en rond et qu'il n'y a pas de drame autour de son personnage : « Les péripéties arrivaient toujours aux autres, rien à moi : c'était tellement ennuyant ! »

Gilles Latulippe, qui a contribué à la venue de Gamache à Radio-Canada et à qui son ami demande souvent conseil, s'aperçoit lui aussi du problème : « Marcel Gamache n'était bon que lorsqu'il écrivait pour des hommes, explique-t-il. Quand il s'est vu forcé d'écrire pour les femmes, il est devenu désemparé. C'était pas son monde. » Un jour, Claude Maher vient voir Janine en lui confiant : « J'ai quelque chose à te dire de très grave au sujet de *Ma tante Alice*. » Avant même qu'il lui annonce la nouvelle, elle l'interrompt en s'exclamant : « Pourvu que ça finisse ! C'est tellement plate ! » C'est ainsi que l'émission a été retirée après seulement six mois à l'antenne. Le dernier épisode a été diffusé le 8 janvier 1989.

Mais quand ce nouveau projet s'arrête brusquement, Janine, elle, a bien d'autres choses en tête : en décembre 1988, elle passe un premier Noël à Montréal avec Catherine, Mireille et son nouvel amoureux – le noyau de ce qui va devenir sa nouvelle famille agrandie –, et elle prépare avec eux un projet de voyage audacieux. En avril suivant, elle prend l'avion en compagnie de l'agent de Mireille, Jacques Fontaine, à destination d'Israël et de la Palestine pour rendre visite à sa fille. Pour la comédienne, qui n'a connu dans sa vie que des voyages vers des destinations soleil, ou à Paris et Londres, le déplacement cette fois est un peu risqué, étant donné les tensions qui règnent dans la région.

Le séjour se déroule magnifiquement. L'appartement habité par Mireille à Jérusalem domine la vallée du Jourdain ; la température à cette période de l'année est tempérée, et le soleil, omniprésent. En arrivant dans sa chambre, le premier soir, elle découvre sur la table de nuit un mot très chaleureux de sa fille, qu'elle conserve encore aujourd'hui. Mireille est en pleine forme dans sa nouvelle vie, ses rapports avec sa mère sont plus sereins, et elle lui prépare une autre surprise. Une fois revenue à Montréal, durant l'été, Janine Sutto apprend que sa fille est enceinte et qu'elle a décidé de se marier à Montréal le 16 septembre.

Mireille arrive au Canada au début de septembre au moment où sa mère répète pour le Rideau Vert *Richard III*, de Shakespeare, avec le metteur en scène vedette, André Brassard. Les préparatifs du mariage ont déjà commencé grâce à l'intervention de Michèle Lépine, la sœur de son futur époux et de la femme de Jean-Pierre Sutto, Alexandrine. La fête, qui regroupera plus de cent soixante convives de la communauté artistique de Montréal, se tiendra au Windsor, l'ancien hôtel du centre-ville de Montréal, où les deux grandes salles de bal magnifiques ont été conservées pour accueillir des réceptions.

Le 16 septembre 1989, Janine Sutto marie donc sa fille. Le mot est juste, puisqu'elle assume une grande partie des frais du mariage somptueux. Mireille vit, selon son propre aveu, le plus beau jour de sa vie, même si, peu de temps après son arrivée à Montréal, elle a été victime d'un drame personnel éprouvant : elle a fait une fausse couche, et son amoureux, retenu au Moyen-Orient, n'a pu être auprès d'elle pour la réconforter le jour où cela s'est produit. La cérémonie religieuse, souhaitée par Mireille, se déroule à la chapelle du monastère des Dominicains, chemin de la Côte-Sainte-Catherine, à Outremont, un endroit qu'elle revoit avec de beaux souvenirs, dit-elle, chaque fois qu'elle repasse devant l'édifice. La comédienne arrive à l'église dans la voiture de son neveu, Jean-Pierre Sutto, qui est son chauffeur pour l'occasion. Elle est ravissante, à soixante-huit ans, dans la magnifique robe rouge écarlate qu'elle porte ce jour-là.

Gilles Pelletier, le protecteur de Mireille, joue avec beaucoup de sérieux le rôle du père de la mariée. Catherine, en beauté elle aussi, entre à l'église au bras de sa sœur qu'elle ne veut plus lâcher.

Le matin du mariage, Janine est revenue d'Ottawa avec son ami Pelletier, après avoir présenté, la veille, une générale de *Richard III* au Centre national des Arts. À peine sortie des applaudissements à Ottawa, elle se retrouve à l'avant-scène, une fois de plus, mais cette fois, dans son rôle de mère mariant sa fille. À la sortie de l'église, les paparazzis attendent les mariés et la foule d'amis et de parents qui se massent sur le perron. Ils vont couvrir de leurs images des pages entières des journaux de vedettes durant les jours suivants. Tout le monde – comédiens, metteurs en scène, cinéastes, réalisateurs de télévision, journalistes, auteurs et propriétaires de théâtre – se transporte à l'ancien hôtel Windsor où un cocktail au champagne est servi dans le grand hall d'entrée, avant le repas gastronomique et la danse frénétique qui va suivre. « Un mariage qui se voulait discret », se rappelle en blaguant celle qui avait fait, elle-même, la une des journaux, quarante-cinq ans plus tôt, dans un mariage romantique qui avait fait jaser Montréal pendant des mois.

Avec cette fête magnifique, Janine Sutto amorce encore une nouvelle période de découvertes ; mais cette fois, ce n'est pas tant le métier qui lui apportera des surprises que cette famille qui va bientôt continuer de s'agrandir. Une fois de plus, elle va s'adapter avec fougue à son nouveau rôle. Mais avant tout cela, elle va vivre un autre deuil.

Acte VI. La maturité

Scène 1. La mort de D.

Quelques jours après le mariage de Mireille, le Rideau Vert présente la première montréalaise de *Richard III*, de Shakespeare, qui a déjà été produite auparavant à Ottawa. Janine, dans son rôle de la mère de Richard III, y récite un très beau monologue, adapté en français par Antonine Maillet.

Au début des années 1990, en marge de sa carrière, la comédienne commence un nouveau métier dans une émission de variété, animée par son vieil ami, Gilles Latulippe : *Les Démons du midi*, à Radio-Canada, où pour la première fois de sa vie, on lui demande de présenter une chronique de théâtre, qu'elle fera pendant trois ans. Janine et Gilles vont ainsi continuer à se voir régulièrement après avoir été si étroitement liés dans *Poivre et Sel*.

Mais dès le début, l'actrice au franc-parler est brimée dans ses performances : Radio-Canada lui fait comprendre qu'elle doit se contenter de présenter les spectacles, sans laisser transparaître ses propres opinions. Encore une fois, elle va trouver le moyen de contourner la règle : « Tu pouvais avoir des mots qui montraient ce que tu pensais. » Dans ses chroniques, elle interviewe aussi des invités de passage à Montréal, comme cette fois, avec Françoise Hardy, où dans le corridor menant de la salle de maquillage au studio, avant même qu'elle lui soit présentée, la chanteuse française la prenant pour la maquilleuse lui dit : « Non, madame, jamais ! » parce qu'elle a une aversion pour le maquillage. Une autre fois, elle emmène en studio son vieil ami Charles Aznavour, qui est en tournée à Montréal, et avec qui elle renoue après des décennies.

Au cours de cette même année, Janine Sutto commence une nouvelle série à TQS, le « mouton noir » de la télévision, une chaîne qui est entrée en ondes en 1986. La série, intitulée *Libre échange* et écrite par Christian Fournier, le fils de l'auteur connu Guy Fournier, est réalisée par son ami Claude Maher, avec lequel elle vient de vivre l'échec de *Ma tante Alice*.

Janine joue le personnage d'Annette Viau, avec, entre autres, Andrée Lachapelle et Louise Turcot. Une série agréable, à partir de textes modernes qu'elle apprécie, et un réalisateur qu'elle respecte.

Pendant la saison du TNM, elle joue le personnage de Dame Pluche, un deuxième rôle, dans *On ne badine pas avec l'amour*, d'Alfred de Musset, une mise en scène d'Olivier Reichenbach, avec qui elle est en désaccord sur certains points. Durant toute la pièce, la scène est encombrée d'objets en verre qui freinent le jeu, à son avis. Quand elle fait elle-même son entrée, la comédienne est montée sur un âne vivant, et chaque soir elle est terrorisée à l'idée qu'il puisse devenir incontrôlable. Depuis toujours, Janine Sutto s'oppose aux artifices inutiles qui, selon elle, nuisent à la compréhension d'un bon texte, mais, malgré ses réticences, une fois de plus, elle se plaît dans cette magnifique pièce de Musset, une des plus belles du répertoire, où Perdican, joué par le jeune David La Haye, déclare son amour à Camille (Sophie Faucher) dans la fameuse tirade de Perdican. Un grand moment de théâtre, qui aurait été inspiré d'une lettre de George Sand à Musset.

Au début de l'été 1990, le critique de théâtre Jean Beaunoyer de *La Presse* consacre un long article à Janine Sutto pour souligner ses cinquante ans de carrière et ses cent cinquante personnages, comme le dit son titre. Janine, qui annonce qu'elle joue à l'Escale, durant l'été, avec son vieux collègue Guy Provost, se plaint, malgré tout ce qu'elle fait en une année, qu'elle ne joue pas assez. Elle exprime en fait cette frustration qu'elle traînera toute sa vie, et que partagent la plupart des comédiens du Québec, de ne pas pouvoir jouer plus longtemps une pièce de théâtre qu'ils travaillent pendant des mois.

Janine dit qu'elle jouerait ses pièces au moins un an si elle le pouvait. C'est pour cela d'ailleurs qu'elle aime tant les théâtres d'été, qui lui procurent cette satisfaction de jouer une centaine de représentations de la même pièce. De prendre le temps de s'amuser, quoi ! Après avoir tant travaillé pour la préparer.

Puis elle ajoute qu'elle rêve de faire partie un jour d'une troupe de théâtre de répertoire où, comme à la Comédie française, on programme des pièces qui sont jouées toute l'année en alternance : un soir un classique, le lendemain une pièce moderne. Un rêve que Jean Gascon caressait en revenant au pays au début des années 1950.

Un jour, Paul Blouin, son réalisateur de Radio-Canada, lui avait proposé de jouer le rôle d'Agrippine, dans *Britannicus*, de Jean Racine, et elle avait refusé en disant qu'il lui fallait au moins un an de répétition. Si elle a joué plus de cent cinquante personnages, dans sa vie, explique-t-elle à Beaunoyer, un comédien de son âge en France, comme François Perrier, qu'elle admire tout particulièrement, « n'a pas joué plus de vingt pièces dans toute sa carrière[55] ».

Après cinquante ans de vie active dans son métier, la comédienne travaille toujours autant, mais elle souhaiterait souvent pouvoir profiter davantage de ce qu'elle fait. Avoir le temps de goûter un peu mieux chaque production. Pourtant, elle continue à accepter toutes les offres et le rythme de travail qu'elles lui imposent. Et, en plus, en cette fin de l'année 1990, dans sa vie privée aussi les choses se bousculent.

Un an après le mariage de sa fille Mireille, Janine Sutto franchit une nouvelle étape : elle va devenir grand-mère. Le 16 octobre 1990, après un accouchement difficile, Mireille donne naissance à Félix. Ce jour-là, Janine arrive en début de soirée d'une répétition de *Libre échange*, à TQS, mais elle doit attendre plus de cinq heures pour qu'on lui permette de voir sa fille dans la salle d'opération, où l'enfant est né à l'aide

---

55. *La Presse*, 23 juin 1990.

de forceps. Lorsque Janine peut enfin voir le poupon, quand on la laisse entrer dans la salle d'opération, elle découvre un nouveau-né au visage complètement illuminé qui la fait sourire : «Quelqu'un de nouveau, quelqu'un qui naît, c'est quelque chose d'extraordinaire ! Être grand-mère, c'est un plus qu'on t'apporte, donc ça fait du bien ! »

Mais aussitôt la naissance célébrée, la mort vient une fois de plus assombrir la vie de la comédienne. Au début de décembre 1990, D., l'homme qu'elle a le plus aimé dans sa vie, meurt à l'âge de soixante-dix ans après une longue bataille contre la maladie. C'est Mireille qui l'apprend à sa mère par téléphone ; elle vient d'entendre la nouvelle à la radio. Janine est envahie par la tristesse. Les deux amoureux ne se sont pas vus depuis plusieurs années seul à seul, même s'ils se croisaient parfois en public en se touchant à peine, ou au travail. Ils ne se voyaient plus, explique-t-elle, parce que leur situation n'avait plus de porte de sortie. Mais la mort de D. met fin au rêve qui pouvait encore exister qu'un jour ils puissent se retrouver. «Une mort, c'est fini, dit-elle, tu ne peux plus rêver ! »

Depuis des mois, elle savait qu'il était malade, que la fin approchait. Mais elle sait maintenant qu'elle ne pourra plus jamais le voir, le voir une dernière fois, ne serait-ce que pour régler ses comptes avec lui : «Il était très malade, dit-elle, je ne voulais pas faire de pression sur lui. J'ai eu tort probablement. Parce que ça lui aurait fait du bien. » Ses camarades, pourtant, sont prêts à lui faciliter la tâche pour qu'elle le voie ; comme Guy Provost, qui lui offre de l'accompagner. Un des fils de D., avec lequel elle est plus proche, lui rappelle souvent : «Mon père est très malade. » Tout le monde autour d'elle lui lance des indices, comme elle le dit : «J'avais très envie d'y aller, mais je voulais qu'il meure tranquille. Je ne voulais pas faire un Feydeau entre deux portes. » Surtout pendant les derniers mois que D. passe à l'hôpital, Janine ne veut pas faire pression sur lui : «Il savait que je l'aimais. On n'a jamais rompu. »

Le jour du décès, le comédien Michel Dumont, un proche de D., l'appelle pour lui offrir ses condoléances : «Janine, je sais ce que vous étiez pour D. », lui dit-il. Ce coup de téléphone de Dumont est au fond comme un signe qu'elle reçoit de D. après sa mort. « J'ai appelé Janine Sutto, explique Dumont, parce que je me disais qu'elle aussi avait de la peine de sa mort, parce qu'ils avaient été ensemble. Après cet appel-là, elle m'avait dit : "Toi, t'as fait quelque chose d'important pour moi." Puis après ça, et c'est drôle, à partir de ce moment-là, Mme Sutto ne m'a plus parlé. »

Janine explique seulement par la pudeur cette réaction qu'elle a eue par la suite, et ce pendant des années, chaque fois qu'elle a revu Michel Dumont. Comme si elle ne voulait pas qu'il la force à dévoiler devant les autres un secret qui les unissait désormais.

Pourtant, tout le petit milieu des comédiens du Québec connaît les relations entre Janine Sutto et D. Dumont lui-même a été témoin de tournées de théâtre en province où les deux amants se retrouvaient ouvertement après la représentation : « Ils partaient d'un coup sec. Et dans ce métier, on sait tout. »

Dumont n'est pas le seul à se préoccuper de la douleur de Janine Sutto, au moment du décès de D. Dans les jours qui suivent, elle retrouve ses vieilles amies comédiennes au rendez-vous mensuel des « Dames du lundi » au restaurant ; un groupe qu'elles ont formé depuis vingt-cinq ans, et qui est composé d'actrices comme Juliette Huot, Marjolaine Hébert, Catherine Bégin, Béatrice Picard, Huguette Oligny, Lucille Groulx, Andrée Lachapelle et Hélène Loiselle. Beaucoup de ces femmes ont été proches de D. elles-mêmes, et elles lui apportent leur réconfort : « Elles ne parlaient pas. Elles m'embrassaient, elles me prenaient les mains. Mais on était discrètes. »

À la fin de l'année, un autre homme qui a été important dans la vie de Janine Sutto s'éteint à son tour : le 28 décembre 1990, *La Presse* annonce le décès de Pierre Dagenais, son premier mari, à la suite, lui aussi, d'une longue maladie. Les journaux rappellent qu'il a fondé L'Équipe alors qu'il n'avait que dix-neuf ans, mais qu'il a dû abandonner après avoir accumulé des dettes de plus de quarante mille dollars.

Dans les mois qui suivent ce sera au tour de Jean Lajeunesse de mourir des suites d'un cancer fulgurant. Un autre ancien membre de L'Équipe auquel Janine est très attachée et qu'elle voit quelques jours avant sa mort avec Juliette Huot, lors d'un dîner chez Nicole Filion. Quand il quitte l'appartement, ce soir-là, il leur dit : « Vous savez, les petites filles (*sic*), c'est la dernière fois qu'on se voit. » Un autre pan de la vie de Janine Sutto qui disparaît.

Scène 2. La septuagénaire persiste

Au printemps 1991, Janine Sutto a soixante-dix ans. Elle fête son anniversaire, le 20 avril, alors qu'elle est en tournée sur la Côte-Nord, avec Normand Lévesque, Louise Laparée, Jean-Guy Viau, et d'autres, dans *La Souricière*, d'Agatha Christie, une production de Normand Gélinas, qui fait aussi partie de la distribution. La pièce fait une tournée très réussie à travers le Québec. Ce qui n'étonne pas la comédienne qui dit souvent elle-même : « Si vous ne savez pas quoi présenter en théâtre d'été, prenez un policier. Ça fonctionne toujours. »

Dans le courant de cette année-là, elle joue un autre très beau rôle dans une création québécoise de Simon Fortin, qui connaît un grand succès à Montréal et en tournée : *Le Pays dans la gorge*, montée par Serge Denoncourt pour le TPQ. Janine incarne le rôle de la reine Victoria dans cette pièce qui évoque la vie à Londres de la diva d'origine québécoise, Emma (Albani) Lajeunesse, et de sa sœur pianiste, Cornelia. Au cours de la pièce, la reine entre dans la loge d'Albanie, où elle touche les objets les uns après les autres en lui parlant. C'est la première sortie en public de Victoria après la longue période de deuil qu'elle s'est imposée à la suite de la mort d'Albert, son mari adoré, décédé à l'âge de quarante-deux ans.

Janine a une passion pour l'histoire depuis son enfance. En arrivant au Canada, les livres lui ont servi de refuge pour compenser son déracinement ; et comme elle ne néglige rien, elle a lu tout ce qu'elle a pu trouver sur la grande reine d'Angleterre : « Et elle a beaucoup écrit, raconte-t-elle, en parlant de Victoria ; des correspondances surtout, dont ce monologue sur les enfants. Elle a tellement haï être mère ; ce n'est qu'à partir de sept ans qu'elle trouvait les enfants intéressants. Et elle en a eu neuf ! Amoureuse d'Albert, son mari, elle a installé ses enfants, et plus tard ses petits-enfants, sur tous les grands trônes d'Europe, pour s'en débarrasser ; surtout de l'aînée, dont elle était jalouse. Mais elle a été une grand-mère formidable. »

La distribution comprend aussi Catherine Bégin, qui est très bonne dans le rôle d'Albanie, Nicole Leblanc joue Cornelia et la chanteuse Lyne Fortin, l'élève d'Albanie. Janine dit avoir découvert à cette occasion, en observant Lyne Fortin, que contrairement aux comédiennes, les chanteuses d'opéra ont besoin de manger avant leur performance. Et préférablement des steaks. Quand la tournée de la pièce prend fin, l'expérience a été à ce point agréable entre les comédiennes qu'elles ont du mal à se quitter. Janine dira de la fin de cette production qu'elle a été l'une des plus déchirantes qu'elle ait connue.

Durant l'été 1992, à la demande du producteur de théâtre Jean-Bernard Hébert, Janine Sutto accepte de reprendre *Harold et Maude*, au théâtre du Vieux-Terrebonne, où Hébert s'occupe de la programmation estivale. Cette fois, c'est Benoît Vermeulen qui joue le personnage de Harold qu'avait incarné Serge Denoncourt, avec elle, en 1984.

Hébert confie la mise en scène à Jacques Rossi qui, l'année précédente, a réalisé un succès à Terrebonne en montant *La Mandragore*, avec Marc Labrèche, Luc Durand, Marie-France Lambert et Annick Bergeron. Mais cette fois, Rossi passe une période difficile, et il est un peu absent. « Ça et rien, c'est à peu près pareil », se souvient Janine qui, pour suppléer, assume elle-même un leadership important dans la préparation de la pièce. La comédienne principale donne des instructions, assure une partie de la mise en scène et porte la production à bout de bras, parce qu'elle veut à tout prix que cela fonctionne.

Le résultat s'en ressent : des deux productions de *Harold et Maude* auxquelles elle a participé, Janine Sutto préfère celle-là. Benoît Vermeulen est excellent dans le rôle de Harold. Plus près de Maude ; alors que Serge Denoncourt, selon elle, était meilleur avec sa mère, jouée par Catherine Bégin. Dans la mise en scène, à Terrebonne, durant un échange avec Harold, Maude est suspendue par les jambes à une branche d'arbre, la tête en bas, pendant tout le dialogue. Une façon d'accentuer le caractère audacieux de son personnage. En fait, on a l'impression de la voir pendue par les jambes, mais par un stratagème génial d'éclairage et d'illusion d'optique de la chorégraphe Louise Lussier, la comédienne a les jambes appuyées sur le dossier d'une chaise, qui la supporte et que le public ne voit pas. Janine continue, même à soixante et onze ans, à se prêter à toutes sortes d'expériences.

Pour la première fois, comme producteur de théâtre, Jean-Bernard Hébert fait un profit substantiel avec *Harold et Maude* cet été-là, et ce sera le début d'une longue collaboration avec Janine Sutto. Après le théâtre du Vieux-Terrebonne, la pièce fera une tournée de deux mois à travers le Québec en 1993. Au début de l'été, Janine décrit au critique de théâtre Jean Beaunoyer comment Maude, pour elle, est un personnage toujours pertinent, surtout en ce début des années 1990, où la crise économique frappe une fois de plus : « Des "Maude", il y en a tout le temps. C'est facile de vivre pour elle. La beauté, c'est sa philosophie de vie et en ces temps difficiles, je pense que son message sera encore mieux reçu. Cette femme a vécu des choses terribles et avec trois ou quatre phrases, on voit son chagrin. En fait, j'aimerais bien ressembler à Maude[56] ! »

La comédienne, qui dit toujours qu'elle a elle-même une propension à se rendre la vie difficile, est fascinée par ce personnage de Maude, qui trouve le bonheur dans de très petites choses et qui essaie de transmettre cette sagesse à Harold. On a l'impression, comme toujours, que Janine s'imprègne de ses personnages au point de vivre à travers eux ! Pour Jean-Bernard Hébert, elle se révèle aussi cet été-là

---

56. *La Presse,* 20 juin 1992.

comme un véhicule de promotion en or. Dès cette première expérience avec elle, il est surpris par sa disponibilité et son enthousiasme quand il s'agit de faire la mise en marché de la production : Janine multiplie les entrevues avec les médias nationaux et locaux.

Une générosité qui n'est pas propre à toutes les comédiennes, et qui est une sorte de cadeau inespéré pour le producteur : « Il s'est créé quelque chose entre nous deux, se souvient-il. Pour moi, Janine a été une enseignante ; elle était une copine, mais à partir de ce moment-là, je lui ouvre une partie de mon cœur. Elle devient une amie. Je commence à l'accompagner dans différents événements. On commence à aller au théâtre ensemble. On commence à se voir en dehors du métier, à partager des intérêts en commun. Janine adore manger, elle adore aussi le plaisir de la découverte culinaire, découvrir de nouveaux restaurants, et moi c'est un plaisir que j'ai aussi. »

À la même époque, Janine Sutto accepte deux nouvelles propositions à la télévision : pendant trois ans elle va participer à la distribution de *Ent'Cadieux*, un téléroman populaire écrit par Guy Fournier à TVA, où elle joue Antonine Larue, avec Louise Deschâtelets, Luis de Cespedes, Yvan Ponton, Roger Léger, Donald Pilon et Adèle Reinhardt. Janine, qui apprécie l'écriture de Fournier et sa façon de travailler, y retrouve aussi une équipe de comédiens qu'elle aime. Guy Fournier fait du travail de table avec eux et il les dirige dès la première lecture, ce qui lui plaît également beaucoup. *Ent'Cadieux* est une série bien ficelée, où les drames et les bonheurs se suivent et qui devient rapidement un grand succès.

Mais la deuxième proposition la met davantage à l'épreuve : *Maman chérie*, à Radio-Canada, une mauvaise adaptation d'une série humoristique australienne avec Rémy Girard et Martin Drainville, dont l'enregistrement se fait devant public. Durant les pauses, les gens viennent lui parler, et la déconcentrent : « Les premières fois, c'était très difficile, raconte-t-elle. Rémy et Martin, ils sont habitués à ça, eux. Ils riaient de moi ! » Janine est une « traqueuse », comme elle le répète souvent, et le public en studio la trouble. Le défi est d'autant plus grand qu'elle tourne en même temps *Ent'Cadieux*, ce qui lui fait énormément de texte à apprendre. La comédienne a beau avoir du métier, elle n'a plus les capacités et la souplesse de ses jeunes partenaires, Girard et Drainville. « Rien n'est jamais acquis, dit-elle modestement à *La Presse*, quelques jours avant son soixante-douzième anniversaire. L'assurance, c'est un mot que je ne connais pas beaucoup. Les soirs de première, on est toutes des débutantes, dit-elle, en citant Guitry. J'ai autant le trac que n'importe qui, et peut-être même plus. Je suis très, très angoissée ces soirs-là et même tous les soirs[57]. »

Pourtant, au cours de l'été 1993, elle se met un autre défi sur les bras en acceptant un rôle difficile dans *L'Homme en soie*, de Chantale Cadieux, à l'Escale. Janine joue une mère de famille qui revient sur terre après son décès pour régler ses comptes. Une idée tordante, dit-elle, mais un des rôles les plus difficiles, comme elle l'admet dans une de ces nombreuses entrevues qu'elle accorde durant ces années-là à Jean Beaunoyer : « Je semble m'amuser sur scène, mais je dois dire que c'est un des rôles les plus difficiles que j'ai joués. Un fantôme ne parle à personne et c'est comme si j'étais seule sur scène. C'est un rôle difficile à apprendre, parce que je n'ai pas de répliques[58]. » Depuis ses débuts dans le métier, Janine n'aime pas jouer seule sur scène, elle a besoin d'une présence, qu'on lui donne la réplique.

Dans la pièce, elle retrouve André Robitaille, qu'elle aime beaucoup et avec qui elle a joué dans *Bonne fête maman*, sa femme Martine Francke, qu'elle trouve très bonne, Sophie Faucher et Claude Prégent. Quand elle parle d'eux, dans les journaux, on dirait la mère parlant de ses ouailles : « Et comment vous avez aimé mon petit André [Robitaille] ? Demande-t-elle à Beaunoyer. Et ma petite Martine [Francke] ? » D'instinct, quand on vieillit, avoue-t-elle des années plus tard, on parle de tout le monde, même quand ces individus – les hommes surtout – font trois fois sa taille, comme de ses « petits », qu'elle aime et admire sincèrement. Le réflexe de

---

57. *La Presse*, 8 avril 1993.
58. *La Presse*, 17 juillet 1993.

la mère couveuse lui va à merveille. Même chose pour ses petits-enfants: «Mon petit Félix, ma petite Sophiette.»

.Depuis quelques semaines, en effet, la comédienne est devenue grand-mère une seconde fois. Mireille a donné naissance à son deuxième enfant, Sophie, le 22 mai 1993.

Veuve depuis plus de vingt ans, entourée d'amis de tous âges, Janine Sutto entame, avec l'arrivée de ses deux petits-enfants, une nouvelle étape de sa vie. Même si elle se plaint dans les journaux de la difficulté de vieillir, de ses jambes qui marchent moins vite, elle donne l'impression d'avoir trouvé, encore une fois, un autre défi, plus serein peut-être, celui-là – elle dit qu'elle devient plus compréhensive –, une nouvelle énergie qu'elle accueille comme un cadeau. Mais elle est loin de se douter que son corps qui vieillit va bientôt subir une grande épreuve.

Scène 3. Un repos forcé

Après sa saison de théâtre d'été, en sortant de la salle de répétition du Rideau Vert, où elle prépare *Yerma*, de Federico Garcia Lorca, avec le metteur en scène Guillermo de Andrea, Janine Sutto se fait renverser, sur la rue Saint-Denis, par une cycliste qui fonce à toute vitesse en roulant sur le trottoir. Quand on l'emmène à l'urgence de l'hôpital Saint-Luc, les médecins constatent qu'elle a une fracture de la hanche. Elle est forcée de tout arrêter pendant plusieurs mois.

Pour la première fois de sa vie, à soixante-douze ans, elle doit annuler sa participation à une production au dernier moment, malgré les heures qu'elle a dû consacrer à répéter la pièce. Françoise Faucher va la remplacer au Rideau Vert. Mireille, qui vit une nouvelle crise avec sa mère et qui s'était éloignée d'elle depuis plusieurs mois, est forcée de s'en rapprocher malgré elle. Le 14 octobre, la comédienne subit une opération à la hanche et, après quelques jours de récupération à l'hôpital, elle séjourne pendant plusieurs semaines à Villa Médica, une clinique de réhabilitation, rue Sherbrooke, à Montréal. Pour la première fois, l'actrice ne peut plus enchaîner le rythme effarant de ses productions. Elle est au repos forcé, et elle l'apprécie : « Bizarrement, je considérais cela comme un entracte. » Elle va découvrir aussi les vertus extraordinaires de la physiothérapie, à laquelle elle va se donner corps et âme, comme dans tout ce qu'elle fait : « J'ai vu des gars abîmés, qui revenaient plus tard et qui marchaient normalement ! »

Pendant cette période d'absence, les gardiennes de Kiki s'installent au Rockhill. Elles emmènent Catherine régulièrement à la Villa Médica pour qu'elle puisse voir sa mère. Mais Kiki manifeste chaque fois son mécontentement parce qu'elle ne comprend pas pourquoi Janine ne rentre pas avec elle à la maison. La comédienne apprécie tellement sa retraite à Villa Médica qu'elle demande à son médecin de prolonger son séjour. Elle appréhende un retour précipité à la maison où, en plein hiver, la logistique de l'habillement de Catherine et de son départ quotidien pour l'atelier devient encore plus lourde : « Alors j'étirais ça, dit-elle, et le docteur de Villa Médica me disait : "Devant les infirmières, promenez-vous avec une canne, ne montrez pas que vous êtes guérie !" » Janine Sutto rentre finalement chez elle un peu avant Noël. Elle voit Mireille le 24 décembre à son retour de France, où elle a passé plusieurs semaines en tournage.

Le repos a été somme toute de bien courte durée pour une fracture aussi grave. Malgré son âge, Janine Sutto a récupéré ses forces et sa souplesse à une vitesse étonnante grâce à ses efforts soutenus en physiothérapie. Elle reprend donc le travail dès le mois de janvier 1994, dans *True West*, une pièce de Sam Sheppard, montée à la Nouvelle Compagnie théâtrale par Brigitte Haentjens, où elle joue le rôle d'une mère avec le comédien Roy Dupuis, qui incarne son fils.

Elle enchaîne ensuite dans *Bonjour là, bonjour*, de Michel Tremblay, à la télévision de Radio-Canada. Puis dans *En pièces détachées* au TNM, mise en scène par René Richard Cyr, où elle incarne le personnage de Mme Bélanger, un premier rôle. À peine remise de sa fracture, elle fait toutefois preuve de prudence quand elle se déplace dans les décors, ou quand elle monte ou descend des escaliers. Elle demande constamment aux machinistes de surveiller où elle met les pieds. Un soir, au moment où les comédiennes répètent un chœur, perchées très haut sur des échafaudages, un technicien syndiqué, obsédé par l'horaire de travail, éteint les lumières sans prévenir avant même qu'elle ait réussi à descendre de ces hauteurs ; elle évite de justesse une chute qui aurait pu lui briser la hanche une seconde fois. Le technicien en a été quitte pour une bonne engueulade.

Durant l'été 1994, au lieu de prendre des vacances, après tout ce qu'elle a vécu, Janine Sutto accepte de participer à une autre production de Jean-Bernard Hébert, *La Cruche cassée*, d'Henrich von Kleist, une pièce dans laquelle elle a déjà incarné le personnage principal, en compagnie de Guy L'Écuyer, des années auparavant, dans une mise en scène d'Albert Millaire. Cette fois, la pièce est montée par Jean-Louis Roux, avec onze comédiens dont Gérard Poirier, Lénie Scoffié, et Yves Bélanger, que Janine recommande parce qu'elle l'a connu à l'École nationale de Théâtre. Elle-même joue, cette fois, un petit rôle, celui d'Augustine Chapadon, que Jean-Bernard Hébert est venu lui proposer quelques mois plus tôt alors qu'elle séjournait encore à Villa Médica.

Durant tout l'été, il règne une ambiance festive sur scène. « Un vrai *party* tous les soirs », raconte Hébert. Le groupe, composé de comédiens de tous âges, s'entend très bien autant au théâtre du Vieux-Terrebonne qu'en tournée par la suite où le producteur sert d'ange gardien pour la comédienne : « Son bonheur, c'était d'aller au Saguenay–Lac-Saint-Jean, sur la Côte-Nord et faire tout le Bas-du-Fleuve et la Gaspésie. Janine, quand tu l'emmenais dans ces coins-là, et que tu l'emmenais chez Pachon manger le cassoulet de M. Pachon, pour elle, c'était l'évasion. »

Souvent, en tournée, elle vient le voir à la mi-journée en lui disant qu'elle souhaite faire quelque chose de particulier dans l'après-midi. Elle a parcouru les journaux locaux ou un prospectus à l'hôtel et elle a découvert un lieu ou un événement qu'elle est curieuse de voir. Un fumoir de poisson en Gaspésie, par exemple. Janine n'est jamais passive. Après le théâtre, elle se transforme en confidente jusque tard dans la nuit.

Elle est aussi d'une grande générosité envers le public des régions. Un jour, à Gaspé, la directrice du théâtre local appelle Jean-Bernard Hébert pour lui demander si Janine Sutto ne pourrait pas se présenter pour une entrevue au café étudiant, où la station de radio est connue pour ses propos parfois déplacés. La directrice est embêtée de transmettre cette demande à la comédienne, qui accepte pourtant de la satisfaire. La rencontre avec les étudiants est une réussite et plusieurs d'entre eux se présentent le soir même à la représentation de la pièce.

Après cette tournée, Hébert utilisera souvent Janine comme consultante informelle pour sa compagnie, écoutant ses conseils et ses recommandations : « Janine, c'est un phare, parce qu'elle va tout voir. Elle va au théâtre, tu lui poses une question et elle dit ce qu'elle pense. Au milieu des années 1990, on est à l'ère du *politically correct*, il faut dire la bonne chose au bon moment, au bon endroit. Et elle n'est pas comme cela et je pense que c'est cela qui nous attire. »

Le 18 avril 1995, pour la première fois depuis sa naissance, son petit-fils vient la voir au théâtre. Félix a cinq ans et il tombe en pâmoison devant *La Fontaine ou la Comédie des animaux*, une nouvelle création d'Antonine Maillet, dans laquelle Janine, à deux jours de ses soixante-quatorze ans, joue la Belette, un des animaux de la pièce. Félix insiste pour revenir voir le spectacle plusieurs fois et Metcha lui donnera en souvenir, à la fin des représentations, la queue de la Belette. Pourtant, la pièce est un four, que Janine Sutto a prédit une fois de plus. Une autre mauvaise pièce d'Antonine Maillet à laquelle elle accepte de participer pour des raisons étranges. Sans doute pour faire plaisir à Metcha, ou pour le travail que cela lui procure. Mais la comédienne n'est pas dupe de cette situation. Michel Dumont, qui joue le Lion, s'amuse beaucoup en l'entendant sacrer durant les répétitions en pestant contre les textes d'Antonine. Son petit-fils, Félix, fait rire tous les comédiens le soir de la dernière de la pièce lorsqu'il leur demande quand ils ont l'intention de la reprendre.

En octobre 1995, Janine Sutto brise une des grandes règles de sa vie en adhérant officiellement au mouvement des Artistes pour la souveraineté, en prévision du référendum du gouvernement du Parti québécois, qui doit se tenir à la fin du mois.

L'actrice, qui a toujours refusé de s'engager publiquement en faveur d'une cause politique, participe à des manifestations et se prononce ouvertement dans les médias en faveur de l'indépendance du Québec. Après la défaite des souverainistes au référendum du 30 octobre, elle mettra fin définitivement à cet élan de militantisme, qui n'aura duré que quelques semaines.

Pendant l'été 1996, le producteur Jean-Bernard Hébert monte *Bousille et les justes*, de Gratien Gélinas, avec, en vedette dans le rôle de Bousille, le comédien Denis Bouchard, que Janine Sutto aime beaucoup, ainsi que Toni Conte, Yves Bélanger et Gildor Roy. Mais curieusement, la pièce qui a eu tellement de succès dans le passé attire des critiques mitigées et ne marche pas. Encore une fois, l'actrice s'en prend à la mise en scène de Fernand Rainville, qu'elle respecte pourtant. Mais cette fois, ce n'est pas elle qui dirige la critique. Dès les répétitions, le malaise s'installe lorsque le comédien Yves Bélanger se lève brusquement, une semaine avant la générale, en disant : « Excusez-moi, mais on ne joue pas la pièce. On est en train de passer à côté du show ! » « Je me rappelle d'une longue discussion doublée d'une engueulade, raconte le producteur Jean-Bernard Hébert, où le metteur en scène ne voulait pas reculer ou faire un aveu d'échec. Et le public l'a senti. Il n'y avait pas de chimie entre les comédiens. C'est la seule fois dans ma vie où j'ai eu l'impression que les comédiens qui doivent servir l'œuvre sont réduits à un rôle moindre. » Étrangement, la pièce qui ne fait pas ses frais au théâtre du Vieux-Terrebonne connaîtra un succès en tournée.

Un an plus tard, au cours de l'été 1997, Janine renoue avec le réalisateur Claude Maher, qui cette fois fait la mise en scène du *Vol du bourdon*, à Saint-Sauveur. Janine s'amuse tout l'été en jouant avec son ami Claude Michaud, la vedette des Riopelle, les propriétaires du Théâtre, des personnages mythiques du monde des théâtres d'été au Québec. C'est la première fois que Janine joue avec Claude Michaud sur scène ; elle a surtout travaillé avec lui à la télévision. Les deux acteurs partagent la même angoisse : « Un traqueur, pire que moi », dit-elle. Pour ne pas ennuyer les autres acteurs avec leurs angoisses, ils décident de partager aussi la même loge.

Le 20 janvier 1998, Janine reprend pour une deuxième fois le magnifique rôle de la reine Victoria, dans *Le Pays dans la gorge*, de Simon Fortin. Cette fois, la diva québécoise est incarnée par Isabelle Miquelon, avec Louise Forestier dans le rôle de sa sœur, Cornelia. Une mise en scène d'Olivier Reichenbach, au Rideau Vert.

Lyne Fortin, qui avait chanté la première fois et avec laquelle Janine est restée amie, est remplacée par Hélène Marchand.

Pour cette nouvelle production du *Pays dans la gorge*, on lui donne les mêmes costumes faits par François Barbeau dix ans plus tôt. La taille est encore bonne, mais tout le monde a oublié un détail important : Janine Sutto, qui a une dizaine d'années de plus, arrive difficilement à supporter le poids du costume : « Tout ce mois-là, j'ai eu mal aux reins. Et je m'en apercevais quand je l'enlevais, se souvient-elle. Je n'en ai rien dit à François Barbeau, mais j'ai tellement souffert. J'avais l'air d'un escargot, lourd en arrière. » La comédienne, à soixante-dix-sept ans, une fois de plus ne s'en plaint pas ; elle prend son métier à cœur et, surtout, elle s'amuse encore.

Scène 4. Un drame dans la famille Sutto

Le 25 novembre 1998, un drame survient dans la famille Sutto. Jean-Pierre, le fils cadet de Simone Rossion et d'André Sutto, un avocat brillant de Montréal, s'enlève la vie. Son corps inerte est identifié dans son chalet des Laurentides, au nord de Montréal, par son frère aîné, Claude. Une semaine plus tôt, une partie de la famille s'était réunie autour d'un repas auquel il assistait. Tout le monde l'avait trouvé agressif et triste. Il se remettait à peine d'une mésaventure où, après s'être blessé avec un couteau, il avait contracté une infection bactérienne à l'hôpital qui avait failli lui faire perdre l'usage d'une main. Un incident qui l'avait miné. «Après le repas, j'avais dit: "Jean-Pierre est désespéré"», se souvient Janine. Cristelle, sa fille, avait répondu: «Non, il règle ses comptes.»

Janine perd non seulement un neveu qu'elle adore, mais surtout un homme sur lequel elle pouvait toujours compter dans les moments difficiles. Jean-Pierre lui était dévoué, mais il avait aussi quelque chose de particulier dans sa personnalité: son tempérament provocateur et inventif, qui lui rappelait son propre père. Il était aussi un des piliers de la famille, qui adorait faire des fêtes dans sa maison d'Outremont.

Jean-Pierre Sutto laisse dans le deuil ses deux filles, Cristelle et Alexandra, qui vivent ensemble, rue de l'Épée, à Outremont, Dominique, sa compagne, qui travaille aussi au bureau d'avocats, et son ex-femme, Alexandrine. Heureusement, ses propres parents ne souffrent pas de ce décès tragique. Simone Rossion, sa mère, est décédée cinq ans plus tôt, le 8 mars 1993, à la suite d'une maladie cardiaque. Son père, André Sutto, le frère aîné de Janine, souffre depuis des années de la maladie d'Alzheimer et il ne reconnaît plus les membres de sa propre famille. Il n'est donc pas conscient de la mort tragique de son fils.

Depuis le décès de Simone, quand son horaire le lui permet, même en pleine tempête de neige, Janine Sutto va visiter son frère André dans la résidence pour personnes âgées que sa fille Michèle lui a trouvée, à Ottawa, où elle vit avec son mari, Alain Dudoit. La comédienne sent son frère disparaître à petit feu, chaque fois davantage, lorsqu'elle le revoit. La mort d'André viendra accentuer chez elle un sentiment d'abandon : «Après mon frère, je n'avais plus personne sur qui m'appuyer, qui m'avait connue petite fille, confie-t-elle. Être seule sans ceux qui m'avaient accompagnée depuis le début: André, mon neveu Jean-Pierre, Henry, Serge, ma mère.»

Janine Sutto voit ainsi une partie de sa vie disparaître. Et elle sait ce qui s'en vient: bientôt, elle sera la seule survivante de sa génération; elle deviendra le patriarche de cette petite famille française du Canada qui vit un drame pour la première fois. Déjà, dans les jours suivant le décès de Jean-Pierre Sutto, une querelle s'installe entre sa compagne, Dominique, et ses filles, Alexandra et Cristelle. La disparition tragique de Jean-Pierre, avec toutes les questions non résolues qui l'entourent, va changer à jamais les rapports entre les membres de la famille.

André Sutto meurt quelques mois plus tard, le 16 avril 2000. Sur une photo prise lors des funérailles, toutes les générations de femmes de la famille Sutto-Deyglun sont réunies. Mais la plus vieille d'entre elles, Janine, est la seule à conserver précieusement le souvenir des origines de la famille en France. Le souvenir de son enfance. Pendant les années qui suivront, elle voudra retourner souvent à Paris pour retrouver le seul lien qui la lie encore à cette période chérie: ses deux amies françaises, Édith et Christiane, qui elles sont encore vivantes.

Parce que autour d'elle, à la même époque, les amis aussi disparaissent en plus grand nombre. En mai 1999, Gilles

Richer, l'auteur de *Poivre et Sel*, avec lequel elle entretien des liens étroits, meurt lui aussi des suites de l'Alzheimer. Jusqu'à la fin, elle est allée le voir à l'hôpital. Dans les médias, elle rappelle son grand talent d'auteur et de musicien, en disant qu'il écrivait lui-même les thèmes de ses émissions. Janine n'oublie pas ceux qu'elle aime[59] !

Dix ans plus tôt, la mort de Félix Leclerc, en août 1988, a marqué pour elle la fin d'une autre période de sa vie. Celle de Vaudreuil. Pendant des années, avant sa mort, elle a rendu visite à Félix à l'île d'Orléans, où le poète un peu sauvage s'est réfugié dans une belle maison. Chaque fois, il la reçoit avec son humour cynique habituel : « Janine, tu le sais, tu peux venir quand tu veux à l'île, puis à quatre heures, je te raccompagne à l'autobus. » Entre eux, il existe une amitié assez forte pour passer à travers le temps. « Si on se revoyait après deux ans, dit-elle, on se retrouvait pareils. » Même s'ils ne se voient pas souvent, elle retrouve chaque fois le même esprit critique qu'elle adore, comme dans cette phrase qu'il laisse, écrite, dans son grenier : « Cette maison a été construite avec de l'argent français ! » qui traduit son sarcasme face au Québec, où les droits d'auteurs, contrairement à la France, ne sont pas reconnus.

Le 6 septembre 1999, le décès de René Lecavalier, l'ami de Radio-Canada, vient marquer la fin d'une autre époque, celle de L'Équipe, dont il faisait partie.

Même si François Bertrand, un autre camarade de L'Équipe, est encore vivant, les deux anciens amoureux ne se fréquentent plus beaucoup, sauf pour un appel téléphonique qu'elle fait chaque année, le jour de son anniversaire. Jean Lajeunesse est mort quelques années plus tôt ; Jean-Pierre Masson aussi, en 1995. Aux funérailles de Lecavalier, Janine Sutto fait figure de vénérable autour de laquelle tout le monde s'empresse, comme pour toucher ce qu'il reste d'un passé glorieux qui s'envole.

Le groupe de *Symphorien* aussi a commencé à s'effriter. Marcel Gamache, l'auteur avec lequel elle a tant travaillé, est

---

59. *La Presse*, 10 mai 1999.

mort en 1995 ; Denis Drouin est décédé peu de temps après la fin de la série d'un cancer foudroyant, en 1978. Juliette Huot, la vedette de l'émission, va mourir en 2001. Gilles Latulippe refuse encore aujourd'hui de revoir les enregistrements des épisodes de *Symphorien* tellement la seule vue de ses anciens copains disparus le peine. Janine, qui approche de l'âge vénérable de quatre-vingts ans, survit à tout ce monde-là. Est-ce un hasard si elle se rapproche à nouveau de son vieil associé, Gilles Latulippe ?

Scène 5. Feydeau aux Variétés

Au début de 1999, Gilles Latulippe lui propose un autre défi : monter un Feydeau au théâtre des Variétés. À la veille du tournant du siècle, le théâtre de Latulippe connaît une crise de développement. Tous les vieux comédiens qui ont fait sa fortune pendant trente-trois ans ont disparu ; les Paul Desmarteaux, La Poune, Olivier Guimond, Denis Drouin, Manda et les autres sont décédés. Gilles Latulippe décide donc de tenter le tout pour le tout en amenant son public dans un autre univers. Il veut offrir quelque chose de nouveau à ses fidèles. Faire entrer au théâtre des Variétés des acteurs qu'ils n'ont jamais vus.

Depuis ses débuts en 1967, le théâtre a bâti son succès sur le burlesque et la comédie de situation. Latulippe choisit donc une pièce de théâtre de boulevard français qui l'inspire, *Le Système Ribadier*, de Feydeau – une pièce simple avec un seul décor – et il confie à Janine Sutto la mise en scène, parce qu'il ne veut pas qu'on lui reproche de monter la pièce dans son style à lui. Janine arrive sur les lieux, avant même les répétitions, pour découvrir que les ouvriers du théâtre ont déjà construit les décors, sans la consulter. Devant son étonnement, ils lui disent : « Si vous voulez, on peut tout changer ! » Gilles Latulippe a formé dans son théâtre une équipe technique qui est habituée à prendre beaucoup d'initiatives. Le défi est de taille pour la comédienne, qui recrute des acteurs qu'elle connaît et en qui elle a confiance : Vincent Bilodeau, Dorothée Berryman, et bien sûr Gilles Latulippe, pour qui jouer du répertoire français constitue une première. Janine a carte blanche pour tout. La seule chose à laquelle le propriétaire s'oppose, c'est son projet de faire une soirée de première pour la pièce. En trente-trois ans, jamais le théâtre des Variétés n'a fait de premières. Mais là-dessus, il cède aussi, et ce sera pour lui une erreur.

Le soir de la première, les médias viennent au théâtre des Variétés en grand nombre, ce qui surprend Latulippe. Jamais le théâtre n'a suscité autant d'intérêt de la part de la presse officielle. La pièce, présentée du 3 au 28 mars 1999, provoque un intérêt hors du commun de la part des critiques, mais aucun effet sur les habitués, qui réagissent mal. Un nouvel auditoire afflue au théâtre des Variétés, mais le public traditionnel, celui qui remplissait la salle, ne comprend rien et n'apprécie pas. Vincent Bilodeau se souvient de répliques qui tombaient complètement à plat : « On sentait le *punch* qui partait au-dessus de la salle, qui sortait par la porte d'entrée et qui tombait dans la rue Papineau », ironise-t-il. *Le Système Ribadier* est la seule production du théâtre des Variétés qui ne réussit pas à couvrir ses frais, en trente-trois ans d'existence. Latulippe tirera de cette expérience une seule leçon : « Ce n'est pas la quantité de publicité autour d'un spectacle qui fait son succès. »

Janine Sutto, comme toujours, assume elle-même une partie du blâme pour cet échec relatif : « C'est comme un restaurant, reconnaît-elle *a posteriori*, il faut que tu sois prêt à perdre deux, trois ans. Tu ne peux pas changer le public des Variétés rapidement. » Aujourd'hui, elle dit qu'elle aurait dû monter trois ou quatre courtes pièces de Feydeau. « Des petites pièces excellentes, du vrai burlesque. On a présenté une pièce trop bavarde, juge-t-elle. Là, on s'est trompés ! »

Gilles Latulippe devra vite revenir au style propre aux Variétés pour rattraper la perte subie. Il vendra néanmoins son théâtre l'année suivante. Les deux amis ne travailleront plus jamais ensemble à partir de 1999 dans une production de théâtre, de télévision ou de film. Ils se retrouvent par contre tous les mois, sans exception, pour l'enregistrement d'une publicité radio de Jean Coutu, un rendez-vous qui leur permet de garder le contact.

Lorsqu'il fait le bilan, Gilles Latulippe dit que l'amitié qui le lie à Janine Sutto est en grande partie faite d'admiration. Que Janine est une femme généreuse. Qu'elle est souvent fermée, mais tellement ouverte si on a besoin d'elle. Quand on lui demande si, à son avis, Janine Sutto a été une femme heureuse, il répond : «Son métier l'a rendue heureuse. Ç'a été sa béquille tout le temps. Sa raison de vivre. Si elle n'avait pas eu ce métier-là, cette femme de passion, qu'est-ce qu'elle aurait eu comme exutoire ? Ça l'a sauvée, ça ! C'est pas banal ! »

Scène 6. « Tu marches devant nous et on te suit »

Au cours de l'été 1999, *Le Devoir* consacre une page entière à Janine Sutto, sous le titre : « L'esprit pétillant de Janine Sutto. Formation, ouverture et création, trois clés pour un théâtre vivant. » Faisant une fois de plus un bilan de son métier, elle rappelle les grandes clés qui lui ont été transmises par ces acteurs français qui passaient au Québec durant les années 1940 et qui ont contribué à sa formation. Elle mentionne en particulier les conseils de Charles Deschamps : « Il m'a enseigné des principes importants que je n'ai jamais oubliés, dont celui que la plus grande qualité d'un acteur est de savoir écouter. Quand on joue, il faut savoir tout prendre de l'autre si vous voulez lui donner la réplique de manière authentique. » Puis elle répète qu'elle regrette souvent la complexité et la lourdeur des grandes productions théâtrales chez les jeunes metteurs en scène à la mode à Montréal, qui font oublier l'essence de la pièce. « Souvent, je rêve d'un rideau noir, d'un texte et d'acteurs[60]. »

Au tournant de l'an 2000, Janine Sutto est plus critique et enthousiaste que jamais face à son métier. Au contact de cette relève qu'elle a contribué à former en cours privés chez elle, à l'option théâtre de Saint-Hyacinthe et au Conservatoire, pendant les années 1980, à Sainte-Thérèse et à l'École nationale de Théâtre durant les années 1990, où elle a monté les pièces des finissants, en côtoyant les jeunes qui l'admirent,

---

60. *Le Devoir*, 31 juillet et 1er août 1999.

on a même l'impression qu'elle rajeunit. C'est ainsi que, malgré son âge, l'horizon de la comédienne s'ouvre encore. Janine pense à l'avenir et elle s'apprête encore une fois à accepter de nouveaux défis. Elle entend bien aussi jouer à fond son rôle de patriarche protecteur de sa famille, de ses amis, de ses causes et du théâtre qu'elle aime tant.

En 1999, elle ajoute une nouvelle cause à toutes celles auxquelles elle apporte son appui : elle devient la marraine du Baluchon Alzheimer, un organisme qui procure du répit aux familles qui ont à leur charge une victime de la maladie d'Alzheimer. L'organisme a été fondé par une personne qu'elle respecte beaucoup, Marie Gendron, à laquelle elle ne peut rien refuser. Elle va même se battre auprès des ministres du gouvernement québécois pour que le Baluchon obtienne une aide publique. Toujours fidèle, elle ne lésine jamais quand il s'agit d'aider ses proches. Est-ce un hasard si, lors d'une fête du nouvel An 2000, où tout le monde est déguisé en personnage historique, Janine Sutto choisit le costume de mère Teresa, qu'elle demande à son ami François Barbeau de lui fabriquer pour la circonstance ? « J'aurais aimé ça, moi, avoir cette abnégation, dit-elle parlant de la religieuse d'origine albanaise, connue pour son dévouement mais aussi son conservatisme extrême. Mais il me semble que j'aurais été plus large d'esprit, peut-être ! »

À quatre-vingts ans bientôt, l'actrice demeure aussi une passionnée de l'actualité. Comme elle le fait depuis qu'elle est toute petite, Janine ne laisse rien passer dans les nouvelles du jour, d'aussi loin qu'elles viennent, sans émettre un jugement. Dévoreuse d'information, elle allume la télévision dès qu'elle se lève le matin, pour écouter les chaînes de nouvelles continues qui ont fait leur apparition depuis quelques années au Québec.

Le passage du millénaire correspond, pour cette femme hyperactive, à une période de sérénité et d'ouverture. Janine en vieillissant devient zen. Elle se confie davantage aux autres sur elle-même et sur ses émotions. Ses amies fidèles notent l'évolution : « Elle est dans une phase d'ouverture parce qu'elle sait que le temps lui est compté », pense Andrée Boucher. Janette Bertrand constate : « Je l'ai vue s'adoucir. »

Pendant cette période, la comédienne assiste à une suite vertigineuse de témoignages de reconnaissance à son endroit: après avoir été honorée par le théâtre Espace Go, en 1998, puis par le gouvernement du premier ministre Lucien Bouchard, qui lui décerne la médaille de l'Ordre du Québec, Janine Sutto reçoit le prix Hommage Rideau, au cours d'un gala organisé par le plus important diffuseur de spectacles au Québec. Certainement une des comédiennes qui a fait le plus de tournées dans la province, elle est ainsi reconnue par ceux qui en ont profité. Le 15 octobre 2000, on lui remet le prix Hommage de l'Académie canadienne du cinéma et de la télévision, au cours du Gala annuel des prix Gémeaux. Quelques mois plus tard, en févier 2001, elle reçoit le prix Hommage, cette fois de la soirée des Masques de l'Académie québécoise du théâtre. Janine est citée par *La Presse*: «Je voudrais bien regarder le passé, mais je suis trop occupée pour m'y attarder[61].»

En avril 2001, le jour de son quatre-vingtième anniversaire, elle est l'objet d'une grande fête organisée par la famille et les amis, au Lion d'or, à Montréal, où Lucien Bouchard, fraîchement sorti de la politique, lui rend un hommage exceptionnel. D'autres aussi, comme Normand Brathwaite, Janette Bertrand, participent aux éloges. Andrée Lachapelle prononce à cette occasion une phrase révélatrice du sentiment de ses pairs: «Tu marches devant nous et on te suit, lui dit-elle devant tout le monde. Tu montres le chemin sans nous le montrer.»

Le mouvement est sincère; malgré ses commentaires parfois caustiques, la vieille actrice attire le respect de tous les collègues du métier, des plus jeunes aux plus âgés, à cause de sa générosité et de son grand professionnalisme. «De voir comment elle étudie un texte, ajoute son ami Gilles Latulippe, comment elle le décortique... Elle t'oblige à être meilleur si tu veux la suivre.»

Durant l'été suivant, la comédienne est engagée encore une fois par le producteur Jean-Bernard Hébert dans *Le Mal*

---

61. *La Presse*, 3 février 2001.

de mère, de l'auteur français Pierre-Olivier Scotto, avec le comédien Roger La Rue. Une superbe pièce, mise en scène par Daniel Roussel, qui donnera quarante-quatre représentations au théâtre de la Dame-Blanche, à Montmorency, près de Québec, et une tournée de soixante représentations en région. La pièce ne sera par contre jamais jouée à Montréal, ce que Janine aurait souhaité. D'autant plus que l'idée de monter cette pièce est venue d'elle.

Quelques mois plus tôt, lors d'un voyage à Paris avec sa fille Mireille, elle a rencontré Daniel Roussel, qui lui confie qu'il a en tête une pièce qui lui conviendrait à merveille. Janine Sutto appelle donc en revenant à Montréal son ami Jean-Bernard Hébert, qui se rend à Paris lui-même pour voir la pièce. Après une rencontre avec les auteurs, Pierre-Olivier Scotto et sa femme, Martine Feldman, c'est le coup de foudre.

Le Mal de mère, c'est l'histoire d'une vieille dame de quatre-vingts ans et de sa relation touchante avec son psychanalyste, à qui elle confie qu'elle se sent exclue socialement, à cause de son âge. Le thérapeute finit par s'attacher à elle et lui confier ses propres angoisses.

Janine Sutto, selon Hébert, aurait aimé s'installer à Montréal avec cette pièce, mais elle ne réussira pas à convaincre un théâtre de l'accueillir. Le Rideau Vert, avec lequel elle a de bons rapports, et qui paraît d'abord intéressé, connaît à l'époque des difficultés financières importantes.

Au cours de cette même année 2001, on voit aussi Janine à Radio-Canada dans *Le Cœur découvert*, une série de treize épisodes, adaptée du roman de Michel Tremblay. La série est produite par Claude Héroux et réalisée par Gilbert Lepage, avec Gilles Renaud, Michel Poirier, Janine et Huguette Oligny. *Le Cœur découvert*, c'est l'histoire d'un couple homosexuel et de son entourage, et en particulier des deux copropriétaires du triplex qu'ils habitent, incarnées par Janine et Huguette Oligny. « Ce n'était pas très bon, précise Janine, mais c'était une très belle distribution. Micheline Lanctôt, Louise Latraverse [qui joue une lesbienne en couple avec Muriel Dutil] et nous [Huguette Oligny et elle]. On avait de très beaux rôles, toutes les deux. Dans le scénario, Huguette m'énervait avec ses chats et son obsession pour la dinde. » Les deux actrices jouent deux sœurs qui se chicanent constamment. Un reflet, en fait, de leur relation dans la réalité. Michel Tremblay, qui connaît les deux femmes, choisit de les faire jouer ensemble parce qu'il a l'intuition que le duo va être un succès, mais les tensions entre Janine Sutto et Huguette Oligny ne vont pas tarder à s'installer.

Dans *Le Cœur découvert*, Louise Latraverse retrouve avec plaisir cette comédienne qu'elle admire tellement : « Quand on parle de Janine, on ne parle pas d'Huguette Oligny de la même façon, ou de Béatrice Picard ; elle a une influence, peut-être par sa présence, dans le milieu, ses liens avec les jeunes. Comme elle s'intéresse à tout ce qui se fait, elle devient un point de repère pour beaucoup de monde. Et en général, son jugement est juste. Pour des gens, elle est très dure, comme Buissonneau qui a le même œil, un œil de lynx. Elle voit très bien et très vite ce qui ne marche pas dans un spectacle. Elle reste une femme moderne, et les vieilles affaires ne l'intéressent pas. »

Au printemps 2002, Gaëtan Charlebois, le chroniqueur artistique du quotidien *The Gazette*, lui rend hommage à son tour : « *The grandest of grande dames. Actor Janine Sutto, 81, has been there, done that. But she isn't finished yet.* » Encore un journaliste fasciné par sa longévité et son talent. Charlebois rapporte que Janine vient d'être intronisée au Temple de la renommée de la LNI, et qu'elle s'apprête à passer l'été dans *Piège pour un homme seul*, à Saint-Marc-sur-Richelieu.

Le 27 septembre 2002, à quatre-vingt-un ans, Janine Sutto, qui a pourtant tout joué dans sa vie, plonge avec crainte dans un nouveau défi : elle a accepté de jouer dans une pièce de Marguerite Duras, *Savannah Bay*, montée par Patricia Nolin au théâtre du Rideau Vert. À l'hebdomadaire *Voir*, avant la première de la pièce, elle révèle que les répétitions lui ont donné beaucoup de fil à retordre. Le personnage de Madeleine, qu'elle incarne, est une femme « déroutante et paradoxale », à la mémoire étrangement lézardée : « C'est un personnage très complexe, très difficile, dit-elle. Et c'est une pièce de silences, il faut respecter les pauses. Naturellement, au début des répétitions on a peur d'ennuyer. Et on se trompe totalement. Les gens sont capables de prendre des silences justifiés[62]. »

Dans la pièce, le personnage de Madeleine a très peu de dialogues avec une jeune comédienne à qui elle se confie – très bien jouée par Monique Spaziani, une de ses anciennes élèves –, ce qui embête encore une fois Janine, qui n'aime pas les monologues. « J'ai eu beaucoup de misère, raconte-t-elle aujourd'hui. Chacun parlait dans son monde. C'est tellement alambiqué, cette pièce. Je l'avais vue plusieurs fois avec Madeleine Renaud, et je m'étais ennuyée. Des fois, tu ne suis pas ton instinct. Mais j'aurais dû ne pas la faire ! »

Quelques jours avant la première, elle dit à la metteure en scène, Patricia Nolin : « Tu ne me fais pas travailler. Fais-moi travailler. » Elle a l'impression que Nolin ne l'aide pas assez : « J'avais besoin d'aide, là-dedans. La pièce *Savannah Bay*, c'est des mots simples, mais chacun parle pour soi. Il n'y a pas de communication ; c'est pour ça que moi, j'avais tellement de misère. » Jean-Bernard Hébert, qui la connaît bien, sait à quel point, même à son âge, la comédienne cherche à travailler ses pièces et à avoir devant elle un metteur en scène exigeant, qui sait où il s'en va. « Ça, elle est intraitable là-dessus. Quand un metteur en scène ne lui donne pas de notes, elle se met à sacrer : "Criss, il me dit rien, il me donne pas de notes." Elle devient furieuse et je la comprends. »

Malgré les angoisses de la comédienne, au cours des répétitions, Mercedes Palomino, la directrice du Rideau Vert, avec son instinct habituel, est plutôt rassurante. Souvent, en dépit de son âge avancé, elle prend la peine de descendre les marches du théâtre, jusqu'à la salle de répétition, pour venir l'encourager. Pour la rassurer dans son rôle, où elle a beaucoup de monologues, Janine se fait aussi installer une oreillette invisible, par laquelle une autre comédienne, Caroline Lavigne, lui sert de souffleuse. Le jour de la première de *Savannah Bay*, le public est ravi et l'entreprise dans laquelle l'actrice regrettait de s'être embarquée sera un succès. Encore une fois, le travail acharné a eu raison de ses appréhensions.

---

62. *Voir*, 26 septembre 2002.

Scène 7. Visionnaire sur le Web

Le vendredi 28 octobre 2005, dans la salle Ludger-Duvernay du Monument national, l'École nationale de Théâtre, qu'a fondée Jean Gascon, décerne officiellement à Janine Sutto son prix Gascon-Thomas. Lorraine Pintal, André Brassard et Robert Lepage l'ont déjà reçu avant elle. Dans son communiqué, l'École nationale dit que la comédienne « a donné vie à des personnages qui ont profondément marqué le public québécois, grâce à son talent, la qualité de sa présence scénique et sa vitalité qui en ont fait l'une des actrices favorites de nombreux Québécois ». La comédienne anglophone Jackie Maxwell est la corécipiendaire du prix cette année-là. Mais Janine ne la connaît pas. Elle ne connaît pas non plus Powys Thomas, le comédien anglophone qui a cofondé l'École nationale de Théâtre et dont le nom a été donné au prix qu'elle reçoit. Le théâtre du Canada anglais ne lui est pas familier. Après son unique expérience en langue anglaise, dans un téléthéâtre de la CBC à la fin des années 1950, Janine Sutto a vu des pièces au Centaur, le théâtre anglophone de Montréal, ou à Londres. Mais si elle a progressé dans son métier, si, à son âge, elle fait encore figure de précurseur et de visionnaire, c'est essentiellement dans ce milieu francophone d'Amérique où elle a grandi.

Ainsi, quand le quotidien *Le Devoir* la rencontre pour souligner l'attribution du prix Gascon-Thomas s'empresse-t-elle, comme elle le fait toujours, de promouvoir la cause de ses pairs. Cette fois, elle s'attaque à un problème qui la concerne depuis des années, elle qui adore passer du temps à répéter, à travailler ses pièces : la rémunération des comédiens pour les heures passées en répétition. « Ce n'est peut-être pas tant l'argent qui fait défaut, confie-t-elle au *Devoir*, mais la gestion. Un théâtre, c'est un peu comme un hôpital, à sa tête un fonctionnaire ne suffit pas. Il faut quelqu'un qui connaisse le théâtre de l'intérieur. D'ailleurs, ce ne sont pas nécessairement les institutions les plus nanties et les plus prestigieuses qui font le mieux[63]. » La revendication formulée par l'Union des artistes depuis des années ne sera accordée par les directeurs de théâtre qu'en 2009.

À la fin de 2005, Janine Sutto emmène sa fille Catherine à Los Angeles, où une partie de la famille Sutto se retrouve pour fêter Noël et le nouvel An, dans la résidence officielle d'Alain Dudoit, le mari de Michèle, qui occupe le poste de consul général du Canada. C'est la première fois depuis longtemps que Kiki prend l'avion. Pour circuler dans les aéroports, il faut la transporter en fauteuil roulant. À elle seule, la séance de photo pour le renouvellement du passeport de Catherine se révèle ardue. Andrée Boucher rapporte le récit absolument tordant que Janine Sutto lui fait de cette scène où, avec Mireille, les deux femmes ont emmené Catherine dans un Photomaton ; après des efforts surhumains pour la stabiliser devant l'appareil, l'opération a donné une photo horrible. Et Janine d'ajouter par dérision : « C'est sûr que quand les douaniers vont la voir, ils vont dire : "C'est elle !" »

Au retour de Los Angeles, Janine participe à une autre expérience du théâtre québécois : elle fait partie du projet de Brigitte Haentjens, *Tout comme elle*, qui réunit cinquante comédiennes à l'Usine C. Le texte, écrit par Louise Dubé sur les rapports mères-filles, est incarné par des comédiennes de tous âges. À quatre-vingts ans et plus, Janine Sutto se fait encore offrir toutes sortes d'expériences nouvelles dans lesquelles elle accepte de s'engager ; on la recherche pour créer un effet dans une production. Elle joue ainsi plusieurs petits rôles souvent marquants dans des films de réalisateurs de la nouvelle vague.

---

63. *Le Devoir*, 29 novembre 2005.

Après un caméo humoristique dans *Les Boys III*, réalisé par Louis Saïa, où elle joue une vieille dame qui traverse la rue, on la voit en 2006 dans *No Vacancy*, avec Robert Lepage, Dorothée Berryman et Catherine Trudeau. Elle incarne le personnage de sœur Lafrance, dans *Congorama*, de Philippe Falardeau. Une scène courte mais essentielle du film, où elle annonce à Michel, un ingénieur belge qui cherche à retrouver ses racines au Québec, qu'il a été adopté, enfant, par son père décédé, qui lui a toujours caché ses origines. À la fin de la courte scène avec l'ingénieur, la religieuse lui dit : « Tu sais, c'est moi qui prenais soin de toi. Je t'ai eu pendant une semaine ! » Janine, qui a beaucoup joué de petits rôles au cinéma dans sa vie, est persuadée qu'elle sera « coupée au montage ». Avant la première de *Congorama*, elle demande au réalisateur Philippe Falardeau si sa scène a été conservée. « Il m'a prise pour une débile, se souvient-elle, et il m'a dit : "Mais voyons, certainement que la scène est là, c'est le départ de toute l'histoire !" »

En novembre 2006, elle joue une cliente d'une bijouterie – un rôle encore plus court, presque de la figuration, dit-elle – dans *Guide de la petite vengeance*, de Jean-François Pouliot, écrit par Ken Scott. En 2007, Carole Laure l'invite à participer au tournage de son film *La Capture*, avec Catherine de Léan, Pascale Bussières et François Papineau. C'est l'histoire de Rose, une jeune femme qui retourne chez elle et qui retrouve un père toujours violent à l'endroit de son frère et de sa mère. Elle décide de le kidnapper avec l'aide d'amis et de l'enfermer dans un studio, en ville, en profitant de la complicité de deux voisines âgées, incarnées par Janine Sutto et son éternelle alliée dans ce genre de rôle : Huguette Oligny.

À quatre-vingt-sept ans, en 2008, Janine est une des premières comédiennes du Québec à jouer pour un nouveau média. Comme elle a contribué à lancer de nouvelles troupes de théâtre dans sa jeunesse, comme elle a collaboré à la naissance de la télévision, cette fois elle contribue au lancement de la première série de fiction pour le Web, *Chez Jules*, une création originale de Geneviève Lefebvre, où elle incarne une vieille espiègle, Yvonne, la mère de Jules, qui raffole de

Dry Martini (eh oui!) et qui écrit un blogue dont elle vend les droits pour s'acheter un bar! Les tournages se font en haute définition, mais les décors et la mise en scène sont minimalistes. Les actrices acceptent au début de jouer pour un cachet minimum. Jessica Barker, Anne Dorval, Maude Guérin et Catherine de Léan font partie de la première distribution, Mireille rejoindra le groupe en 2009. La plus vieille actrice du Québec s'engage dans la production la plus avant-gardiste du milieu, avec le même plaisir que lorsqu'elle participait à la naissance du TNM dans *L'Avare*, en 1951. Janine continue à défricher, mais cette fois, elle sait que son temps est compté.

Au même moment, elle accepte une proposition du théâtre de la Licorne pour jouer un rôle important dans *Août, un souper à la campagne*, de Jean-Marc Dalpé, un auteur à succès, d'origine ontarienne. La pièce doit être présentée à Montréal d'abord, puis pendant plusieurs mois en tournée au Québec et ailleurs au Canada. Le projet est passionnant; l'équipe de comédiens qui comprend Marie Tifo et Pierre Curzi est très riche, mais au moment où elle reçoit l'offre, elle répond au directeur de la Licorne, Jean-Denis Leduc: « C'est à vos risques! »

« Je n'ai pas dit: "Prévois quelqu'un d'autre comme doublure", se souvient-elle, mais quasiment! » Janine Sutto commence à cette époque à évoquer de plus en plus la mort, indirectement, en répétant que l'engager est un risque. Bientôt, elle va dire ouvertement: « Je ne sais pas si je serai là l'an prochain. » Même si elle le formule comme une blague, elle commence à penser sérieusement à la mort et les gens qui disparaissent autour d'elle lui rappellent sa propre fragilité.

Le 18 avril 2006, Mercedes Palomino meurt chez elle, à quatre-vingt-dix-sept ans. Depuis des mois, Janine va lui faire la cuisine toutes les semaines. Pour faire plaisir à sa vieille amie: « Je lui faisais ce qu'elle aimait! Pendant qu'on mangeait, on discutait du menu de la semaine suivante. Des petites côtelettes d'agneau, un rôti de veau qu'elle aimait beaucoup. C'était des moments de bonheur pour elle. Et puis aussi pour moi. » Janine le fait surtout parce qu'elle a toujours beaucoup aimé la loyauté de Metcha. « C'était pas une sainte, Metcha ! J'avais quand même de l'admiration parce qu'elle avait tenu le coup avec son Rideau Vert. Malgré ses énormes défauts, on pouvait parler librement avec elle. »

Même si elle a abandonné la cuisine depuis des années, elle en fait pourtant toutes les semaines à sa grande amie malade, parce qu'elle sent que cela lui fait du bien : Metcha, comme elle, adore bien manger. Janine est comme ça avec tous ceux qu'elle aime. Elle l'a fait aussi pendant des années pour Billie Giroux, la dernière des survivantes des sœurs Giroux, qui ont marqué ses débuts de comédienne. Andrée Boucher, qui se fait opérer de la hanche, un peu plus tard, et qui vit une convalescence douloureuse à l'hôpital, se souvient, elle, de Janine qui vient la voir dès qu'elle peut se libérer, en pleine production au théâtre. Elle arrive dans la chambre, les bras remplis de raisins, de bananes, de saumon fumé. En lui disant de façon directive : « Ça, tu manges ça tout de suite. Le reste, je vais le porter au poste de garde pour qu'ils le mettent au frigo… » Puis elle reste jusqu'à minuit. Lorsqu'elle réalise l'heure qu'il est, elle dit : « C'est pas sérieux, demain je suis chez René Homier-Roy à sept heures. Alors là, il faut que j'y aille, hein ! »

Dans *La Presse*, Nathalie Petrowski fait un portrait de la comédienne dans lequel elle raconte que, le 20 avril, Janine Sutto a reçu des roses pour son quatre-vingt-cinquième anniversaire, mais que, à peine « les roses déposées, elle s'est précipitée dans la loge commune de la Licorne pour enfiler sa perruque et son vieux froc froissé et se glisser dans la peau de Paulette, la malcommode de *Août* ». La journaliste présente ainsi son « Portrait d'une grande joueuse devant l'éternel ». Elle est fascinée par son énergie : « Cette femme n'est pas du même modèle ni du même matériau que la plupart des femmes de son âge[64]. »

Au printemps 2007, quand elle rentre d'une tournée à Vancouver, où les comédiens de La Licorne ont joué cinq représentations d'*Août*, elle est encore complètement

64. *La Presse*, 28 mai 2006.

envoûtée par la beauté de la ville qu'elle a découverte, de la mer et des montagnes omniprésentes. Pendant son séjour, elle a passé du temps avec Nadia Holowaty, la fille de Micheline Deyglun et de son premier mari, Sem. Nadia se remet d'un cancer qui aurait pu l'emporter. Encore une fois, même dans la tourmente de son métier, elle a pris le temps de surveiller le bonheur de la famille qu'elle réconforte autant qu'elle le peut. Janine est heureuse de visiter la ville avec Nadia et surtout de constater par elle-même qu'elle va bien.

En 2008, elle reçoit le prix de la Fondation Péladeau pour les arts des mains de Pierre Karl Péladeau, pour l'ensemble de sa carrière, en même temps que la chanteuse Renée Claude. Une belle fête au Chalet de la montagne marque la remise du prix de cinquante mille dollars. Quelques jours plus tôt, quand elle reçoit le coup de téléphone lui annonçant la nouvelle, et surtout le montant, elle dit : « Vous êtes sûr ? » Peu de temps après, elle donne l'instruction à son administrateur, Robert Pommerleau, de déposer dix mille dollars sur son compte pour ses dépenses personnelles et pour ses « œuvres ».

Parce que Janine ne lâche pas, là non plus. Depuis quelques années, l'AMDI, dont elle s'occupe en priorité, a créé le prix Janine-Sutto, accordé à une personne ou à un organisme qui, selon le libellé, par son apport à la culture artistique, et sa grande contribution à l'intégration des personnes ayant une déficience intellectuelle, a permis le mieux-être de nombreuses personnes et a participé à bâtir un lendemain plus juste et plus équitable pour tous. En intervenant elle-même auprès du ministre de la Santé de l'époque, Philippe Couillard, elle a réussi à obtenir une subvention gouvernementale qui va permettre au Baluchon Alzheimer, l'autre organisme dont elle s'occupe, de compter sur un revenu stable.

Mais avec les revenus du prix de la Fondation Péladeau pour les arts, Janine Sutto va aussi réaliser un autre projet qui lui est cher. Depuis quelques années, elle se rend une fois l'an à Paris, avec sa fille Mireille, pour revoir ses vieilles amies d'enfance. À l'automne 2008, entre deux voyages, elle a appris la mort de Christiane Jacquot en appelant dans le sud de la France, où elle habite, comme elle le fait toujours le jour de son anniversaire, le 16 octobre. Son fils Lionel répond au téléphone et lui dit que Christiane est morte le 25 juin précédent. Mireille et Janine devaient, comme lors du voyage précédent, aller la voir dans le midi. Elles resteront finalement à Paris. Lors de ce voyage, en décembre 2008, Janine dort jusqu'à onze heures chaque matin et Mireille doit la réveiller pour qu'elle ne rate pas ses rendez-vous. Janine, privée de Christiane Jacquot, retrouve au moins à Paris Édith Loriot, qui est encore vivante, et son mari Jean, avec lesquels elle passe de longues heures.

La vie de la comédienne change rapidement, au rythme de la disparition de ses vieux amis. Lors de l'anniversaire d'un de ses proches, en 2009, elle lui remet une carte de vœux un peu bizarre avec un mot de Woody Allen qui dit : « L'éternité c'est long, surtout vers la fin. » Au dos de la carte, la comédienne a écrit à la main : « C'est ce qui me fait peur. »

Scène 8. Aujourd'hui

Le 17 avril 2009, trois jours avant le quatre-vingt-huitième anniversaire de Janine Sutto, Mireille Deyglun, sa fille, reçoit un coup de téléphone de la gardienne de sa sœur Catherine : Kiki vient d'être emmenée en ambulance à l'hôpital juif de Montréal. Elle a fait un arrêt respiratoire provoqué par une pneumonie et une septicémie qui en a découlé. Janine Sutto n'est pas là. Elle a laissé sa fille entre les mains d'une gardienne dévouée – Hélène Macdonald – pour partir en tournée dans la Vallée-de-la-Gatineau, où elle joue dans *Ladies and Gentlemen*, une autre pièce produite par son ami Jean-Bernard Hébert, dans laquelle, pourtant, la comédienne s'ennuie profondément.

En arrivant à l'hôtel à Gatineau, les préposés de la réception remettent à Jean-Bernard Hébert un message destiné à Janine, lui demandant de rappeler d'urgence à Montréal. Le producteur emmène la comédienne dans sa chambre pour qu'elle puisse appeler dans une atmosphère le plus paisible possible. En route vers la Vallée-de-la-Gatineau, dans la voiture, Janine lui a déjà confié son inquiétude sur l'état de santé de sa fille et sur ses regrets à propos de la façon dont elle-même, impatiente, a un peu brusqué Catherine avant de quitter l'appartement.

Quand elle rejoint finalement Montréal par téléphone, avant même d'entendre la confirmation du verdict, elle dit d'entrée de jeu, comme elle l'a fait en 1979, la première fois que sa fille a failli mourir : « Je le sais, tu vas me dire qu'elle est morte ! » Une fatalité qu'elle imagine probablement en entendant le ton de son interlocuteur à l'autre bout du fil. Le soir même, après la représentation, un des comédiens du spectacle la ramène à Montréal, où Mireille l'attend à l'hôpital, en pleine nuit.

Après trois semaines aux soins intensifs, Catherine s'en sort. Mais Janine, qui est sous le choc, devra peut-être renoncer à la garder à la maison. C'est la deuxième fois en trente ans que sa fille handicapée frôle la mort. Pendant cette période aux soins intensifs, on l'opère pour installer un conduit de l'abdomen à l'estomac qui servira à la nourrir. On la fait jeûner pour remettre en état ses poumons. Le 7 mai, on transfère Catherine dans une chambre au septième étage où elle va passer plusieurs mois avant que la famille ne décide de la façon dont les choses doivent évoluer. Sans être en mesure de se nourrir normalement, il n'est aucunement question que Catherine retourne chez sa mère de quatre-vingt-huit ans.

On organise donc des gardes à la chambre d'hôpital, dix-huit heures par jour, à la demande de Janine, qui paie le coût des gardiennes. Mais un bras de fer s'engage entre Mireille, le médecin de Catherine et Janine Sutto, pour la convaincre qu'elle n'est plus en mesure de garder sa fille chez elle. Des réunions – difficiles – ont lieu dans une petite salle, à l'étage de la chambre de Kiki, où Janine, seule contre tout le monde autour de la table, n'accepte pas la situation.

En conversation téléphonique avec son amie Monique Miller, elle lui dit : « Jamais on m'enlèvera ma fille. » À Jean-Bernard Hébert, son confident, elle se plaint des pressions qu'on exerce sur elle pour que Catherine soit placée en institution. « Tout le monde est contre moi ! » lui dit-elle. Beaucoup de gens autour d'elle commencent, en effet, à s'inquiéter vraiment et à partager l'avis du médecin traitant de Catherine : Janine Sutto survivra-t-elle elle-même si elle conserve la garde de sa fille ?

En mai, elle prépare un théâtre d'été mis en scène par Vincent Bilodeau à Saint-Sauveur, mais elle ne se trouve pas bonne. Pas prête. Elle angoisse, et pour cause : sa vie va brusquement changer et elle le sent. Elle est aussi de plus en plus sourde et elle ne s'en occupe pas. Peut-être cela accentue-t-il son sentiment de solitude. Autre signe des temps, son administrateur et ange gardien, Robert Pommerleau, meurt à soixante-trois ans d'un cancer foudroyant. Il gérait ses finances depuis des décennies. Janine, qui ne connaît rien de l'état de ses affaires, doit aussi confier cette partie-là de sa vie à ses proches.

Finalement, durant l'été, elle doit se résoudre, après cinquante et un ans de vie commune, à placer sa fille Catherine dans un centre d'hébergement et de soins de longue durée, un CHSLD. Commence alors une ronde de visites dans des centres qui sont tous très peu inspirants. Sauf le CHSLD Bordeaux-Cartierville, un endroit extrêmement bien tenu, qui, après des jours d'attente, offre une place pour Catherine : une chambre privée magnifique, très éclairée. Janine accepte cette solution avec beaucoup de douleur. Un passage difficile pour elle et – elle en est convaincue – pour Catherine aussi.

Un nouveau rituel s'engage : Kiki vient passer les week-ends à la maison.

Trois fois par semaine, un transport adapté l'emmène du CHSLD à son atelier, où elle passe une partie de la journée. Mais Janine, elle, a perdu son garde-fou : le rythme de Catherine qui réglait l'horaire de sa vie depuis la mort de son mari en 1971. Fini le rituel du lever, du petit déjeuner et de l'habillage de Kiki – deux heures de bonheur matinal –, de Lucie Garneau qui arrive à huit heures pour attendre la voiture qui emmène Catherine à l'atelier et du retour en fin d'après-midi. La semaine, Kiki lui manque. La joie, l'innocence de sa fille handicapée, qui l'ont toujours aidée à se relever dans l'adversité, lui font défaut.

Mais, comme toujours, Janine Sutto va s'adapter à cette nouvelle vie. Parce que, comme elle l'a appris depuis son départ de France à l'âge de huit ans, il faut vivre avec le destin.

Crédits photographiques

L'éditeur a déployé tous les efforts possibles afin de retracer les auteurs et propriétaires des photographies apparaissant dans cet ouvrage. En cas d'erreur ou d'omission, il apprécierait toute information à cet égard.

De plus, l'éditeur tient à remercier chaleureusement tous ceux et celles qui ont généreusement contribué à la réalisation de ces cahiers photo.

Remerciements

Je voudrais remercier en premier lieu Janine Sutto pour sa générosité et sa franchise. Francine Tremblay, qui a réalisé la recherche de départ et qui a été une de mes fidèles conseillères tout au long du processus. Les amis de Janine, nombreux, qui ont accepté de collaborer à ma recherche en toute transparence. La maison d'édition Libre Expression et ses nombreux artisans, pour leur professionnalisme, en particulier André Bastien, qui m'a servi de guide dans cette expérience, qui constituait à tous points de vue une première pour moi. Les pères dominicains du monastère Saint-Albert-Le-Grand, qui m'ont offert un lieu de création pendant plusieurs mois, ainsi que les membres de l'équipe de l'ONG Promis, chez qui j'ai eu aussi un bureau pendant quelque temps. Enfin, mes collègues d'*Une heure sur terre* et ma famille, Mireille, Félix et Sophie, qui ont cru à ce projet depuis le début.

Index

Table des matières

Cet ouvrage a été composé en ITC New Baskerville Std 11,5/13,35
et achevé d'imprimer en octobre 2010 sur
les presses de Imprimerie Lebonfon Inc. à Val-d'Or, Canada.

Imprimé sur du papier 100 % postconsommation,
traité sans chlore, accrédité Éco-Logo et fait à partir de biogaz.